라틴아메리카의 언어적 다양성과 언어정책

중남미지역원
학술총서 **24**

라틴아메리카의
언어적 다양성과 언어정책

김우성 지음

산지니

라틴아메리카와 한국 간의 전반적인 교류의 확대에 힘입어 라틴아메
리카 지식정보에 대한 수요가 급증하는 추세이나 아직도 정치, 경제와
같은 일부 분야를 제외하고는 양 지역 간의 물리적 거리만큼이나 지식
정보의 거리도 멀게만 느껴지는 것이 현실이다. 다시 말하면 국내의 수
요에 비해 제공하는 지식정보가 턱없이 부족하다. 특히 본 저서에서 다
루고자 하는 라틴아메리카에서 사용되는 언어 관련 정보는 특정 국가
를 다룬 일부 논문을 통해 부분적으로는 제공되긴 했으나 라틴아메리
카를 포괄하는 정보를 제공하는 저술은 거의 전무한 실정이다. 그 결과
라틴아메리카 언어상황과는 동떨어진 정보가 검증되지도 않은 채 사실
처럼 받아들여지는 경우도 많다.

흔히들 라틴아메리카의 대부분의 국가에서는 스페인어가 사용되는
것으로 알고 있으나 실제로 이 지역에는 스페인어 외에도 포르투갈어,
프랑스어, 영어, 네덜란드어 등 다른 유럽 언어들이 공용어로 쓰이고 있
다. 이는 라틴아메리카에 스페인이 정복한 국가들뿐만 아니라 포르투
갈, 프랑스, 영국, 네덜란드의 식민지였던 나라들도 존재하기 때문이다.
그리고 유럽인들이 라틴아메리카에 도달하기 전에 존재했던 원주민어
도 정복과 식민을 거치면서 많이 소멸되었으나 약 500여 개 정도는 정
복된 지 500년이 지난 지금도 여전히 사용되고 있다. 또한 이 지역의 다

양한 언어들이 섞이고 변형되어 만들어진 혼성어들도 공용어 혹은 지역
어로 쓰이고 있다. 한마디로 현재 라틴아메리카에는 다양한 언어가 공
존하고 있다. 그러나 이들 언어 간에는 조화로운 공존의 역사가 아니라
대립과 갈등의 역사가 존재한다.

라틴아메리카 연구에서 독립 후의 국민국가의 형성, 원주민의 국
민사회 편입, 원주민의 정치적 부상, 다문화주의의 수용과 같은 주제
를 다루는 데 있어서 언어 문제는 중요한 요소이다. 특히 원주민 사회
를 이해하는 데 스페인어와 원주민어 간의 관계를 살펴보는 것이 매
우 중요하다. 군사적 정복, 식민지 시대 그리고 독립 이후 오늘날까지
지속되고 있는 식민주의라는 상황 속에서 이루어진 스페인어와 원주
민어의 접촉과정은 스페인어가 원주민어의 생존을 위협하는 갈등의
역사이다. 그 결과 많은 언어들이 소멸했고, 다행히 생존한 원주민어
들도 국가적으로 가치가 없는 언어로서 사회적 기능에서 많은 변화를
겪었다. 그래서 기능이나 사용영역에서 원주민 공동체 범위를 넘어서
지 못하고 있다.

1990년대 들어 라틴아메리카의 대부분의 국가들은 정치의 민주화,
경제의 개방화, 원주민의 정치·사회적 입지 강화, 국제사회의 원주민
권리보장을 위한 노력 등의 영향으로 그동안 유지해왔던 단일문화, 단
일언어 정책에서 다문화, 다언어를 인정하는 다원주의적 정책으로 방
향을 전환했다. 문화적 다원주의는 최근 20년 사이에 많은 라틴아메리
카 국가의 헌법에 반영되어 원주민의 존재를 인정하고, 그들의 제 권리
를 보장하는 문구가 삽입되었다. 특히 문화권과 함께 원주민 언어의 존
재를 인정하고 원주민들이 자신의 언어를 사용하는 것을 보장함으로써
독립 이후 언어정책의 큰 변화를 보인다.

스페인의 신대륙 발견과 함께 라틴아메리카에 이식되어 라틴아메리

카인들의 정신적 유대감을 유지시켜준 중요한 요소 중의 하나인 스페인어는 라틴아메리카가 겪은 역사, 사회적 변동에 따라 여러 가지 변화를 겪었다. 식민지시대에는 본국의 언어규범이 곧 스페인어와 동일시되었으나 독립 후에는 라틴아메리카 각 국가에서 사용되는 스페인어가 그 국가의 언어규범이 되고 이 규범들의 공통적인 요소들이 모여서 범스페인어권 규범를 형성하는 시대가 도래하게 된다. 이와 함께 이제까지는 모든 지역의 언어 사용의 규범이 마드리드를 중심으로 형성되었으나 라틴아메리카 각국의 독립과 함께 각 국가의 수도가 언어규범을 형성하는 중심지로 부상하게 된다.

정치적인 독립과 함께 문화적인 면에서도 식민지 본국이었던 스페인과는 다른 차별성을 갖기 위해 많은 노력을 해온 결과 중남미 각국은 현재 언어생활에 있어서도 스페인 규범을 추종하는 것에서 벗어나 독립국가로서의 언어규범 확립에 대한 의식이 강하게 나타난다.

이러한 상황을 염두에 두고 본서에서는 현재 라틴아메리카에서 사용되는 다양한 언어의 현황과 함께 이들 언어 간의 대립과 갈등 그리고 이를 해결하기 위해 그동안 시행해온 언어정책과 독립 이후의 라틴아메리카 스페인어의 독자성과 관련하여 나타나는 언어 민족주의에 대해 기술하고자 한다. 이를 위해 첫째, 라틴아메리카 언어상황과 언어정책에 대한 포괄적인 소개와 함께 라틴아메리카의 정체성을 형성하는 데 있어서 각각의 언어가 갖는 역할에 대해 언어·사회적인 측면에서 분석하고, 둘째, 1990년대 이후 라틴아메리카 원주민의 정치적 입지 강화와 함께 추진된 다문화(언어)주의에 기반한 언어정책을 살펴보며, 셋째, 이러한 언어정책과 함께 나타난 원주민 교육의 변화에 대해 알아보며, 마지막으로 이 지역 대부분 국가의 공용어인 스페인어의 다양성과 통일성에 대해 살펴볼 것이다.

다만 여기에 나오는 글의 내용은 필자가 지금까지 전문 학술지에 기고한 논문들을 바탕으로 많은 부분을 수정·보완하여 작성하였음을 밝혀둔다.

끝으로 본서가 라틴아메리카의 언어 및 문화 관련 연구에 미약하나마 도움이 되었으면 하는 바람이다.

2014년 4월
멕시코 국립대학교 라틴아메리카 카리브 연구소에서

1부

라틴아메리카의 언어적 다양성

1.1. 언어 상황

라틴아메리카는 항상 다문화, 다언어, 다민족 지역이었다. 1492년 콜럼버스가 신대륙에 도착했을 때 이 지역의 인구는 600-1000만 정도이었고, 대략 500-700개의 언어가 사용되고 있었다. 그 이후 유럽인들이 오늘날의 라틴아메리카를 정복하기 시작하면서 현재 이 지역의 여러 국가의 공용어가 된 스페인어, 포르투갈어, 영어, 프랑스어, 네덜란드어를 가져왔다. 이 언어들 중에서 가장 많은 사용국가와 인구를 가진 언어는 스페인어이다. 특히 스페인어는 포르투갈어를 공용어로 쓰는 브라질과 영어(벨리즈, 가이아나 등), 프랑스어(아이티, 프랑스령 가이아나 등), 네덜란드어(수리남)를 사용하는 일부 소국들을 제외하고 이 지역의 대부분의 국가에서 공용어로 사용되는 언어이다.

그러나 인도유럽어를 공용어로 하는 라틴아메리카 국가들에는 이 언어들 말고도 다른 언어들이 사용된다. 다시 말하면 특정 종족집단이나 공동체에서는 2개 이상의 언어가 쓰이는 경우가 일반적이다. 이 지역에서 스페인어나 포르투갈어와 같은 인도유럽어들과 함께 사용되는 언어들은 그 기원이 다양하다. 먼저 콜롬비아의 스페인어에서 기원한 빨렝께(palenque), 아이티의 프랑스어에서 기원한 크레올, 꾸라사오(Curaçao)의 스페인어와 포르투갈어의 혼성어인 빠삐아멘또(papiamento), 중미의 영어에서 기원한 크레올 등이 있다. 또한 우루과이와 브라질 국경의 스페인어와 포르투갈어가 혼합된 언어인 포르투뇰(portuñol), 파라과이의 과라니어와 스페인어가 혼합된 조빠라어(jopara)가 존재하며, 그 외에도 유럽, 아시아 출신의 이민자들이 가져온 언어들이 스페인어나 포르투갈어와 함께 사용된다. 그러나 인도유럽어, 특히 스페인어와 접촉한 언어 중 숫자적으로 가장 많은 것은 정복 전부터 이 지역 원주민들이 사용해온 언어들이다. 이 언어들은 정복 이후 500년 이상을 다양한 형태로 스페인어와 접촉을 하면서 여러 가지 언어적, 사회적 결과를 가져왔다.

스페인 정복자들이 신대륙에 도착했을 때 지리적인 고립과 소통 결여로 서로 통하지 않은 수백 개의 언어가 사용되고 있다는 것을 발견했다. 당시에는 부족 혹은 개인 차원의 다언어적 상황이 일반적이어서 나우아뜰어(náhuatl), 마야어(maya), 께추아어(quechua), 아이마라어(aimara), 과라니어(guaraní) 정도가 비교적 넓은 지역적 사용범위를 갖는 '일반어'로서 서로 다른 종족 간의 공통어로 사용되었다.

나우아뜰어는 당시 멕시코의 많은 지역에서 사용되었으나, 무엇보다도 멕시코시티를 중심으로 한 중부지역에서 주로 쓰였던 언어이다. 이 언어의 영향력은 남쪽으로는 중미의 일부지역까지 북쪽으로는 현재의 뉴멕시코와 애리조나까지 미쳤다. 또한 스페인이 정복한 아스떼까(Azteca)제국의 언어이기도 했다. 마야어는 멕시코의 유카탄반도와 과테말라와 같은 중미의 일부 지역의 주요 원주민어로 현재에도 이들 지역에서 널리 사용되고 있다.

카리브지역에서는 주요 언어로 까리베어(caribe)/아라우아꼬어(arauaco), 따이노어(taino), 시보네이어(siboney)가 사용되었다. 이 언어들은 스페인이 정복한 카리브제도의 원주민들이 강제 노역, 전쟁, 전염병으로 인구가 격감하자, 이들과 함께 사라진 첫 번째 원주민어들이었다.

코스타리카 남부에서부터 콜롬비아에 이르는 지역에서는 칩차어 (chibcha)가 주요 언어였다. 께추아어(quechua)는 잉카제국의 공용어로 북쪽으로는 콜롬비아 남부에서부터 남쪽으로는 칠레 북부에까지 통용되었던 언어이다. 잉카제국에서 좀 더 멀리 떨어진 지역인 페루 남부, 볼리비아 대부분 지역 그리고 칠레와 파라과이 일부 지역에서는 께추아어와 함께 아이마라어가 사용되었다. 그리고 이 언어는 오늘날에도 페루와 볼리비아 일부 지역의 주요 언어이기도 하다.

칠레에서는 마뿌체어(mapuche)/아라우까노어(araucano)가 주요 언어였다. 그리고 남미 남부지역인 아르헨티나, 브라질, 우루과이, 파라과이에는 다양한 언어들이 존재했고 지금도 존재하고 있다. 그러나 이들 중에서 과라니어가 가장 많이 사용되는 언어이다.

라틴아메리카 각국에서 2000년에서 2008년 사이에 실시된 인구조사에 따르면, 원주민은 전체 인구의 약 6.1%를 차지하는 2,900만 명을 상회하는 것으로 나타났다. 원주민의 구성분포를 보면 각 국가마다 다르게 나타난다. 콜롬비아, 베네수엘라, 아르헨티나에서는 원주민 수가 인구의 3%를 넘지 못하고, 멕시코, 온두라스, 니카라과, 파나마, 칠레에서는 인구의 5-10%를 차지하며 벨리즈, 파나마, 페루, 볼리비아, 과테말라는 인구의 10% 이상을 점한다. 특히 볼리비아(66.2%)와 과테말라(39.9%)는 다른 국가들에 비해 총인구 구성에서 원주민이 차지하는 비율이 월등히 높은 국가들이다.

라틴아메리카의 원주민 수(2000-2008)

국가	총 인구 수	원주민 수	비율(%)
안티구아 바베이도스(2005)	81,479	258	0.3
아르헨티나(2001)	36,260,160	600,329	1.6
벨리즈(2000)	232,111	38,562	16.6
볼리비아(2001)	8,090,732	5,358,107	66.2
브라질(2000)	169,872,856	734,127	0.4
콜롬비아(2005)	41,468,384	1,392,623	3.3
코스타리카(2000)	3,810,179	65,548	1.7
칠레(2002)	15,166,435	692,192	4.6
도미니크(2005)	78,940	2,099	2.6
에콰도르(2001)	12,156,608	830,418	6.8
엘살바도르(2007)	5,744,113	13,310	0.2
과테말라(2002)	11,237,196	4,487,026	39.9
가이아나(2001)	751,223	68,819	9.1
프랑스령 가이아나(1999)	201,996	3,900	1.9
온두라스(2001)	6,076,885	440,313	7.2
멕시코(2000)	100,638,078	9,504,184	9.4
니카라과(2005)	5,142,098	292,244	5.7
파나마(2000)	2,839,177	285,231	10.0
파라과이(2002)	5,163,198	108,308	2.0
페루(2008)	28,220,764	3,919,314	13.9
산타루치아(2005)	160,750	775	0.4
수리남(2006)	436,935	6,601	1.5
트리니다드 토바고(2000)	1,114,772	1972?	1.7
우루과이(2004)	3,241,003	115,118	3.5
베네수엘라(2001)	23,054,210	534,816	2.3
계	481,190,282	29,496,894	6.1

출처: 라틴아메리카 원주민 사회언어지도(2009)

다인종, 다문화 대륙인 라틴아메리카의 대부분의 국가에서는 복잡한 언어 상황이 전개된다. 페루와 같은 경우를 보면, 국민의 대부분은 스페인어를 공용어로 하나 원주민어를 사용하는 인구도 전체 인구의 13.9%인 약 400만 명을 상회한다. 이 중에서 약 50만 명 정도가 아이마라어 사용자이고 대략 300만 명 정도가 께추아어 원주민이며 30-40만 명에 이르는 사람들이 아마존지역의 41개 원주민어 사용자들이다. 반면에 외국어 사용자들은 10만 명에도 미치지 못한다. 그러나 페루에 거주하는 유럽, 아프리카 혹은 아시아계 이민자의 수는 이보다 훨씬 더 많다. 하지만 이들 대부분은 스페인어를 모어나 주된 언어로 사용한다. 한편 과테말라에서는 공용어인 스페인어와 24개의 원주민어가 사용되며 이들 사이에 접촉과 갈등으로 인해 야기된 복잡한 언어 상황이 전개된다(López 2006).

　　다음의 표에서 볼 수 있듯이, 라틴아메리카 전체에서 사용되는 원주민어만 보더라도 550개에 이르나 이보다 훨씬 많은 수의 방언들이 존재한다. 그러나 한 국가 내에 존재하는 원주민어 수는 반드시 그 나라에 존재하는 원주민 수와 비례하지 않는다. 예를 들면, 원주민 인구가 전체 인구의 3.3%밖에 안 되는 콜롬비아에서는 65개의 언어가 사용된다. 반면에 원주민 인구 비율이 전체 인구의 66.2%에 달하는 볼리비아는 32개의 원주민어가, 전체 인구의 40%에 육박하는 과테말라에는 23개의 원주민어가 존재한다. 한편 브라질은 원주민의 수가 전체 인구의 1%도 넘지 못하지만 180개 이상의 원주민어가 존재한다.

라틴아메리카의 원주민어

국가	원주민어 수	사용자수가 가장 많은 언어/ 가장 적은 언어	법적지위
아르헨티나	15	위치어/룰레어	교육 언어
벨리즈	4	가리푸나어/마야 유까 떼꼬이	
볼리비아	33	께추아어/마치네리어	스페인어와 동등한 공용어
브라질	186	띠꾸나어/아남베어, 아삐아까어	교육 언어
콜롬비아	65	나사유에어/또또로어	지역 공용어
코스타리카	7	브리브리어/떼리베어	국가가 보호할 언어
칠레	6	마뿌둥근어(혹은 마뿌체어)/야마나어	교육 언어, 일상 사용어, 보존 대상
에콰도르	12	끼추아어[1]/사빠라어	지역 공용어, 끼추아어와 슈아르어는 스페인어와 함께 전국적인 문화간 소통어
엘살바도르	1	삐뻴어(혹은 나우앗어)	국가 문화재, 보존, 보급, 존중의 대상
과테말라	24	끼체어/싱까어	언어법에서는 인정하나 공용어는 아님. 교육 및 행정에서 사용
가이아나	9	로꼬노어/와이와이어	공동체에서 사용하는 언어
프랑스령 가이아나	6	갈리비어/아라왁어	
온두라스	6	미스끼뚜어/초르띠어	
멕시코	64	나우아뜰어/아우아까 떼꼬어	지역에서는 스페인어와 같은 국어, 행정과 교육 언어
니카라과	6	미스끼뚜어/라마어	지역 공용어
파나마	8	응고베레어/부글레레어	교육 언어, 연구와 보존 대상
파라과이	20	과라니어/따마라옹어	과라니어만 공용어, 나머지는 문화재로서 인정하고 교육에서 사용
페루	43	께추아어/레시가로어	지역 공용어
수리남	5	까리냐어/아꾸리오어	공동체에서 사용하는 언어
베네수엘라	37	와이유어/아유어(혹은 사뻬어)	공용어, 국가 문화재
라틴아메리카	557	께추아어/삐뻴	

출처: 라틴아메리카 원주민 사회언어지도(2009)

원주민어를 분류하는 데 전문가들 사이의 의견이 일치하지 않아 라틴아메리카에서 사용되는 원주민어의 정확한 수를 파악하기가 어렵다. 예를 들어 멕시코의 경우만 보더라도 국립원주민어연구원(Instituto Nacional de Lenguas Indígenas)과 같은 정부기관에서는 68개의 원주민어가 존재한다고 말하고 있지만, 일부 전문가들은 100개 이상 혹은 200개까지 존재한다고 말한다(Zimmerman 2001). 이미 언급한 과테말라의 경우에는 전문가들을 포함한 대부분의 사람들이 현재 과테말라 영토에 21개의 마야어가 쓰인다고 말하지만, 엄밀히 말하면 일부 원주민어는 서로 이해가 가능하기 때문에 한 언어에서 나온 방언으로 간주될 수 있다. 또한 43개의 원주민어가 존재한다고 말하는 페루에서도 비슷한 상황이 나타난다.

이러한 원주민어의 상황은 인구 수와 활성화 정도를 고려하면 많이 달라진다. 께추아어와 같은 언어는 6개 국가에서 1000-1200만 명의 사용자 수를 갖는 반면에 볼리비아의 치리구아노 과라이어는 6-7만 명의 사람들이 사용하며, 아르헨티나의 위치어(wichi)는 약 6천 명, 브라질의 보로로어(bororo)와 따삐라뻬어(tapirape)는 각각 약 700명 이하의 사용자 수를 갖는다.

께추아어의 예에서 볼 수 있듯이 원주민어는 현재의 국민국가의 국경을 넘어서 사용되는 경우가 많다. 라틴아메리카 원주민 사회언어지도(2009)에 따르면 라틴아메리카 원주민어 중 2개국에서 사용되는 언어는 94개에 이르고, 3개국에서 쓰이는 것은 10개이며 아이마라어와 가리푸나어의 경우에는 4개국에서 사용되고, 까리냐(cariña)어 같은 경우에는 5개국, 께추아어는 6개국(아르헨티나, 볼리비아, 콜롬비아, 칠레, 에콰도르, 페루)에

---

1) 페루와 볼리비아에서는 께추아어라고 하나 에콰도르에서는 끼추아어로 부른다.

서 통용된다.

원주민어 중에서 100만 명 이상의 사용자를 가지고 있는 언어를 인구수가 많은 순서대로 보면 께추아어, 나우아뜰어, 아이마라어, 마야 유까뗴꼬어(maya yucateco), 끼체어(quiché) 순이고, 50-100만 명 사이의 사용자를 가진 원주민어를 순서대로 보면 마뿌체어, 마야께치어(maya quechi), 까치껠어(cachiquel), 믹스떼꼬어(mixteco), 오또미어(otomí) 순이다(라틴아메리카 원주민 사회언어 지도 2009).

그러나 이 같은 언어들을 제외하고 이 지역의 대다수 원주민어들은 그 사용자 수가 적다는 것이 특징이다. 이렇게 사용자 수가 적은 것은 많은 원주민어들이 소멸될 위치에 처해 있기 때문이다. 원주민어의 소멸은 그 언어를 사용하는 인구가 줄어드는 데도 그 원인이 있지만 무엇보다도 많은 원주민어들의 40-50세 이하의 사용자들이 없기 때문이다. 예를 들면 볼리비아의 원주민인 우루어(uru)의 경우 70-80세 사이의 나이를 가진 두 사람이 이 언어를 사용한다. 브라질에서도 아리까뿌어(aricapu)의 경우에는 사용자가 6명에 불과하고, 또라어(tora)는 25명의 사람들이 사용한다.

이러한 상황은 비단 볼리비아와 브라질만의 문제가 아니다. 와이즈(Wise 1991)의 연구에 따르면 남미에서만 33개의 언어가 소멸할 위험에 처해 있다. 이 중에서 8개는 사용자가 50명이 채 안 되고 21개는 225명 미만의 사람이 사용하며 나머지 4개는 쓰는 사람이 600명이 채 되지 않는다.

이렇게 사라질 위험에 처한 언어는 자연히 다른 언어에 의해 대체되는 경우가 많다. 왜냐하면 원주민들이 조상으로부터 물려받은 원주민어 대신에 자신이 사는 지역의 지배 언어를 사용하기 때문이다. 따라서 소멸될 위기에 처한 언어들에 대한 적절한 대책이 마련되지 않으면, 언어와 함께 인류의 무형자신이자 모든 사람들에게 새롭고 보다 나은 생활환경을 조성하는 데 기여할 수 있는 오래된 지혜와 지식이 사라지는 결과를 가져올 것이다.

우리가 기억해야 할 것은 한 언어가 사라지면 인류의 역사와 자산의 한 부분이 없어질 뿐만 아니라 자연과 더불어 살면서 생태계에서 생존하는 법을 배운 인간들이 수천 년에 걸쳐 발전시키고 축적하고 전수한 총체적인 지혜와 지식이 사라진다는 사실이다.

라틴아메리카의 다언어적인 상황을 잘 나타내는 다른 예는 많은 원주민들이 자신들이 사는 지역의 지배 언어 이외에 두 개 이상의 원주민어를 알고, 사용한다는 것이다. 이러한 상황은, 특히 남미의 아마존강과 오리노꼬(Orinoco)강 유역에서 빈번하게 나타난다. 예를 들어 콜롬비아의 바우-뻬스(Baupes) 지역의 어린이들과 어른들의 다언어 구사는 널리 알려져 있다. 이곳의 어린이들은 학교에 다니기 전에 이미 5-6개 정도의 언어를 말한다. 그러나 학교에 가게 되면 선생님들이 이들이 가진 풍부한 언어구사 능력을 알아주는 것이 아니라 스페인어를 배우고 사용할 것만을 강요한다(라틴아메리카 원주민 사회언어 지도 2009).

브라질 싱구(Xingú)의 원주민 마을에서도 다언어적인 상황이 나타난다. 이런 마을에서는 보통 두 개 이상의 원주민어 구사는 보통이며 여기에 포르투갈어가 더해진다. 언어가 바뀌는 국경지역 역시 다언어적 상황이 특징이다. 이 경우는 그 지역의 언어뿐만 아니라 외국어가 더해져 상황이 더 복잡해진다. 예를 들어 파라과이 국경도시인 시우닷 델 에스떼(Ciudad del Este)에서는 사업하는 사람의 경우 과라니어, 스페인어, 포르투갈어를 하는 것을 흔히 볼 수 있다. 그리고 이 언어들 외에도 영어와 함께 이곳에 가게를 많이 가지고 있는 한국인들의 언어인 한국어 등이 사용된다.

1.2. 언어접촉과 이중언어 사용

지금까지 본 것처럼 많은 원주민 공동체에서는 다언어적 상황이 나타나지만, 그간 원주민과 비원주민 사이를 지배해온 식민주의와 비대칭적인 권력관계로 인해 단일 언어 사용이 원주민들 사이에서 언어생활의 이상적인 모델로 인식되어왔다. 식민체제의 유산인 이러한 인식은 원주민어의 발전뿐만 아니라 언어 학습과 습득에도 부정적인 영향을 주었던 것이 사실이다. 그럼에도 불구하고 라틴아메리카의 원주민어는 지배계층의 언어이자 각 국가의 공용어인 유럽어들과 상시적인 접촉과 갈등 속에서도 생존하고 발전해왔다.

이 지역 대부분의 국가에서 공용어는 스페인어이고 브라질에서는 포르투갈어이다. 그러나 원주민어가 이 두 개의 언어하고만 접촉과 갈등을 가진 것은 아니다. 프랑스령 가이아나에서는 프랑스어와, 수리남에서는 네덜란드어, 심지어 벨리즈, 과테말라, 온두라스, 니카라과의 카리브 연안에서는 영어와도 접촉과 갈등의 상황을 겪고 있다.

식민 상황에서 파생된 원주민의 종속적인 위치는 언어에 있어서도 지배계층의 언어와 공존이 아니라 갈등적인 관계를 갖게 했고, 이는 원주민어의 언어·사회적 기능뿐만 아니라 원주민들의 언어관과 의식구조에도 지대한 영향을 끼쳤다.

이러한 상황으로 다언어 공동체의 사회적 필요성에 의해 두 개의 언어가 사용되는 이중언어 상황이 발생하는 것은 어찌 보면 지극히 당연한 일이다. 그러나 한 지역이나 국가의 지배 언어와 원주민어 사이의 관계는 아무리 후자가 많은 사용자 수를 가지고 있다 하더라도 원주민어가 지배층의 언어인 스페인어나 포르투갈어에 모든 면에서 밀리는 비대칭적인 관계이다. 이러한 관계로 인해 원주민어는 일반적으로 비공

라틴아메리카 각국의 공용어

국가명	공용어	비고
아르헨티나	스페인어	
벨리즈	영어	
볼리비아	스페인어, 께추아어, 아이마라어를 비롯한 원주민어	
브라질	포르투갈어	
칠레	스페인어	
콜롬비아	스페인어, 원주민어	원주민어는 지역 공용어
코스타리카	스페인어	
쿠바	스페인어	
도미니카 공화국	스페인어	
에콰도르	스페인어, 끼추아어, 슈아르어	원주민어는 민족 간의 소통을 위한 공용어
엘살바도르	스페인어	
과테말라	스페인어	
가이아나	영어	
프랑스령 가이아나	프랑스어	
아이티	프랑스어, 프랑스어 기반 아이티 크레올	
온두라스	스페인어	
자마이카	영어	
멕시코	스페인어	
니카라과	스페인어	
파나마	스페인어	
파라과이	스페인어	
페루	스페인어와 께추아어, 아이마라어를 비롯한 원주민어	원주민어는 지역 공용어
수리남	네덜란드어	
우루과이	스페인어	
베네수엘라	스페인어, 원주민어	원주민어는 지역 공용어

식적이고 친밀한 맥락에서 사용되고 스페인어나 포르투갈어 혹은 다른 지배적인 언어는 공식적이고 제도적인 맥락에서 사회적 기능을 담당한다. 이런 형태의 이중언어 사용을 양층언어(diglosia) 현상이라고 한다. 상황이 이렇다 보니 이중언어 사용이 대부분의 경우 원주민어에서 지배언어로 가는 통로로 변해버렸다. 다시 말하면 두 개의 언어를 균형 있게 사용하는 것이 아니라 스페인어와 같은 지배언어를 배우게 되면 자신의 언어를 버리고 지배언어를 쓰는 것이 일반적이다.

이와 같은 라틴아메리카 원주민 언어 공동체를 특징짓는 이중언어 사용 현상으로 인해, 스페인어와 같은 지배언어에 많은 원주민어의 요소들이 편입되어 원주민들이 사용하는 스페인어는 각 국가의 표준 스페인어와는 차이를 보이는 경우가 많다. 현재 원주민어의 영향을 받은 스페인어의 변이형이 사용되는 지역은 비교적 넓은 분포를 보이는데, 멕시코의 이중언어 사용지역의 스페인어, 과테말라 원주민 스페인어, 베네수엘라와 콜롬비아의 과히라 지방 스페인어, 안데스 스페인어(콜롬비아 남부, 에콰도르, 페루, 볼리비아 고원지역, 아르헨티나 북서부, 칠레 북부), 과라니어 사용 지역의 스페인어(파라과이, 아르헨티나 북동부, 볼리비아 동부), 칠레 및 아르헨티나의 마뿌체족 스페인어 등에서 이런 현상이 나타난다. 이들 지역의 원주민이 구사하는 스페인어는 어휘, 음운, 형태, 통사, 의미, 담화 층위에서 표준 스페인어와 구별되는 특징을 보이며, 원주민들 사이에서 정체성, 갈등, 동맹 혹은 배타성을 나타내기 위해 사용되기도 한다.

그렇다면 언제부터 스페인어는 지금과 같은 패권적 위치를 획득한 것일까? 이를 알기 위해서는 정복시기부터 현재까지 스페인어와 원주민어 간의 공존과 대립의 역사를 살펴볼 필요가 있다.

1.3. 원주민어와 스페인어의 공존과 갈등

이미 언급한 것처럼 스페인이 라틴아메리카를 정복할 당시에는 부족 혹은 개인 차원의 다언어적 상황이 일반적이어서 나우아뜰어, 마야어, 께추아어, 아이마라어 정도가 넓은 지역적 사용범위를 갖는 '일반어'로서 서로 다른 종족 간의 공통어로 사용되었다.

첫 정복 대상지역에서 정복의 트라우마가 어느 정도 극복되자 스페인 왕실은 원주민들의 거주지와 스페인 사람들의 거주지를 구분하여 오늘날의 다문화적인 체제 속에서 공존방식을 모색했다. 정치, 경제, 인종적인 면에서 식민지적인 위계질서가 존재했을지라도, 원주민들이 엔코미엔다(encomienda)와 미타(mita)에서 조세를 납부하고 노역을 제공하면 그들에게 비교적 많은 자치를 부여했고, 또한 기독교로 개종만 하면 사회제도도 일부 유지하도록 허용했다.

당시에는 한 마을에도 여러 개의 언어가 쓰이고 심지어 가정에서도 어머니와 딸들이 하는 언어와 아버지와 아들들이 사용하는 언어가 다를 정도로 다언어적 상황이 일반화되어 있어서, 식민 통치자들은 앞에서 언급한 사용지역이 넓은 일반어의 존재를 인정하고 이를 행정과 복음전파에 활용했다. 이렇게 해서 식민 통치자들과 선교사들은 이러한 일반어들을 적극적으로 장려하게 된다. 그래서 메소아메리카에서는 나우아뜰어, 안데스지역에서는 께추아어와 아이마라어, 남미 동부지역에서는 과라니어가 일반어로 기능하였으며 이들 언어로 교리문답, 기도서, 고해성사 규범 등이 번역되었다. 메소아메리카에서는 나우아뜰어, 그리고 안데스지역에서는 께추아어에 대한 성문화, 정교화, 어휘의 근대화를 위한 많은 연구가 이루어졌다. 또한 이들 원주민어는 아스떼카와 잉카 왕조 그리고 정복 당시 이들에 의해 복속된 부족의 자제들과 후손들을 교육하기 위해 세운 학교의 공식 언어가 되었다.

　이렇게 해서 식민 시대에는 원주민어가 종교 전파를 위해 사용되고, 행정을 위해서는 주로 스페인어가 쓰이는 상황이 일정 기간 지속되었다. 그러나 식민지 시대의 언어정책은 매우 불안정했다. 초기 몇 년 동안 스페인어를 강요하는 정책을 시행하다 이 언어로는 기독교 교리 전파가 어렵다는 것을 깨달았다. 그래서 1522년에 있었던 바티칸 공회의에서는 교리교육을 위해서 원주민어를 사용할 것을 결정한다. 이렇게 해서 원주민어로 된 교리서가 편찬되고 리마의 대성당에는 원주민어 강좌가 생겨났다. 이런 과정에서 원주민 귀족들은 스페인 식민통치의 효율적인 중재자의 역할을 수행했고, 스페인의 지배는 꾸준히 강화되었다. 또한 당시에 이룩한 원주민어에 대한 기록, 문법서와 사전의 편찬, 성경과 기도서의 원주민어 번역 등과 같은 언어학적인 업적은 후대에 이들 언어 연구를 위한 귀중한 자료로 활용될 수 있었다.

　라틴아메리카 식민사에서 예수회 성직자들은 원주민들의 보호에 있어서 특별한 중요성을 갖는다. 1540년에 설립된 예수회는 1549년에서 1553년 사이에 라틴아메리카에 들어왔다. 당시에 이미 프란시스코회와 도미니카회 소속 성직자들이 라틴아메리카에 들어와 있었으나 예수회가 브라질, 에콰도르, 콜롬비아, 파라과이, 칠레, 멕시코, 페루, 과테말라, 아이티에서 가졌던 영향력을 따라오지는 못했다. 그들이 원주민을 보호하기 위해 만들었던 공동체의 성공과 그로 인해 빚어진 스페인 왕실과의 갈등으로 인해, 1767년 예수회 성직자들은 라틴아메리카에서 완전히 추방된다.

　펠리페 4세 치하인 17세기 중엽부터는 스페인어화 정책이 강화되고 까를로스 3세에 와서는 라틴아메리카와 필리핀의 원주민들이 스페인어를 의무적으로 사용할 것을 명하는 칙령이 공포되었다. 18세기에 들어오면 라틴아메리카에서 산발적인 소요사태가 나타나기 시작하는데, 1780-1782년에 있었던 뚜팍 아마루(Tupac Amaru)의 반란으로 정점을 맞는다. 이는 페루 부왕청에서 일어났던 것으로 부르봉 왕조의 개혁에 반대한 농민과 혼혈인의 봉기였다. 이들의 반란을 진압한 스페인 왕실은 리마에서 개설했던 원주민어 강좌를 폐지하고 그 이후로 경제·사회적 발전과 국민통합이라는 명분하에 언어 동화정책인 스페인어화(castellanización) 정책을 추진했다.

19세기 초부터 라틴아메리카 식민지들은 스페인으로부터 독립을 쟁취하기 시작한다. 그러나 독립 당시 언어상황을 보면 스페인어는 지배계층에 속하는 소수의 언어였을 뿐 국민의 대다수는 원주민어를 사용했다. 그렇다면 독립 당시 수적으로도 우세했던 원주민들의 언어가 각 독립국가의 공용어가 되지 못하고 스페인어에 의해 대체되었던 이유는 무엇인가?

19세기 스페인으로부터 독립한 라틴아메리카 신생 독립국들은 언어적, 민족적 차이를 낙후, 소외 그리고 국민 사회 내의 소통의 방해물로 생각했다. 따라서 원주민 공동체를 개발하려는 계획은 사회·경제적 통합, 문화적 동화, 언어말살이라는 전략 위에 기반을 두었고, 그 목표는 원주민들의 탈원주민화였다(Hamel 1995). 당시 각국에 존재했던 언어·문화적인 차이를 무시하고 하나의 동질적인 국가를 건설하려는 생각은 당시 제정된 헌법에도 그대로 드러나는데, 이 지역 많은 국가의 헌법에는 원주민의 존재를 아예 인정도 안 하거나 하더라도 모호한 구절이 사용된 경우가 많았다. 따라서 라틴아메리카 국가들은 당시 각국에 존재했던 원주민적 요소들을 무시하고 스페인어를 유일한 언어로 하는 단일문화, 단일언어 국가를 건설하였다. 이렇게 해서 문화와 교육, 그리고 공적인 영역과 공식적인 소통을 체계화하는 도구로서 스페인어의 패권적 위상이 확립되었다. 이러한 문명사적인 계획의 결과 중 하나는 이 분법을 설정하여 강제적으로 '우리'와 '그들'을 나누는 것이었다. 이렇게 해서 국가는 현실을 도외시한 채 유럽적인 관점에서 개발 계획을 세우고 추진했다. 이러한 유럽적인 패러다임의 언어적인 축은 스페인어로, 이 언어에 기반해서 현대적이고 발전된 국가를 건설하는 것이 당시 지배층의 생각이었다. 그 결과 당시 다수의 언어였던 원주민어의 위치는 하루아침에 근대적인 발전과정에서 소외된 채, 소수파의 위치로 전락한다. 따라서 원주민어는 빈곤을 벗어나기에 적합하지 않은 수단이라는 오명과 함께 가정과 비공식적인 맥락에서만 쓰이는 소통의 도구가 된다. 이는 당시 라틴아메리카 국가들이 발전을 이루기 위해서는 스페인어의 사용을 장려하고 결과적으로 원주민어의 사용을 억제하는 것이 필요하다는 생각에서 나온 것이다. 그러나 당시 사회·경제적 권력을 쥐고 있던 계층으로부터 나온 이러한 생각은 일상적인 생활문화까지는 침투되지 않아 지배계층의 노력에도 불구하고 언어적 다양성은 유지되었다. 그러나 이때부터 지난 2세기 동안 라틴아메리카 국가들의 정체성 혼란에 큰 기여를 한 원주민어의 상실과 소멸이라는 비극적 과정이 시작된 것만은 확실하다.

독립 후 최초로 공포된 헌법에서 라틴아메리카 국가들의 언어·문화적 다양성의 특성이 반영되지 않은, 유럽 문화 및 언어에 바탕을 둔 단일한 정체성이 확립되면서 원주민들은 라틴아메리카 사회에서 보이지 않는 존재가 된다. 이렇게 해서 19세기 중엽부터 오늘날까지 스페인어와 원주민의 관계가 정립된다. 이를 학계에서는 언어접촉이라고 부르기도 하지만 사실은 언어갈등으로 표현하는 것이 정확한 말일 수도 있다.

1.4. 각국의 언어상황

1) 멕시코

멕시코는 2005년 현재 인구가 103,263,388명으로 스페인어권에서 가장 많은 인구를 가진 나라로 스페인어 외에도 64개의 언어가 사용되고 있다. 그러나 원주민어의 숫자가 정확히 얼마나 되는지는 학자에 따라 달라 최소 64개에서 많게는 200개에 이르는 것으로 추산되고 있다. 2000년 인구조사에서 만 5세 이상의 인구 중 원주민어를 한다고 답한 사람은 6,044,547명으로 전체 인구의 7.2%를 차지했으며, 2005년에는 60,011,202명으로 전체 인구의 6.7%를 차지하여 그 수가 감소하고 있음을 보여준다. 또한 원주민어 사용자의 대부분이 스페인어를 동시에 사용하는 이중언어 구사자로 2000년 인구조사에서는 83.1%로 나타났고 2005년 통계에서는 그 숫자가 87.7%로 증가했다(Instituto Nacional de Estadística y Geografía 2006).

현재 원주민어의 상황은 거의 모든 공적, 제도적 영역에서 그 사용이 배제된 것이 특징이다. 또한 원주민어는 공동체와 가족의 영역에서 조차도 그 사용이 급격하게 감소하고 있다. 후자의 경우 화자 수가 적은 언어공동체에 심각한 영향을 주는데 이는 원주민어의 최소한의 생존조건인 다른 세대로의 전승이 이루어지지 않기 때문이다.

원주민어와 스페인어는 원주민어 화자들 사이에서 그 사용이 다르고 배타적이다. 앞서 언급한 바와 같이 스페인어는 공적, 제도적 기능을 담당하고 원주민어는 가정에서, 지역에서 그리고 구어로서만 기능을 한다. 이렇게 멕시코에서도 다른 여타 라틴아메리카 국가들에서처럼 스페인어가 공식적인 상황에서 사용되고 원주민어는 비공식적인 영역에서 쓰이는 양층언어 현상이 나타난다.

현재 상업 및 금융거래, 공공등록, 행정, 사법, 의료, 신호체계, 상표 등과 같이 문자를 요하는 곳에서는 원주민어가 아주 제한적으로 사용된다. 원주민 교육에서는 그 사용이 점차 늘어나는 추세이나 언론과 같은 분야에서는 그 사용이 극히 제한적이다.

디아스-코우데르(Díaz-Couder 1996-1997)에 따르면, 현재 멕시코의 원주민 공동체를 원주민어의 보존 및 사용 정도에 따라 다음과 같이 구분할 수 있다.

• 언어 유지 공동체: 이런 형태의 공동체는 경제적으로는 통합이 덜 되어 있으나, 정치적으로는 높은 자치수준을 가진 고립된 지역을 말한다. 따라서 이 지역은 연방정부나 지방정부의 간섭이 상대적으로 적은 곳이다. 이런 형태의 공동체에서는 전체가 원주민어만을 사용하지는 않지만 원주민어만을 사용하는 사람의 비율이 높다. 이 지역에는 연령과 성을 불문하고 모든 주민이 지역 원주민어를 유창하게 구사한다. 그러나 개인별로 차이가 나는 것은 스페인어를 구사하는 정도이다. 노인, 어린아이, 성인 여성은 원주민어 구사자인 경우가 많고, 청년이나 처녀들은 스페인어를 비교적 유창하게 구사한다. 이런 지역으로는 치아빠스주(Chiapas)의 로스 알또스(Los Altos), 푸에블라주(Puebla)의 시에라 노르떼(Sierra Norte)의 일부 지역, 오아하까주(Oaxaca)의 시에라 노르떼(Sierra Norte), 아무스가(Amuzga)지역, 차띠나(Chatina)지역을 들 수 있다.

• 이중언어 사용 지역: 이런 형태의 지역은 상업, 은행 및 교육 관계 그리고 토지 및 자원 분쟁 등을 통해 지역의 경제활동에 적극적으로 참여하고 국가나 사회와 보다 많은 관계를 가짐으로써 이중언어 사용이 보

다 일반화된 공동체를 말한다. 그러나 도시와 많은 접촉으로 인해 문화가 많이 변화하고 있음에도 불구하고 아직도 경제가 주로 농업에 의존하기 때문에 전통적인 제도가 유지되고 있다. 이 지역에서 원주민어만을 사용하는 경우는 주로 나이가 많은 사람들에게 국한되나 종종 어린 아이나 성인 여성들에게서도 나타난다. 젊은층은 남녀 모두 스페인어가 유창하고 이들보다는 못하지만 성인 남성들도 스페인어를 잘한다. 어린이들은 학교에 들어가면서 스페인어를 배우기 시작한다. 이런 형태의 공동체에서는 원주민어가 재생산될 수 있는 사회·문화적 조건이 계속해서 존재하기 때문에 스페인어의 습득이 곧 원주민어의 상실을 의미하는 것은 아니다.

• 언어 상실 공동체: 이러한 형태의 공동체는 따바스꼬주(Tabasco)와 베라끄루스주(Veracruz) 남부의 유전지대나 최근 들어 개발된 관광단지와 같은 주류사회의 침투가 강력하게 진행된 곳에 나타나는 경우가 많다. 이 경우에 원주민들은 그들의 공동체가 개발계획을 담당하는 정부나 민간 기관에 의해 다른 곳으로 옮겨지거나 해체되기 때문에 전통적인 사회·경제적 네트워크에서 점차 이탈되고 있다. 공동체가 사라지지 않는 경우에도 유전이나 관광산업에서 상당수의 원주민들을 흡수해 감으로써 이들이 원주민 공동체와 유대감을 갖는 것을 막게 되고, 결과적으로 원주민 제도의 권위를 약화시킨다. 이러한 공동체에서는 원주민어만을 사용하는 경우는 존재하지 않는다. 보통 노인들만이 원주민어를 기억한다. 그러나 이를 사용할 기회는 별로 없다. 성인들은 기껏해야 원주민어를 이해하는 정도에 머무르고 젊은층과 어린이들은 스페인어만을 사용하는 경향이 높다.

1519년 멕시코 정복 당시 멕시코의 많은 지역에서 통용되었던 언어는 아스떼까제국의 언어였던 나우아뜰어이었다. 이에 대해 이달고 (Hidalgo 1994: 186)는 다음과 같이 말한다.

나우아뜰어는 아스떼까인들의 모어일 뿐 아니라 그들에게 복속된 부족들의 제 2언어이기도 했다. 아스떼까 연합의 가장 강력한 부족으로서 나우아뜰어 원주민들은 멕시코 계곡의 북쪽과 남쪽으로 그들의 침공지역을 확대했다. 그렇게 해서 나우아뜰어는 정치, 상업, 법, 경제, 과학, 예술, 교육 그리고 문학의 표준어로 사용되고 인정되었다.

그러나 정복과 식민시기를 거치면서 권력의 언어인 스페인어에 밀려 나우아뜰어는 다른 원주민어들과 함께 점차적으로 소외되고 열등한 위상과 기능을 가진 언어로 전락하게 되었다. 그렇지만 당시 나우아뜰어의 지리적, 사회적 사용범위가 너무 방대하여 스페인사람들은 이 언어에 상당한 특징과 특질이 있다고 여겨, 당시 다른 원주민어와는 달리 보다 우월적인 지위를 부여했다.

이러한 나우아뜰어에 대한 호의적인 태도는 멕시코가 독립한 후에 정부의 지원이나 인정으로 이어지지 못했다. 19세기 단일문화에 기반한 국민국가를 건설하려는 멕시코 정부는 스페인어를 국어로 만들기 위해 원주민어를 포기하는 정책을 시행했다. 이후 본격적인 스페인어화 정책이 시행되었다. 이 과정에서도 일부 학자들에 의해 원주민어를 분류하고 기술하려는 노력이 있긴 했으나 원주민어를 공적인 영역과 공식적으로 사용하기 위한 정책적 지원은 거의 없었다.

독립 이후 지속적으로 이루어진 스페인어화 정책의 결과로 많은 원주민들은 자신의 언어를 버리고 스페인어를 사용하게 되었다. 이로 인해 원주민어 사용자 수가 급격하게 줄어들어, 씨푸엔떼스(Cifuentes 1992)

에 의하면 19세기 초와 독립 직후에 멕시코 전 국민의 64%가 원주민이었던 반면에 20세기 초에 가면 원주민은 전체 인구의 13%밖에 되지 않았다. 이러한 비율이 원주민어를 사용하는 인구의 비율이라고 가정한다면 원주민어의 사용자 수 감소는 매우 큰 것이다.

1995년에는 멕시코의 전체 인구수인 9,500만 명 중에서 100만 명 이상이 나우아뜰어의 사용자였다. 이 언어는 지금까지도 멕시코에서 가장 널리 사용되는 원주민어이다. 그러나 사용자 수에 비해 멕시코 사회에서 위상과 역할은 미미하다. 20세기에 원주민어의 위상을 높이기 위해 이중언어 교육, 이중언어 이중문화 교육 그리고 상호문화 이중언어 교육과 같은 프로그램들이 시행되었다. 그러나 교수법, 사회·문화적 상황 그리고 이러한 교육을 실시하는 교사들의 태도로 인해 이러한 교육 프로그램은 실제적으로 국가가 요구하는 동화정책에 일조를 했다. 독립 이후 지금까지 국민통합을 위해 멕시코인의 정체성 확립이 중요한 국정과제인 멕시코 중앙정부에게 원주민어는 유지하고 발전시킬 대상이 되지 못했다.

그러나 이러한 상황에서도 오늘날 많은 나우아뜰어 사용지역에서는 자신들의 언어를 '나우아뜰어'라고 하는 대신에 '멕시코어'라고 말하고 스페인어를 '까스띠야'라고 한다. 이렇듯 원주민들은 자신의 언어와 종족에 대해 자부심을 갖는다. 반면에 사실상 스페인어가 사회적 유동성과 공적 활동에 매우 필요한 언어라는 것도 함께 인식하고 있다.

나우아뜰어는 많은 멕시코인들에게 현재의 살아 있는 문화라기보다는 국가의 찬란했던 과거의 상징으로 여겨진다. 이 언어를 구사하는 사람들은 너무 소외된 계층으로 전락하여 지난 200년 동안 이루어졌던 스페인어를 바탕으로 하는 국가 정체성 형성과정에 실제적인 위협을 줄 수 있는 세력이 될 수 없었다.

2) 과테말라

과테말라는 볼리비아에 이어 라틴아메리카에서 전체 인구 중 원주민의 비율이 두 번째로 높은 국가로 원주민의 대부분이 스페인어와 원주민어를 구사하는 이중언어 사용자이다. 현재 과테말라에는 공용어인 스페인어 외에 21개의 마야어, 싱까어(xinca), 가리푸나어(garífuna)가 사용되고 있다. 인구의 구성을 보면 인구의 50% 이상이 혼혈인(mestizo)이고, 45%가 마야족에 속하며 또한 인구 수가 전체 인구의 1%에 미치지 못하는 싱까족과 가리푸나족이 있다. 과테말라에서 쓰이는 원주민어를 보면 다음과 같다.

(1) 싱까어

싱까어는 메소아메리카어족에 속하지 않고 그 기원이 알려지지 않은 언어이다. 현재 정확한 정보는 없지만 과테말라 남동부의 산따 로사주(Santa Rosa)에서 이 언어를 구사할 수 있는 사람이 고작 180명에서 200명 사이밖에 되지 않아 소멸할 위험에 처해 있다. 이제 더 이상 일상에서 사용되지 않고 또한 사람들도 이 언어를 부모들로부터 배우는 것이 아니라 조부모로부터 배우며 이를 아는 사람들 사이에서도 소통의 언어로 사용되지 않는다. 그래서 소멸할 위험에 처해 있는 것이다. 현재 이 언어를 되살리려는 노력, 특히 사라지기 전에 기록해두려는 노력이 진행 중에 있다.

(2) 가리푸나어

가리푸나족은 영국사람들에 의해 소안티야스제도로 끌려온 흑인 노예들의 후손으로, 후에 산 비센떼(San Vicente)섬으로 탈출하여 아라우아까어(arawaka)를 사용하는 카리브 원주민들과 섞였다. 이들은 그 후에 영국인들에 대항하여 싸웠으나 패하여 온두라스만에 있는 한 섬으로 추방당한 후 다른 중미 국가들로 흩어지게 되었다. 가리푸나족은 아직도 그들의 언어를 보존하고 있고 과테말라에만 약 10,000명의 가리푸나어 사용자들이 북동부지역에 모여 살고 있다. 이 언어는 여러 종류의 아프리카어의 영향을 받은 아라우아까어족에 속하는 것으로 카리브 섬들의 복잡한 역사를 반영하듯 프랑스어, 네덜란드어, 영어, 스페인어에서 많은 어휘를 차용했다.

(3) 마야어 계열

2001년 인구조사에 따르면 과테말라의 마야어 사용자 수는 전체 인구의 21.5%를 차지하는 3,112,427명이다. 마야어 계열 중에서 40만 명 이상의 화자 수를 갖는 언어는 끼체(quiché, 922,378명), 껙치(queqchí, 726,723명), 맘(mam, 519,663), 깍치껠(cakchiquel, 415,889명)이 있으며 15,000명이 안 되는 사용자 수를 갖는 언어도 10개나 된다.

언어상황 역시 매우 복잡하다. 일부 원주민들은 여러 개의 마야어를 구사하기도 한다. 그러나 서로 다른 부족 사이에는 스페인어가 공통어로 사용된다. 또한 스페인어 구사능력은 개인별로 차이가 나고 이 언어와 원주민어를 동시에 구사하는 이중언어 사용 능력도 천차만별이다. 과테말라 원주민들의 이중언어 사용현황을 보면 다음과 같이 두 가지 그룹으로 나눌 수 있다(García 2008).

• **균형적인 이중언어 사용자:** 이들은 스페인어와 마야어를 유창하게 구사하며 맥락에 따라 두 언어 중 하나를 선택할 수 있으며 보통 중등 및 고등교육을 받은 사람들로 숙련된 노동에 종사하는 경우가 많다.

• **도구적인 이중언어 사용자**: 이들은 정식으로 스페인어를 배우지 못한 사람들로 일상생활에서 거의 스페인어를 사용하지 않는다. 이들 대부분은 농촌에서 일하는 사람들로 나이가 연로하거나 여성들이다. 이들은 학교 교육을 받지 못한 경우가 일반적이다.

그러나 이러한 분류는 한계를 갖는다. 실제 언어상황을 보면 이중언어 구사능력이 교육수준, 사회계급, 나이, 직업 등에 따라 매우 다르게 나타난다.

과테말라의 다언어적 상황은 스페인 식민지 시절로 거슬러 올라간다. 그때부터 마야어는 스페인어와 접촉하기 시작하여 사회적 권위를 지니지 못한 소수파 언어로 마야인의 공동체 내에서 사용되는 언어로 전락했다. 주로 농촌이나 지역 상업용어로 기능을 했다.

스페인 사람들이 중미지역을 정복할 당시 이 지역의 원주민들은 200-300만 정도가 되었는데 이들은 일련의 영지를 중심으로 거주하고 있었다. 이들 중 정복자에게 강력하게 저항한 부족으로는 끼체족, 맘족, 추뜨힐족, 께치족, 까치껠족 등이 있다. 스페인 사람들은 과테말라를 정복한 후에도 원주민 지배 계층으로 하여금 이들을 계속해서 통치하도록 했다. 그러나 다양하고 이질적인 부족들을 효과적으로 통치하기 위해 스페인 출신으로 구성된 새로운 식민 지배 계급을 형성하려고 노력했다. 스페인 식민통치가 시작된 후에도 원주민들에게 스페인어를 보급하는 것을 고집하지 않았다. 이는 스페인어를 원주민들에게 가르치는 일이 지난한 일이었고, 이 지역에 존재했던 다양한 언어 공동체에서 사용될 수 있는 공통어를 보급하는 것 또한 간단한 일이 아니었기 때문이다. 실제로 복음 전파를 위해 나우아뜰어와 까치껠어로 시도를 해보긴 했었다. 또한 스페인 왕실과 식민자들이 현재의 과테말라에 스페인어를 보급해야 한다는 강력한 요구가 있긴 했지만 실제 이 언어 정책은 스페인어 교육을 진흥시키는 데 별다른 효과를 보지 못했다. 식민 초기에 엔꼬멘데로(encomendero)에게 맡겨졌던 스페인어와 교리교육은 지역 일부 토호세력의 이해관계와 원주민을 동화·편입시키기 위한 조치들을 실행하기 위한 방안들의 미비로 실패했다. 당시 원주민과 스페인 식민자들과의 사이에서 가교 역할을 한 사람들은 소위 '라디노(ladino)'라 불리는 혼혈인들이었다. 그들은 비록 마야인들의 스페인 동화 과정에 큰 역할을 수행했지만 그들의 위상이 원주민들보다 높았기 때문에 이들과는 멀리했다. 그들은 주로 상업이나 특정한 전문직에 종사했다. 한편 식민 초기부터 스페인 선교사들이 대거 이 지역에 들어오는데, 이들의 역할은 원주민어를 보존하고 서로 다른 종족 사이의 언어를 구분하는 데 많은 공헌을 했다. 왜냐하면 이들은 교리 교육을 스페인어가 아닌 원주민어를 사용하여 했기 때문이다.

19세기 스페인으로부터 독립한 라틴아메리카 신생국들은 스페인어화 정책을 추진하면서 스페인어 사용의 장려와 함께 원주민어를 말살하기 위한 여러 가지 조치를 취한다. 독립 후 형성된 중미합중주(Provincias Unidas de Centro América)가 해체되자 과테말라 지도자들은 다른 스페인어권 국가들과 마찬가지로 스페인어 보급을 위한 조치들을 취하지만 원주민이 다수를 점하는 지역에서는 재원과 공교육의 미비로 인해 이러한 조치들이 시행되지 못했고, 마야 원주민들은 자신들의 풍습, 문화, 언어를 보존하면서 계속하여 고립해서 살게 되었다(García 2008).

20세기, 특히 1950년대 이후 이루어진 문맹퇴치와 산업화는 원주민 사회에 중요한 변화를 가져왔다. 마야인들이 과테말라 사회에 편입하고 산업체나 도시에서 일하거나 원주민 공동체를 떠나 장사를 하기 위해 스페인어를 배우기 시작했다. 엄격하게 말하면 마야어와 스페인어의 공존은 500년 전부터 시작되었지만, 원주민 사회에서 이중언어 사용이 일반화된 것은 마야인들이 스페인어를 제 2언어로 배우고 공교육을 받기 시작한 20세기에 와서이다. 원주민 밀집 지역에 초등학교를 세운 것은 원주민 어린이에게 스페인어 교육을 실시하는 것을 의미했다. 이들은 초등학교에 들어와 최소한 2학년 혹은 3학년까지는 다녔다. 그러나 중등 혹은 고등교육을 마치는 경우는 소수에 불과했다. 동시에 노동인구, 특히 남자의 경우에는 원주민 공동체를 벗어나 일을 하고 상업이나 다른 경제활동에 종사하기 위해 스페인어를 배워야만 했다. 라틴아메리카의 다른 원주민 사회와 마찬가지로 수년 전부터 마야 공동체에서도 스페인어와 마야어를 구사하는 이중언어 사용자가 다수이다. 왜냐하면 원주민들이 가정에서 마야어를 배우고 학교, 직장, 일상의 다른 영역에서 활동하기 위해 스페인어를 배워야 할 필요가 있기 때문이다. 현재 과테말라에서 마야어만을 하는 사람들은 3-4%가 넘지 않을 것으로 보지만 아직까지 이들에 대한 정확한 통계는 없다.

원주민어에 더해 스페인어를 사용하는 이중언어 사용 과정은 스페인어와 마야어 사이에 존재하는 힘의 불균형으로 라틴아메리카 다른 나라에서처럼 양층언어 현상으로 나타난다. 그러나 스페인어에 비해 원주민어가 불리한 상황에 있음에도 불구하고 과테말라의 원주민 이중언어 사용자들은 자신들의 모어를 버리지 않았다. 이로 인해 역사적으로 마야어가 사용되었던 지역에서 이 두 개의 언어 사이에 강한 접촉이 이루어졌다.

(4) 이중언어 사용

과테말라에서 마야어-스페인어 이중언어 구사자 비율은 매우 높다. 그러나 마야어가 단일한 언어가 아니라 21개의 서로 다른 언어로 구성되어 있고, 이 중 일부 언어는 아주 적은 수의 사용자를 가지고 있다는 것을 고려하면 마야어 사용자는 스페인어에 비해 다수가 아니다. 그러나 이 두 언어의 중요한 차이는 주로 이들이 가진 사회·경제적 위상의 불평등에서 나온다. 스페인어는 사회·경제적인 면에서 지배계층인 혼혈인들의 언어이어서 권력의 언어이다. 스페인어와 달리 마야어는 사회적으로 하위 계층인 원주민들의 언어이다. 이들 대다수는 사회 주변부와 가난 속에서 산다. 스페인어와 마야어의 사회적 가치평가의 차이는 원주민들로 하여금 스페인어를 배우도록 했으나 그 반대 현상, 다시 말하면 혼혈인들이 원주민어를 배우는 현상은 일어나지 않는다. 이러한 이중언어 상황은 마야어에 대한 스페인어의 영향으로 나타난다. 또한 원주민들이 구사하는 스페인어에 마야어의 영향이 깊이 배어난다.

(5) 이중언어 교육

앞서 언급한 것처럼 마야 원주민들은 지배층의 언어인 스페인어를 배워야 했다. 그러나 대부분의 경우 열악한 환경에서 배웠다. 즉 교육이 스페인어로 이루어졌기 때문에 학교에서 속성으로 배우거나 장사, 스페인어만을 사용하는 농장, 군대 등과 같은 비정규적인 상황에서 스페인어를 배운 것이다. 원주민 공동체의 많은 사람들이 1년에서 2년 정도 초등학교에 다니긴 했으나 여자이기 때문에 공부를 시켜주지 않아서 혹은 스페인어 능력 부족으로 학업을 마치지 못하는 경우가 많았다. 이렇게 원주민들은 스페인어를 제 2언어로 길거리, 직장, 공동체 밖의 장사를 통해 혹은 다른 비정규적인 환경에서 구어만을 배웠다. 그래서 스페인어를 완전하게 배울 수 없었기 때문에 이들의 스페인어에는 마야어에서 오는 많은 언어간섭이 나타난다. 그러나 이러한 언어간섭 현상은 마야어 원주민들의 스페인어 학습능력 부족에서 기인하는 것이 아니라 스페인어에 맞는 정식 교육을 받지 못했고 그들이 사는 마을에서는 스페인어가 사용되지 않아서 이 언어에 충분히 노출되지 않았기 때문이다. 1984년까지 과테말라에는 이중언어 교육 프로그램이 존재하지 않아서 마야어 원주민들은 스페인어로만 이루어지는 교육체계에 적응하는 것이 매우 힘든 일이었다. 그들은 또한 혼혈인들인 라디노 학생들과 같은 학교를 다니는 경우 왕따의 대상이 되는 경우도 많았다. 그 결과 현재까지도 많은 지역에서 원주민 학생들은 결석이 빈번하고 스페인어를 해독하지 못하는 경우가 많다. 이렇게 학교에서 스페인어의 강요는 많은 원주민들에게 학교와 스페인어 교육에 대한 좋지 않은 기억을 갖게 하여 이 언어 학습에 부정적인 결과를 초래했다.

한편으로 이중언어를 구사하는 대부분의 마야 원주민들은 스페인어를 정식으로 배울 기회가 없었기 때문에 올바른 스페인어를 교정해줄 언어모델을 가지지 못했다. 이로 인해 그들의 스페인어에 많은 마야어의 차용어들이 들어오게 된다. 단지 그들 중 일부만이 고등교육을 받을 수 있어서 그들의 스페인어는 표준 스페인어에 더 가까운 모습을 나타낸다. 그러나 대부분의 원주민들은 그들이 스페인어를 구사하는 방식이 다르고, 그들의 스페인어가 과테말라 표준 스페인어와 거리가 있다는 것을 알기 때문에 그들이 사용하는 스페인어에 긍정적인 생각을 갖지 않고 있다. 한편, 혼혈인인 라디노들도 이중언어를 구사하는 원주민들의 스페인어에서 차이점을 인식하고 노골적으로 부정적인 태도를 보이는 경우가 많다.

(6) 원주민어의 유지와 대체

현재 과테말라의 원주민어 중 가장 사용자 수가 많고 넓은 지역에서 사용되는 4대 언어인 끼체어, 께치어, 맘어, 까치껠어는 이 나라의 지배적인 경향인 양층언어 현상에도 불구하고 안정적인 상황에 있다. 그러나 다른 원주민어 상황은 매우 미묘하고 언어 상실의 위험에 노출되어 있다. 예를 들어 잇차(itza)나 모빤(mopan)과 같은 일부 원주민어는 스페인어 사용자들에 의해 둘러싸인 채 고립되어 있고 사용자 또한 아주 적어 그 상황이 아주 심각하다(Richards 2003).

언어가 대체되는 과정에 영향을 주는 중요한 요인은 원주민들이 자신의 언어에 대해 갖는 태도이다. 과테말라 마야어 원주민들은 자신들의 언어에 대해 일반적으로 부정적인 태도를 가지고 있다. 원주민들이 겪고 있는 소외와 빈곤의 상황은 원주민어 인식에 직접적인 영향을 끼쳐 일반적으로 원주민어는 저발전의 요소로 인식되고 라디노들뿐만 아니라 원주민 자신들도 부정적인 인식을 갖는다. 한편으로 원주민어의 사용은 수년 동안 너무 심한 탄압을 받아 가족 내부나 원주민 공동체에만 사용될 수 있었다. 다행히 최근에 이러한 상황은 많이 변했으나 원주민어 자체에 대한 부정적인 생각은 아직도 지속되고 있다. 마야인들 또한 자신들의 언어에 대한 인식은 일반적으로 부정적이며 원주민어를 하는 것이 자신들에게 별로 이득이 되지 않는다고 생각한다. 그래서 이중언어를 구사하는 많은 젊은 부모들은 자식들에게 마야어를 가르치지 않으며, 이들이 학교 시스템에 빨리 적응하여 주류사회에서 성공할 수 있도록 스페인어만을 사용하여 대화를 한다. 그리고 학교에서 이중언어 교육을 실시하는 것을 반대하기까지 한다. 이러한 과정에서 마야어들은 특히 젊은층에서 급속하게 대체·상실되어가고 있다.

이러한 상황에 맞서 1990년대에 마야어를 재활성화하려는 움직임이 일어났는데 여기에는 마야어 연구에 관심을 가진 공동체와 연구기관 외에도 마야어 사용자들이 참여했다. 마야어 원주민들이 과테말라 사회에 존재감을 드러내고 일부 전문직과 고위직을 차지하면서 이들은 자신들의 언어에 대한 권리를 인정해줄 것을 주장하기 시작했다. 그래서 1990년대 이후 과테말라 사회를 지배해온 공적담론 중의 하나는 과테말라 사회에서 원주민어가 담당하는 역할에 관한 것이다. 지식인들과 마야 학자들이 주동이 된 마야운동(Movimiento Maya)은 문화 유산으로서뿐만 아니라 정체성의 상징으로서도 마야어의 복원과 보존을 위해 노력하고 있다. 이런 맥락에서 마야어, 특히 사용자 수가 많고 사용 지역이 넓은 마야어의 경우 수세대를 거쳐 전승되고 유지되어온 소중한 자산이기 때문에 그들의 정체성을 나타내는 강력한 표지가 되었다. 이러한 자산은 사회행동 모델, 의복, 음악, 관습, 마야 언어와 전통의 연구에 의해서도 형성된다. 이러한 관습들 중 많은 부분이 현재 소실되고 있다. 그러나 언어는 대부분의 마야 공동체에서 상실되지 않아서 종족을 나타내는 강력한 표상으로 기능한다. 마야어를 복원하고 보존하게 해줄 뿐만 아니라 사용맥락을 넓혀주는 언어계획의 실행은 마야운동의 주요 목표 중의 하나이다. 마야인들의 주된 관심사에서 언어가 차지하는 위상은 이 운동 내에서 과테말라 마야어학회(Academia de Lenguas Mayas de Guatemala)와 전국 이중언어 교육 프로그램(Programa Nacional de Educación Bilingüe)에 부여한 중요성에서 잘 나타난다.

그러나 이러한 마야어의 복원과 보존의 노력에도 불구하고 과테말라 사회의 마야어에 대한 태도는 긍정적이기보다는 부정적이고 마야어의 역할과 사용범위 또한 점점 더 줄어들고 있다. 이러한 요인들은 스페인어를 배워야 할 필요성과 이 언어에 대한 긍정적인 태도(이로 인해 원주민어를 포기하는 경우가 많다)와 함께 마야어를 사용하는 원주민들의 수를 급격하게 줄어들게 한다.

3) 볼리비아

볼리비아는 라틴아메리카에서 과테말라와 함께 원주민 비율이 가장 높은 나라로 대략 전체 인구의 70%를 차지한다. 그러나 정확하게 인구의 몇 퍼센트가 원주민인지를 파악하기는 어렵다. 단지 인구조사에서 나온 정보를 토대로 몇 퍼센트의 인구가 스페인어가 아닌 원주민어를 단일언어 혹은 스페인어와 함께 이중언어로 사용하고 있는가를 알 수 있을 뿐이다. 2001년 인구조사에 따르면 10명의 볼리비아인 중 5명 이상이 현재 볼리비아에 존재하는 36개의 원주민언어 중 하나 내지 둘 이상을 단독으로 혹은 스페인어와 병행하여 사용하는 것으로 나타났다 (Instituto Nacional de Estadística: INE 2002). 또한 전 국민의 약 12%가 원주민어만을 사용하고, 약 48%의 볼리비아인들은 원주민어와 다른 원주민어 혹은 원주민어와 스페인어를 병행해서 사용하는 이중언어 구사자이다.

2001년 인구조사의 결과를 보면 자신을 원주민이라고 인정하는 사람은 15세 이상 인구의 62%를 차지하고, 이 중 께추아족이 약 30%이고, 아미마라족이 25%, 그리고 약 6%가 볼리비아에 거주하는 기타 부족 중의 하나에 속하는 것으로 나타났다.

볼리비아에서 가장 많이 사용되는 언어는 스페인어로, 2001년도 인구조사를 보면 스페인어만을 구사하는 인구는 전 국민의 46.8%를 차지한다. 또한 스페인어와 원주민어를 병행하여 구사하는 사람은 40.8%이다. 스페인어만을 사용하는 사람들은 주로 볼리비아의 북부, 동부, 남동부 지역에 모여 있다(베니(Veni), 빤도(Pando), 산타끄루스(Santa Cruz), 따리하(Tarija)). 도시에서의 이중언어 사용에 관한 통계를 보면, 꼬차밤바(Cochabamba)에서는 54%, 라빠스(La Paz)에서는 48% 그리고 산타끄루스(Santa Cruz)에서는 20%의 인구가 이중언어 구사자로 나타났다. 라빠스의 경우에는 스페인어 이외에 아이마라어 사용자가 압도적이고, 수끄레 (Sucre)와 뽀또시(Potosi)와 같은 도시에는 께추아어의 사용자의 비율이 높다. 오루로(Oruro)와 꼬차밤바 지역은 께추아어 사용자가 많으나 아이마라어 사용자도 상당수 존재한다(INE 2002).

이와 같이 대도시에서 원주민어가 사용되는 것은 상시적으로 진행되고 있는 원주민의 농촌에서의 도시로의 이주와 밀접한 관련이 있다. 농촌에서 도시로 이주한 께추아어와 아이마라어 사용자들은 자신의 언어를 잊지 않고 스페인어를 배우면서 이중언어 사용자로 변한다. 원주민의 인구유입이 지속적으로 이루어짐에 따라 도시에는 원주민 수의 증가와 함께 그들의 언어와 문화를 유지하기 위한 좋은 환경이 조성된다. 그러나 다른 한편으로 도시로 이주해온 원주민들이 원주민어를 사용하지 않거나, 혹은 원주민어가 가지고 있는 사회적인 편견 때문에 한 세대를 지나면 이를 상실할 위험이 매우 높은 것도 사실이다. 그럼에도 불구하고 농촌에서 도시로의 이주가 상시적으로 이루어짐에 따라 도시에서의 께추아어나 아이마라어의 사용이 활성화되고 있다. 이러한 상황을 감안한다면 원주민어의 도시에서의 생존 전망은 고무적이라고 할 수 있겠다(López 2006).

1970년과 1992년의 인구조사와 2002년도 인구조사를 비교해 보면 다음과 같은 사회언어적 경향이 나타난다(INE 1970; 1992; 2002).

- 1980년대부터 본격적으로 도입된 이중언어 교육의 결과와 농촌에서 도시로 이주가 급증함에 따라 스페인어를 구사하는 사람의 비율이 점차 높아지고 있다. 그러나 대도시에서는 스페인어만을 구사하는 사람의 수가 늘고 있긴 하나 전국적으로 보면 압도적인 추세는 아니다.

- 농촌지역에서는 지역에 따라 두 개의 상반된 현상이 나타난다. 어떤 지역에서는 께추아어와 아미마라어의 사용자 수가 감소하는 추세이나 라파스주나 산타끄루스 지방의 신흥 거주지역에서는 이 두 언어의 사용자가 늘어나는 경향을 보인다.

- 현재의 전반적인 경향은 이중언어 사용자가 늘어나는 추세이다. 이렇게 이중언어 사용자가 늘어나는 것은 께추아어나 아미라아어 사용자가 도시에서 생활하거나 혹은 행정관청에서 업무를 처리하기 위해 스페인어를 배워야 하기 때문이다. 그러나 스페인어만을 구사하는 사람이 께추아어나 아미마라어와 같은 원주민어를 배우는 경우는 극히 예외적이다.

4) 파라과이

파라과이는 원주민어가 원주민들 사이에만 사용되는 라틴아메리카 다른 나라에서와는 달리 원주민어가 원주민뿐만 아니라 전 국민의 90% 이상이 일상의 언어로 사용하는 유일한 국가이다. 볼리비아도 원주민어가 스페인어와 함께 국가의 공용어지만 원주민어는 원주민들만이 사용하는 언어이고 메스티소나 백인들은 스페인어를 사용한다. 또한 파라과이에서는 맥락에 따라 개인이 과라니어와 스페인어를 번갈아 사용하는 진정한 이중언어 사용이 이루어지는 라틴아메리카 유일한 국가이다. 또한 다른 나라에서처럼 원주민어에 대한 멸시도 존재하지 않는다.

식민지 시기에 과라니어 사용자들의 상황은 라틴아메리카의 다른 원주민어 사용자들과는 실질적으로 달랐다. 우선, 멕시코와 페루의 경우에는 스페인 사람들은 사회, 경제, 군사적으로 잘 조직된 강력한 제국들과 만난 반면에, 파라과이에서는 이러한 제국이 존재하지 않았다. 또한 멕시코와 페루에서는 정복자들이 원주민들을 제압하기 위해 각 지역의 토호들과 연합을 했는데 반해, 파라과이에서는 정복자들이 원주민들과 우호적인 관계를 가졌다. 왜냐하면 라틴아메리카 다른 지역의 정복자들은 금을 찾고자 한 반면에, 파라과이의 정복자들은 파라과이 원주민들과 같이 지상의 낙원을 찾고자 했기 때문이다. 또한 파라과이에서는 스페인 사람들과 원주민 사이에서 태어난 혼혈인들이 스페인 사람들 편에 서서 정복 사업에 적극적으로 참여했다.

모리니고(Morínigo 1990)에 따르면 파라과이 수도인 아순시온이 건설된 지 20년이 지난 1577년에 이 도시에 3,000명의 혼혈인들이 있었는데 이들의 아버지들인 스페인 사람들은 300명에 불과했다고 한다. 그래서 도덕주의자들은 아순시온을 마호멧의 천국이라 불렀다. 이러한 상황에서 혼혈인들과 그곳에서 태어난 스페인계 후손인 *끄리오요*(criollo)들은 스페인어 구사능력이 천차만별인 이중언어 사용자들이었다. 이들에게 스페인어는 행정, 교육, 군사, 종교, 사회적 영역에서 기능을 하는 언어, 다시 말하면 아버지들의 세계에서 사용되는 언어였고, 과라니어는 어머니 및 원주민 친척들과 가정에서 일상적으로 쓰는 언어였다. 이러한 언어 사용 상황은 오늘날과 유사하다.

다른 라틴아메리카 국가에서처럼 파라과이에서도 식민지시기에 가톨릭 복음의 전파는 스페인어가 아니라 과라니어를 통해 이루어졌다. 특히 예수회 선교사들이 건설한 '미션'이라 불리는 원주민 공동체에서는 과라니어가 공통어로 사용되었다. 이 덕분에 과라니어는 위상이 높아졌고 넓은 지역에서 사용될 수 있었으며, 문법과 어휘에 대한 심도 있는 연구가 진행되어 언어 규범화가 이루어질 수 있었다.

19세기 중엽 스페인으로부터 독립을 한 파라과이는 국가의 정체성을 나타낼 요소로 국어가 필요했다. 이를 위해 파라과이 정치가들은 라틴아메리카 대부분의 국가에서처럼 스페인어를 채택했으며 학교 교사들에게 과라니어를 학교 교육에서 몰아내고 스페인어 발음을 잘 가르치도록 했다. 그럼에도 불구하고 19세기 내내 모든 교육은 파라과이 대부분의 사람들이 진정한 국어로 생각했던 과라니어로 이루어졌다. 또한 독립 이후 지속된 스페인어화 정책도 군대에서 과라니어가 계속해서 사용되는 것을 막지 못했다.

이렇게 해서 1864년부터 1870년까지 지속된 삼국동맹 전쟁에서 파라과이 국민들의 단결을 위한 상징이 필요할 때 과라니어가 그 기능을 수행했고 군대의 비밀을 지키는 수단으로 사용되었다. 그러나 전쟁이 끝난 후에는 과라니어가 파라과이의 근대화를 막는 방해요소로 간주되어 학교와 가정에서 사용을 금지시키는 정책이 다시 시행되었다.

그러나 삼국동맹 전쟁에서 그랬던 것처럼, 차꼬전쟁(1932-1935)에서도 과라니어의 위력이 다시 발휘되었다. 보안을 이유로 정부는 전장에서 스페인어 사용을 금지하고 대화와 암호는 과라니어로만 할 것을 지시했다. 다시 한 번 과라니어는 전쟁에서 빛을 발하는 역할을 수행했다. 그러나 다시 평화가 찾아오자 과라니어는 국민의 단합과 군대의 암호를 위한 언어로서의 기능을 상실하고 천대를 받는 위치로 전락한다.

파라과이는 1967년 헌법에서 과라니어의 재평가와 공식적인 인정을 위한 첫 번째 발걸음을 내딛었다. 우선 헌법 조문에 과라니어가 스페인어와 함께 국어라는 것과, 이 언어의 보호, 교육, 발전, 완성을 장려하는 것을 명시했다. 그러나 과라니어가 스페인어와 함께 국가 공용어로서의 지위를 획득한 것은 스페인 사람들이 파라과이를 정복한 지 4세기 반이 지난 1992년의 일이다. 1992년의 언어상황을 보면 전 국민의 88%가 과라니어를 모어나 제 2언어로 사용하고 있었고 스페인어만을 사용하는 인구는 55%에 머물렀다. 2002년의 인구조사에서는 과라니어를 모어나 제 2언어로 사용하는 사람의 수가 10년 전에 비해 2%가량 줄어들었다. 그렇다고 하더라도 전국민의 86%가 과라니어를 구사한다는 것은 매우 의미 있는 수치이다. 그러나 과라니어와 스페인어를 구사하는 이중언어 사용자는 1992년의 48.9%에서 2002년에는 58.3%로 10% 정도 증가했다. 이 기간 동안에 과라니어만을 구사하는 사람들은 줄어든 반면에 스페인어만을 사용하는 사람들은 거의 배로 증가했다(Dirección General de Estadística, Encuestas y Censos 2004). 이는 젊은 계층에서 과라니어를 배우는 것을 기피하는 경향과 맥을 같이한다.

이미 언급했듯이 정복 이후 과라니어 사용 원주민의 수적 우세와 스페인어를 사용하는 소수와 다수의 과라니어 사용자와의 인척관계가 과라니어가 처음에 두 집단의 소통의 언어로, 이후 원주민은 물론 파라과이 태생 스페인계 후손들 사이의 일상적인 언어로 확대되는 데 중요한 요인으로 작용했다. 파라과이에서 두 개의 언어가 같이 사용되는 이중언어 상황은 18세기 말부터 시작되었다는 것이 전문가들의 공통된 의견이다. 그러나 이러한 상황이 공고화되는 과정은 느리게 진행되어 20세기 한참 지나서야 도시 주민들을 중심으로 나타난다. 현재 파라과이의 이중언어 상황은 스페인어만을 사용하지만 지배계급을 형성하면서 사회적으로는 스페인의 문화, 전통, 가치를 추구하는 소수 그룹과 과라니족의 전통과 문화, 특히 언어를 보존했던 다수의 사회가 공생하는 과정에서 나온 산물이다.

앞서 본 것처럼 파라과이에서는 이중언어 사용이 널리 퍼져 있어 사회적으로 일반화된 이중언어 사용이라고 해도 무방할 정도이다. 특히 파라과이에서는 양 언어의 사용과 기능이 특화되어 있는 안정적인 양층언어 현상이 나타난다. 다시 말하면 양 언어 간의 위계가 뚜렷이 구분되어 스페인어는 지배적인 상위의 언어 그리고 과라니어는 종속적인 하위의 언어로서 간주되어, 권력관계가 존재하는 상황에서는 스페인어가 사용되고 유대관계가 존재하는 맥락에서는 과라니어가 쓰인다. 따라서 스페인어의 사용은 사람들의 개인적인 영역을 벗어나는 상황(학문, 행정, 재정, 관청, 교육, 매스컴)에서 선호되고, 과라니어는 사회적 결속과 감정의 표출이 요구되고 친밀감이 존재하는 맥락(가정, 친구, 정치집회, 소규모 상거래 등)에서 지배적으로 사용된다.

따라서 파라과이 사람들 사이에서는 이중언어 사용자든 아니든 간에 파라과이사람과 과라니어를 동일시하는 민족주의적인 성격의 일반화된 감정이 존재한다. 즉 과라니어가 파라과이 사람들 사이에서 자부심과 언어적 충성심을 강화시킨다. 그래서 파라과이에서는 과라니어가 국어이자 파라과이 국민의 언어로 간주된다.

그러나 과라니어에 대한 긍정적인 태도만 존재하는 것은 아니다. 과라니어를 자신들의 정체성을 나타내는 한 부분으로 생각하는 사람들 사이에서조차도 과라니어에 대한 부정적인 태도를 발견할 수 있다. 이러한 부정적인 태도는 사회적 계층이동 요인들과 결부될 때 나타나는 경우가 많다. 왜냐하면 사회 전반적으로 스페인어가 개인적 신분 상승을 가능하게 해주는 유일한 요소라고 믿는 경향이 강하기 때문이다.

마지막으로 파라과이의 과라니어 사용과 관련하여 반드시 언급해야할 사항은 현재 파라과이, 특히 도시에서 일상적으로 사용되는 과라니어는 조빠라(jopara)라고 불리우는 과라니어에 스페인어가 섞인 변이형이라는 것이다. 이 변이형은 원래의 과라니어에서 파생되어 스페인어의 영향을 받았으나 과라니어의 구조를 유지하고 있는 파라과이 과라니어와 스페인어에 과라니어의 영향이 들어간 파라과이 스페인어 사이의 중간 단계에 속하는 것으로 볼 수 있다. 조빠라는 주로 구어 형태로 사용되며, 영어와 스페인어가 혼합된 스팽글리쉬의 형성과정과 비슷한 과정을 통해 형성된 것이라고 보면 될 것이다. 따라서 경계가 불분명하고 기술하기가 어려워 하나의 정식 언어나 혼성어인 크레올로도 간주되지 않는다. 단지 두 개의 언어가 혼합된 것으로 보는 것이 일반적이다.

5) 페루

페루는 아메리카 대륙에서 가장 다양한 종족, 문화, 언어를 가진 국가 중의 하나로 전체 국토면적의 62%를 차지하는 아마존 지역에 41개 원주민어가 존재한다. 여기에 안데스 지역의 께추아어와 아이마라어가 더해진다. 2007년 인구조사에 따르면 원주민어 사용자는 4,045,713명으로 이 중 83%는 께추아어를 사용하고, 11%는 아이마라어 그리고 6%는 다른 원주민어를 사용하는 것으로 나타났다(Instituo Nacional de Estadística e Informática 2009).

전통적으로 다언어 국가인 페루에서는 점점 더 원주민어와 스페인어를 사용하는 이중언어 사용자가 많아지고 있다. 이러한 언어접촉의 결과로 양층언어 현상과 함께 두 언어 간의 갈등 그리고 상호 간섭현상이 생기는 등 역동적인 상황이 전개된다.

언어 사용 상황과 지리적인 요인을 고려할 때 페루에는 다음과 같은 세 개의 언어 사용지역으로 구분할 수 있다.

• 단일언어 사용지역: 모든 면에서 고립된 지역으로 일부 원주민 공동체의 지리, 문화, 정치, 경제적인 고립의 결과로 언어 간의 접촉이

거의 없다.

- **이중언어 사용지역**: 경계가 정해진 이중언어 사용지역으로 서로 다른 단일언어 공동체와 이중언어 공동체의 접촉이 빈번하여 문화적 동화가 쉽게 일어난다.
- **다언어 사용지역**: 서로 다른 언어와 문화 간의 접촉이 강하게 일어나는 지역으로 문화 격리 가능성은 상대적으로 적으나 사회, 교육적인 문제가 심각하다.

현재 페루에서 사용되는 언어를 분류하면 크게 14개 언어 그룹으로 나눌 수 있다. 11개 그룹은 아마존 지역의 부족어들로 이루어져 있고, 두 개의 그룹은 주로 안데스 지역에서 사용하는 언어들인 께추아어와 아이마라어로 이 중의 하나인 께추아어는 전국적인 사용범위를 갖는다. 그리고 마지막으로 하나는 도시지역을 중심으로 전국적인 공용어로 사용되는 언어인 스페인어이다.

스페인어는 수적으로 사용인구가 가장 많은 패권적인 언어로, 사용자 수가 인구의 증가, 문화동화, 농촌지역 교육의 확대에 힘입어 계속 증가하고 있다. 원주민어 사용자들은 인구 구성에 있어서 이질적인 분포를 나타내고 경제·지리적으로도 산재되어 나타난다. 그러나 언어적인 측면에서는 두 가지 뚜렷한 경향을 보인다. 하나는 자신의 언어와 대도시에서 가장 많이 사용되는 언어인 스페인어 사이에 뚜렷한 힘의 불균형이 존재함에도 불구하고 자신의 모어를 보존하고 사용하는 사람들의 존재이고, 다른 하나는 원주민의 언어적 정체성을 상실한 경우이다.

원주민어 사용지역에 스페인어가 확산되는 것은 새로운 일이 아니다. 그러나 최근에는 너무 급속하게 진행되어 일부 원주민어의 생존에 영향을 줄 정도가 되었다는 점이 문제이다. TV, 라디오, 신문, 인터넷과 같은 매스컴, 농촌지역 학교의 증가, 농촌지역의 빠른 도시화로 인해 원주민어가 사라질 운명에 처해 있으며 이로 인해 원주민 공동체의 구성원들에게 많은 사회·문화적 문제들이 발생한다. 이전에는 원주민들이 도시지역에 국한된다고 생각했던 국가발전에서 뒤떨어져 있었다면, 지금은 원주민들이 스페인어를 잘 모르면 다른 지역의 사람들보다 뒤처지게 된다는 점이다. 그래서 농촌지역이나 도시에서 멀리 떨어진 곳에 사는 원주민들이 스페인어를 배워야 할 필요성이 생기는 것이다.

원주민어 사용자들이 스페인어를 배워야 할 필요성은 처한 상황에 따라 다르다. 예를 들어 대부분의 부모들에게는 스페인어를 할 줄 아는 것이 자식들에게 보다 높은 사회·문화적 발전의 희망을 의미하는 것이고, 다른 사람들에게는 생활수준의 향상을 나타내며, 그리고 많은 사람들에게는 권리 보호를 위한 방어수단이기도 하다.

이렇게 해서 원주민들은 이중언어 사용자가 된다. 그런데 대부분의 경우 스페인어는 일반 사회 구성원들과 공적인 관계에서 사용되고, 원주민어는 가족, 원주민 공동체와 같은 전통적인 관계에서 쓰이는 양층 언어 현상이 나타난다. 또한 원주민이 거주하는 지역적인 공간에 따라서 언어의 사용현황이 달라지기도 한다. 도시에서는 이중언어를 사용이 많고, 농촌이나 산간 지역에서는 원주민어만 하는 경우가 많다.

독립 이후 페루 사회가 견지해온 단일 언어에 기반한 국민국가에 대한 생각은 국내에 존재하는 스페인어를 유일한 언어로 인식하고 국내의 언어적 다양성을 무시하는 결과를 가져왔다. 일반적으로 얘기해서 이러한 관점은 페루 사회의 원주민어에 대한 전반적인 인식을 형성하는데 커다란 영향을 주었다. 페루 사회가 언어적 다양성을 인정하기 시작한 것은 비교적 최근의 일이어서 이러한 포용적인 태도는 일반 대중에게서보다는 지도층의 담론에서 나타난다. 왜냐하면 이는 아직까지 페루 사회에서 일반화된 개념이 아니기 때문이다.

이러한 맥락에서 국가가 취한 원주민어를 보존하거나 발전시키려는 정책은 많은 어려움을 겪어야 했고, 사회적으로 낮은 지위를 차지하는 원주민어를 부정하고 멸시하는 분위기 속에서 성장한 원주민들은 자신의 언어를 스스로 부정해야만 하는 상황이 발생했다.

비록 최근에 원주민어의 언어권에 관한 조항들이 법제화되었기는 하지만 국내에 존재하는 언어적 다양성을 보존하고 진흥하는 것이 국가의 의무이고, 원주민어를 사용하고 유지하여 후대에 이를 물려주는 것이 원주민어 사용자의 권리라는 생각은 아직 사회의 일반적인 생각과는 거리가 있다.

지금까지 국가가 시행한 스페인어를 국가의 공용어로 진흥시킨 정책은 페루 원주민어의 사용과 보존에 심대한 영향을 주었다. 또한 일반 사회 역시 원주민어를 배제하고 차별하고 거부하는 적대적인 태도를 취해왔다. 이러한 상황으로 인해 페루는 안데스 지역에서 가장 언어 차별이 심한 국가 중의 하나가 되었다. 일부 학자들은 페루의 강도 높은 양층언어 상황을 일종의 언어차별정책이라고 주장하기도 한다. 이러한 언어차별 상황은 스페인어 사용자들의 원주민어와 원주민에 대한 배척에서 나타난다.

이와 같은 사회적 분위기는 아마존 지역의 일부 원주민 공동체로 하여금 페루 사회와 접촉을 완전히 차단하고 스스로를 특정 지역에서 고립하도록 만들었다. 이렇게 스스로 고립한 결과 이 부족은 명확한 언어 경계선을 구축하여 오히려 자신의 언어를 활성화시킨 것으로 평가를 받기도 했다.

그러나 오랜 기간 언어접촉 상황을 유지한 원주민어의 경우에는 정반대 상황이 발생한다. 스페인어의 패권적인 지위로 인해 페루의 각기 다른 원주민어들이 점점 약화되고 있다. 이에 대한 원인으로는 여러 가지를 상정할 수 있으나 페루 전역에 확산되어 있는 양층언어 상황이 주된 원인으로 꼽는다. 그러나 일반 국민들로 하여금 페루의 언어 다양성과 다언어 상황에 대해 적대적인 태도를 갖게 하는 각 지역 및 지방 특유의 요인들이 존재하는 것도 사실이다.

일반적으로 현재 언어상황은 원주민어가 스페인어와 접촉과정에서 생존하는 경우에도 언어가 유지되기에는 유리한 환경이 아니어서 스페인어로 언어적 대체가 일어나는 경향이 강하다. 이는 바로 원주민어를 무시하는 상황으로 이어지는 것은 자명한 일이다. 국가 또한 스페인어와 이 언어를 통해 표현되는 문화의 꾸준한 확산으로부터 원주민어를 보호할 뚜렷한 대책을 갖지 못한 상황에서 원주민어는 사용이 계속 줄어서 많은 원주민어들이 가까운 장래에 사라질 가능성이 매우 높다.

6) 베네수엘라

스페인 정복자들이 현재의 베네수엘라에 도착했을 때 이 땅에는 원주민어들이 사용되고 있었고 이들 중 일부는 수천 년의 역사를 가진 언어들이었다. 모소니(Mosonyi 2007)에 따르면 1500년경에 베네수엘라에서 사용된 언어의 수는 100여 개에 이르렀고 현재에는 약 30여 개가 남아 있으나 이것들마저도 많은 수는 단기 혹은 중기적으로 사라질 위험에 처해 있다.

수천 년 동안 원주민들은 후손들에게 언어를 물려주었다. 언어와 함께 문화와 관습도 전승되었다. 그러나 15세기 이후 정복에 이은 식민화와 함께 베네수엘라의 원주민들은 스페인어 사용자들과 접촉을 갖기 시작했다.

식민지 초기에는 다른 여느 라틴아메리카 국가들과 마찬가지로 복음 전파를 위해 스페인어 대신에 원주민어를 사용했다. 학교에서조차도 스페인어 대신에 원주민어를 가르쳤다. 왜냐하면 스페인어는 교리를 전파하는 데 필요하지 않았기 때문이다. 스페인 왕인 펠리뻬 2세의 경우에는 교구의 수장을 원주민어를 가장 잘하는 선교사에게 넘겨줄 것을 명하는 칙령을 발표하기도 했다. 그래서 라파엘 깔데론(Rafael Calderón)신부는 1879년에 미래의 선교사들이 과히라족의 개종을 위한 중요한 도구로서 과히라어를 익힐 수 있도록 이 언어의 문법서를 출간했다.

이러한 상황에서 많은 원주민어들이 활성화되었다. 그러나 일부는 사용자의 소멸 때문에 혹은 다른 원주민어에 흡수되어 사라지는 운명을 맞이했다. 당시 스페인어는 수많은 원주민어 사이에 낀 소수의 언어에 불과했다. 단지 토호세력의 자제들과 원주민 상층 계급에게만 스페인어를 가르쳤다. 립스키(Lipski 1998)에 따르면 당시의 원주민과 유럽인의 비율은 10만 명당 1명꼴이었다. 이러한 상황으로 인해 원주민 공동체는 유럽인들의 주거지와는 고립되어 자신들의 언어를 잘 보존할 수 있었다. 그러나 원주민들과 유럽인들을 분리하는 경계가 무너지기 시작하고 혼혈인들이 상당수에 이르게 되면서 원주민어의 스페인어에의 영향이 현실로 나타난다. 이러한 영향은 chocolate, jaguar, cóndor, tomate 등과 같은 어휘에서 볼 수 있다.

그러나 18세기가 되면 정복에서 식민지를 거치면서 계속되어온 개종을 위해 원주민 공동체를 고립시켜온 정책이 끄리오요들의 경제활동의 증가, 경제 자유화, 교통·통신의 증가, 도시의 성장과 같은 베네수엘라의 사회 발전으로 인해 단일한 공통어를 필요로 하는 시대를 맞게 된다. 이렇게 해서 스페인어로 초등교육이 실시되기 시작한다. 이는 교회의 권력을 제한하고 학교를 개혁하며 교육을 공공서비스로서 제공하기 위함이었다. 그러나 이러한 과정은 빠르지도 쉽지도 않았다. 19세기 중엽까지만 해도 10명 중 8명은 스페인어를 조금 하거나 거의 하지 못했으며 이들은 대부분 원주민들이었다.

20세기 들어서면서 1925년 석유 붐과 함께 산업과 교통통신의 발전 그리고 초등교육의 보편화로 인해 스페인어 인구는 기하급수적으로 늘어났다. 이러한 과정에서 베네수엘라 스페인어는 토착적인 요소를 편입하면서 표준화 과정을 거쳐 스페인어의 한 변이형이 되었다. 현재 베네수엘라는 전체 인구의 90% 이상이 스페인어를 모어로 하는 단일언어 국가이다.

베네수엘라에서 원주민어는 비록 소수 언어에 불과하지만 이 나라의 언어·문화 유산을 나타내는 것이므로 매우 소중한 자산이다. 원주민 부족의 언어적 다양성은 그들이 국가 문화와 갖는 관계에 있어서 또 다른 긴장을 의미했다. 아야이스(María Luisa Allais 2004)에 따르면 1992년에서 2002년 사이에 베네수엘라의 원주민어 사용자 수는 10% 줄었고, 2001년의 통계를 보면 원주민 전체의 70%가 자신의 언어를 사용하고, 25%는 사용하지 않으며, 5%는 사용여부를 말하지 않고 있다. 따부아스(Mireya Tabuas 2002)는 베네수엘라의 5세 이상 원주민의 80%는 자신의 언어를 사용하고 이 중 76%는 이중언어 구사자이며 단지 원주민의 20%만이 스페인어를 사용한다고 말한다. 그러나 다언어를 구사하는 원주민 공동체도 존재한다. 예를 들어 네그로강(Río Negro)유역의 원주민 공동체에서는 와렝께나(warenquena), 바니바(baniva), 넹가뚜(ñengatu), 스페인어, 포르투갈어가 사용되며, 에세끼보(Esequibo) 근처에 사는 부족은 스페인어, 영어 그리고 자신의 언어를 구사한다.

원주민 화자들의 도시지역과 농촌지역 분포와 관련하여 베네수엘라 2001년 인구조사 결과에 따르면 도시에 사는 원주민의 64%는 자신이 속한 부족의 언어를 사용하고, 30%는 사용하지 않으며 6%는 사용여부를 밝히지 않고 있다. 반면에 농촌에 사는 원주민의 85%는 자신의 언어를 구사하고, 13%는 사용하지 않으며 2%는 사용여부를 밝히지 않고 있다.

사네마족(sanemá), 야노마미족(yanomami), 호디족(jodi), 예꾸아나족(yekuana), 바리족(barí), 에녜빠족(eñepa), 삐오라족(piora), 뻬몬족(pemón)에 속하는 90% 이상의 원주민들과 와라오족(warao), 구아히로족(guajiro), 뿌메족(pumé)에 속하는 80% 이상의 원주민들은 자신들의 언어를 상실하지 않고 계속해서 사용하고 있다. 2001년 인구조사 결과를 보면 베네수엘라 원주민의 평균 70%는 자신의 언어를 구사할 수 있고, 약 30%는 자신의 언어를 하지 못하는 것으로 나타났다.

산업의 발전 및 국제화와 함께 원주민과 혼혈인 및 백인들과의 접촉의 증가로 원주민과 다른 국민들 간의 문화적 경계도 점차 사라지고 있는 형국이다. 이러한 상황에서 원주민들은 수적 열세와 문화적 열등감으로 인해 원주민들이 자신의 종족에 대한 수치심을 느끼기 시작하고, 스페인어를 배우게 되면서 자신의 언어와 문화를 멸시하는 것으로 이어진다.

그렇다고 해서 원주민어가 가까운 장래에 사라질 것으로 보이지는 않는다. 왜냐하면 대다수의 원주민들이 자신들의 언어를 정체성을 나타내는 표상으로 삼고 있기 때문이다. 그러나 원주민어의 보존과 유지를 위해서는 지금까지 교육이 담당해온 기본적인 역할을 고려해볼 필요가 있다.

정복 이후 베네수엘라 원주민들은 동화 과정을 통해 먼저 물리적 말살을, 그리고 후에 문화적 말살을 당해왔다. 오랫동안 원주민을 교육시키는 것은 곧 문화적 동화를 의미해서, 그들의 가치관을 말살해서 유럽인들의 것으로 교체하는 것이었다. 이러한 과정에는 무엇보다도 스페인어를 강요하는 것이 포함되어 있었다. 식민지 기간 동안 원주민 교육은 가톨릭이 맡았다. 20세기 초반에 시혜적인 차원의 원주민 우대정책이 실시되었으나 20세기 중엽을 지나서야 베네수엘라 정부는 교육을 통한 원주민의 포용정책에 대한 관심을 갖기 시작한다. 1944년 원주민 정책의 방향을 정하고 국가원주민위원회를 설립하면서 교육에서의 원주민의 언어와 문화가 인정되었다. 1945년 헌법에는 원주민의 사회문화적 구조와 관련된 개정안이 편입되었고 원주민의 특성을 인정하는 법적인 틀이 마련되었다. 1976년에는 교육부 산하에 원주민청을 편입시켜 이 기관의 목표 중의 하나를 상호문화 이중언어 교육(Educación Intercultural Bilingüe)를 진흥하고 시행하는 것으로 정했다.

1979년에는 원주민 지역에서 상호문화 이중언어 교육에 관한 법령이 공포되었다. 이는 원주민들에게 자신들의 언어로 이루어지는 교육을 보장하는 첫 번째 법적 장치로, 원주민의 국가문화로의 통합을 촉진하기 위해 이들의 법·사회·문화·언어·역사·종교적 토대를 포함하는 교과과정을 수립할 것을 규정하고 있다.

이러한 교육체계는 1980년의 교육법에 반영되어 원주민 학생들을 위한 교육 프로그램이 설치되었고 1988년에는 교육부령으로 원주민 초등교육과정이 개설되었다. 그러나 이러한 정책들은 정부의 무관심과 원주민의 정치적 소외로 인해 실행되지 못했으나, 1999년에 제정된 볼리바리아나 공화국 헌법에서 원주민어를 공용어로 선포함으로써 새로운 전기를 맞게 되었다. 이 헌법의 3장에는 원주민의 제반 권리를 규정하고 있는데 3개의 조항이 원주민어와 관련된 것이다. 제119조에서는 원주민어를 인정하고 제121조에서는 원주민들이 자신들의 사회·문화적 특성, 가치관, 전통에 따라서 자신들에 맞는 교육과 상호문화 이중언어 교육을 받을 권리를 규정하고 있다. 그리고 제 9조에서는 원주민어가 각각의 원주민 지역에서 공용어의 성격을 갖는다는 것을 명시하고 국가와 인류의 문화유산이므로 전국에서 존중되어야 할 것으로 규정하고 있다.

이와 같이 1999년 헌법에 원주민어와 관련된 조항이 삽입된 것은 상호문화 이중언어 교육과 원주민어의 재활성화가 베네수엘라에 갖는 중요성을 잘 나타내준다. 그러나 아직까지도 원주민어는 스페인어에 비해 매우 불리한 상황에 처해 있는 것이 사실이다.

2부

라틴아메리카의 언어정책

2.1. 언어정책의 변화

1990년대 라틴아메리카에서 진행된 주목할 만한 일 중의 하나는 많은 나라에서 각 국가 내에 존재하는 문화적 다양성을 인정한 것이다. 이는 19세기 국민국가 건설의 기반이 되었던 단일문화, 단일언어라는 단일문화주의를 지양하고 다양한 민족 집단, 문화의 차이와 가치를 인정하는 다문화주의를 수용한 것을 의미한다.

스페인이 라틴아메리카를 정복하면서 이 지역에는 정복자들의 문화인 유럽문화와 다양한 원주민들의 문화가 공존하는 다문화적 상황이 전개된다. 그러나 식민 초기를 제외하고는 식민기간 내내 원주민 문화에 대한 학살과 원주민의 동화정책이 지속적으로 이루어졌다. 독립 후에도 이런 상황은 계속되는데, 당시 원주민이 많았던 국가에서 유럽식 모델을 본뜬, 문화적 동질성에 기초한 국민국가를 건설한다는 명분하에 지배문화와 다른 모든 문화는 국민통합 및 국가발전의 방해물로 여겨 제거해야 할 대상으로 간주했다. 이 과정에서 행정, 사법, 교육기관에서 사용되는 언어로 스페인어를 채택하여 원주민어는 사실상 공적 영역에서 완전히 배제되었다. 스페인어만을 사용하여 교육을 하게 된 교육기관은 원주민을 동화시켜 주류사회의 일원으로 편입시키는 첨병기지인 동시에 원주민 문화 학살의 현장이기도 했다. 이렇듯 라틴아메리카 원주민은 19세기 국민국가 건설 과정에서 철저하게 소외됨으로써 당시 수적 우위를 보인 나라에서도 문화를 포함한 모든 영역에서 이들의 권리가 무시되었다.

그러나 2차 세계대전 종전과 함께 전 세계적으로 문화적 소수민족들이 자신들의 정체성을 다시 주장하고, 민족의 자결권과 평등을 요구하기 시작하면서 라틴아메리카에서도 원주민의 권리를 주장하는 움직임이 나타난다. 이후 라틴아메리카 여러 나라에서 정부의 원주민 동화정책에 저항해왔던 수많은 투쟁과 원주민 공동체의 민족적, 정치적 의식이 높아지면서 원주민의 언어 및 문화에 대한 권리의 요구가 끊임없이 제기되었다. 또한 국제기구의 원주민 권리에 대한 관심이 고조되면서 국제협약을 통한 원주민의 언어 및 문화적 권리를 보장하려는 움직임이 활발해졌다. 이런 맥락에서 나온 것이 유엔의 원주민 권리선언, 국제노동기구의 원주민에 관한 협약 169, 그리고 1996년에 채택된 유네스코의 세계 언어권리 선언 등이다.

1980-90년대에 들어오면서 그동안 라틴아메리카 사회에서 거의 주목을 받지 못했던 원주민이 많은 나라의 정치·사회적 주체로 등장하는 사건이 일어난다. 그 대표적인 예가 1994년에 일어났던 멕시코의 사파티스타 민족해방군(Ejército Zapatista de Liberación Nacional)의 봉기, 1996년에 있었던, 35년 내란에 종지부를 찍은 과테말라 정부와 반군인 과테말라 혁명국민연합(Unidad Nacional Revolucionaria Guatemalteca)과의 평화협정 체결과 2005년에 볼리비아에서 있었던 역사상 최초로 원주민 출신인 에보 모랄레스(Evo Morales)의 대통령 당선이다.

이와 함께 라틴아메리카의 민주화의 진전과 경제의 세계화로 인해 이 지역의 많은 국가에서 원주민 인권과 언어·문화적 다양성에 대한 인식의 변화가 나타나고 있다. 이는 개방 경제정책으로 외국인투자의 확대가 시급한 라틴아메리카 국가들로서는 세계화된 이미지를 보여주기 위해 부득이하게 국제사회의 압력에 굴복한 측면도 없지 않다. 그러나 대부분의 국가에서 지금까지 견지해온 단일민족, 단일문화, 단일언어라는 19세기 자유주의에 입각한 근대 국민국가의 가치를 지양하고, 다양성을 국가의 통일성을 해치는 갈등의 원인으로 보지 않고, 다양성이란 개념에 기초하여 국민통합을 추구하고자 노력하는 것도 사실이다.

이처럼 1990년대 들어 라틴아메리카의 대부분의 국가들은 정치의 민주화, 경제의 개방화, 원주민의 정치·사회적 입지 강화, 국제사회의 원주민 권리보장을 위한 노력의 결과로 그동안 유지해왔던 단일문화, 단일언어 정책에서 다문화, 다언어를 인정하는 다문화주의 정책으로 방향을 전환했다. 이는 하멜(2001)의 표현을 빌리면 원주민의 존재를 문제로 인식하는 데서 벗어나 이를 국가의 사회·문화를 풍요롭게 하는 자산으로 인정하는 인식의 변화라 볼 수 있다. 이런 인식하에서는 원주민의 문화와 언어를 보존하는 것이 원주민 공동체의 권리일 뿐 아니라 사회 전체가 받아들이고 지원해야 하는 의무이다. 라틴아메리카의 인종·문화적 다양성이 이 지역 국가들의 민주 발전을 풍요롭게 할 요소라는 다원주의적 시각은 1992년에 있었던 이베로아메리카 정상회담의 공동 선언문에도 들어 있다.

이러한 다문화주의의 인정은 원주민 수가 많은 멕시코, 과테말라, 볼리비아, 에콰도르, 페루에서뿐만 아니라 원주민의 존재가 상대적으로 미미한 칠레나 아르헨티나에서도 나타난다. 이들 국가에서는 그동안 무시해왔던 원주민의 존재를 인정하고 국가의 성격을 다민족, 다문화 국가로 규정하여 문화적 다양성과 함께 이들의 권리를 보장하는 내용을 골자로 하는 헌법을 개정했다.

독립 이후 계속된 동화정책인 스페인어화 정책에도 불구하고 라틴아메리카 원주민들은 자신들의 언어를 보존해왔다. 이는 그동안 라틴아메리카 각국에서 시행한 언어정책이 성공하지 못했음을 의미한다.

라틴아메리카 각국에 존재하는 문화적 다양성을 인정하고 원주민의 제반 권리를 보장하기 위한 법적, 제도적 장치를 마련하는 과정에서 언어가 이들에게 소통수단의 차원을 넘어 정체성을 유지하는 데 가장 중요한 요소라는 인식과 함께 원주민의 언어권 문제가 중요하게 부각되었다. 교육을 위시한 사회활동에서 자신의 모어를 사용할 수 있는 권리는 원주민 단체들이 지금까지 줄기차게 요구해온 사항이다. 따라서 라틴아메리카의 대부분의 헌법에서 원주민의 언어권은 명시적이든 묵시적이든 중요한 권리 중의 하나로 명시하고 있다.

또한 라틴아메리카 12개국이 비준한, 1989년에 나온 원주민에 관한 국제노동기구협약 169는 지금까지 나온 라틴아메리카 원주민의 토지, 문화, 언어의 권리를 인정한 유일한 국제협정이다. 이 협약 28조에서는 원주민 아동이 자신의 모국어로 읽고 쓰는 것을 배울 권리와, 원주민이 자신의 언어와 거주하는 지역의 공용어를 배울 권리를 보장하고, 원주민어를 보존하고 원주민어의 사용을 증진시킬 법안을 마련할 것을 규정하고 있다.

21세기에 들어서면서 라틴아메리카 각국에서는 헌법에서 인정한 원주민의 권리를 보장하기 위한 법적 장치를 마련하기 시작했다. 특히 그들의 언어권을 인정하는 헌법 조항을 이행하기 위한 후속 법안들이 속속 제정되고 있다.

2.2. 언어권과 헌법

인간은 사회에서 언어를 통해서 소통을 하면서 사회생활을 영위한다. 인간에게 언어는 의사소통의 도구일 뿐만 아니라 정체성을 나타내는 가장 중요한 요소이다. 따라서 인간은 자신의 언어, 특히 제1언어[1]에 대해 강한 애착을 가지며, 자신이 어려서부터 사용해온 언어를 사회에서 아무런 간섭이나 제약 없이 사용하기를 기대한다. 만약 어떤 특정 언어를 사용한다고 해서 차별을 받는다거나 행정, 사법, 교육, 의료 등과 같은 공적영역이나 일상생활에서 자신의 언어를 사용하는 것이 제한 혹은 금지된다고 하면 그것은 언어를 사용할 수 있는 권리, 다시 말하면 언어권을 침해당했다고 말할 수 있다. 여러 언어가 함께 공존하는 다언어 사회인 경우 특정 언어에 의한 차별이나 불평등한 대우는 자칫 민족 간의 분쟁을 야기할 수 있는 아주 민감한 문제이다.

현재 세계의 대부분의 국가에서는 단일 언어가 사용되는 경우는 매우 드물고 두 개 이상의 언어가 사용되는 다언어사회가 일반적이다. 이같이 여러 개의 언어가 공존하는 경우 어떤 언어는 우월적인 지위를 얻어 그 사회의 공용어가 되는 반면 나머지 언어들은 하위자적인 지위를 갖게 되어 사회의 공적인 영역에서 배제되는 것이 일반적이다. 후자의 경우 이 언어를 제1언어로 하는 사람은 자신의 언어가 공식적으로 사용되는 언어가 아니어서 말이 통하지 않는 상황을 일상적으로 겪게 될 가능성이 매우 높다. 이러한 사람들을 사회언어학에서는 '언어적 소수자'로 규정한다.

이와 같이 언어의 사회적 성격을 고려하면 언어현상은 그 사회의 구

---

1) 제1언어란 인간이 태어나서 처음으로 습득하는 언어를 말한다.

조나 제 양상과 밀접히 관련되어 있다. 예를 들면 어떤 언어가 소멸의 위기에 처하는 것은 그 언어 자체에 문제가 있는 것이 아니라 그 언어가 사용되는 사회의 요인에 기인하는 바가 크다. 또한 어떤 언어가 불평등한 지위를 갖는 것은 그 언어 자체에 결함이 있는 것이 아니라 그 언어 사용자들이 갖는 정치, 경제적 권력 관계를 반영하는 것이다. 다시 말하면 언어 내적인 문제가 아니라는 것이다. 따라서 언어에 의한 차별적 구조, 즉 언어에 대한 권리 침해는 언어 사이에 존재하는 그 사회의 권력관계를 반영하는 사회적 현상이라고 말할 수 있다.

언어권은 언어에 의한 차별과 불평등을 해소하기 위한 개념이다. 스쿠드납-칸가스 외(Skutnabb-Kangas et al. 1995)가 강조하듯이 언어적 다수자들은 언어권을 당연한 권리로 누리고 있는 반면 언어적 소수자들은 그렇지 못한 상황이다. 따라서 언어권은 언어에 의해 차별이나 불평들을 당하는 언어적 소수자를 위한 권리라고 정의할 수 있다.

언어권은 인권과 마찬가지로 개인적 권리와 집단적 권리로 나누어 생각할 수 있다. 스쿠드납-칸가스와 필립슨은 개인적 권리로서의 언어권과 집단적 권리로서의 언어권을 다음과 같이 정의한다.

> 개인적인 차원에서 언어권을 보장한다는 것은 모든 사람이 다수언어를 사용하든 소수 언어를 사용하든 간에 자신의 모국어를 통해서 긍정적으로 자신의 정체성을 가질 수 있으며 이를 다른 사람으로부터 존중받을 수 있는 것을 의미한다. 이것은 모국어를 배우고 모국어를 통해 최소한 초등교육을 받을 권리와 공식적인 맥락에서 모국어를 사용할 권리를 갖는 것을 의미한다. 또한 자기가 사는 국가의 공용어 중 최소한 하나를 배울 권리를 갖는다는 것을 포함하며, 따라서 교사들이 이중언어 구사자이어야 한다.

집단적 차원에서 언어권을 보장한다는 것은 소수그룹이 존재할 권리(다시 말하면, 차이에 대한 권리)를 의미한다. 이는 그들이 자신의 언어를 향유하고 발전시킬 권리와 자신의 언어로 교과과정을 관리하고 가르칠 수 있는 학교나 다른 교육 및 훈련기관을 설립·유지할 권리를 갖는다는 것을 의미한다. 또한 이는 국가의 정치적 사안에 대표자를 보내 참여할 권리와 적어도 문화, 교육, 종교, 정보, 사회문제에 있어서 집단적 자치권을 부여받으며, 이러한 기능을 수행하기 위해 세금이나 보조금을 통한 재정적인 수단을 갖는 것을 포함한다(Skutnabb-Kangas and Phillipson 1995: 2).

라틴아메리카와 같은 다민족, 다언어 사회에는 항상 언어와 관련된 문제로 인해 민족 간의 갈등이 존재해왔다. 이 갈등을 해소하기 위해 두 가지 해결책이 제시되었다. 하나는 언어적 소수자들을 주류사회 및 그 문화에 동화시키는 것이다. 이는 소수민족의 강한 반발을 불러왔다. 또 하나는 한 사회 내에 존재하는 여러 집단 간의 공존을 위해 다언어, 다문화적 상황을 인정하는 것이다.

19세기에 건설된 라틴아메리카의 근대 국민국가는 당시 존재했던 다언어적 상황을 무시하고 스페인어를 기반으로 한 단일언어주의에 기반을 두고 형성되었다. 이 과정에서 당시 원주민이 많았던 국가에서는 문화적 동질성에 기초한 국민국가를 건설한다는 명분하에 지배문화와 다른 원주민문화는 근대국가로의 이행에 방해물로 여겨져 제거해야 할 대상으로 간주했다. 이 과정에서 행정, 사법, 교육기관에서는 지배계층의 언어인 스페인어만이 사용되면서 원주민의 언어권은 철저하게 무시되었다. 이렇듯 라틴아메리카 원주민은 19세기 국민국가 건설과정에서 소외됨으로써 당시 수적 우위를 보인 나라에서도 모든 영역에서 그들의 문화와 언어를 버리고 지배사회의 언어와 문화에 동화되어야 했다.

그러나 그동안 동화정책에 저항해왔던 원주민 단체의 문화적 정체성을 유지하기 위한 끈질긴 투쟁, 라틴아메리카 사회의 민주화의 진전, 국제 사회의 원주민의 권리를 보장하기 위한 다양한 노력의 결과로 20세기 말 이 지역의 대부분의 국가에서는 지금까지 견지해온 단일문화, 단일언어를 기반으로 하는 근대 국민국가의 가치 대신에 자국 내에 존재하는 문화적, 언어적 다양성을 인정하는 다문화주의를 채택하였다. 또한 효과적인 다문화주의 정책의 시행을 위해 라틴아메리카 대부분의 국가에서 언어권을 포함한 원주민의 기본적인 권리를 보장하는 헌법의 개정과 후속 법안의 제정을 추진해왔다.

이 과정에서 한 사회의 문화적 유산으로 그리고 개인이나 집단의 정체성을 나타내는 상징으로서의 원주민어에 대한 문제가 중요하게 부각되었다. 자신의 모어를 사용할 수 있는 권리는 원주민 단체들이 지금까지 줄기차게 요구해온 사항이다. 또한 언어권에 대한 보장은 현대 국가의 헌법이 반드시 규정해야 할 조항으로 간주하기 때문에 라틴아메리카에서도 많은 국가의 헌법에서 명시적이든 묵시적이든 중요한 권리 중의 하나로 인정하고 있다. 따라서 현재 다문화주의를 인정하는 것이 대세인 라틴아메리카 국가에서 원주민의 언어권을 보장하기 위해 국가의 최고 규범인 헌법에서는 다음과 같은 조항을 담고 있다.

1) 아르헨티나

아르헨티나는 원주민 수가 전 국민의 1.6%에 불과한 나라로 그 존재가 미미하다. 그럼에도 불구하고 헌법에서 원주민의 존재를 인정하고 정체성과 교육에서의 원주민의 권리를 보장한다. 1994년에 개정된 헌법

75조 제 17항에서는 "아르헨티나 원주민의 종족적, 문화적 존재를 인정하는 것. 원주민의 정체성을 존중하고 상호문화 이중언어 교육에 관한 권리를 보장하는 것은 (…) 의회의 소관이다."라고 규정하고 있다. 다시 말하면 아르헨티나 헌법에서는 원주민에게 교육에서 자신의 언어를 사용하여 교육을 받을 수 있는 권리를 보장한다.

2) 볼리비아

라틴아메리카에서 원주민 비율이 가장 높은 볼리비아는 역사상 최초로 원주민 출신의 대통령을 배출할 만큼 원주민의 정치적 입지가 강한 나라이다. 2009년에 제헌의회를 통해 제정된 헌법에서는 제 1조에서 "볼리비아는 정치 · 경제 · 사법 · 문화 · 언어적인 다원성과 다원주의에 토대를 두고 건설되었다."라고 규정함으로써 이 나라의 언어 · 문화적 다양성을 인정하고 있다. 언어와 관련해서는 헌법 제 5조 1항에서 스페인어와 원주민어를 다 같이 국가의 공용어로 규정한다: "스페인어와 원주민어인 아이마라어, 아라오나어, 바우레어, 베시로어, 까니차나어, 까비네뇨어, 까유바바어, 차꼬보어, 치만어, 에쎄 에하어, 과라니어, 과라수웨어, 과라유어, 이또나마어, 레꼬어, 마차후야이깔라와야어, 마치네리어, 마로빠어, 모헤뇨-뜨리니따라오어, 모헤뇨-이그나시아노어, 모레어, 모세뗀어, 모비마어, 빠까와라어, 뿌끼나어, 께추아어, 시리오노어, 따까나어, 따삐에떼어, 또로모나어, 우루-치파야어, 웨나옉어, 야미나와어, 유끼어, 유라까레어 그리고 싸무꼬어는 국가의 공용어이다."

공용어 제정과 함께 제 5조 2항에서는 국가기관의 언어사용의 의무에 대해 규정하고 있다: "다민족 정부(중앙정부)와 지방정부는 최소한 2개의 공용어를 사용해야 한다. 그중 하나는 스페인어이어야 하고 다른 하나는 전 주민 혹은 해당 지역의 관습, 편이성, 상황, 필요성 그리고 선호도를 고려하여 결정될 것이다. 나머지 자치지역에서는 자신의 영토에서 사용되는 언어를 사용해야 하며 이들 중 하나는 스페인어이어야 한다." 이렇듯 볼리비아에서는 원주민의 언어권과 관련해서 이 나라의 복잡한 언어적 다양성을 반영하여 원주민어를 국가의 공용어로 인정함으로써, 원주민 밀집지역으로 범위를 제한해서 원주민어를 공용어로 인정한 다른 라틴아메리카 국가들과 비교해서 선진적인 헌법규정을 마련해 놓고 있다.

볼리비아는 교육에서도 언어권을 보장하는데, 헌법 78조에서 "교육은 모든 교육과정에서 상호문화적이고 다언어적이다."라고 규정하고 있다. 또한 대중매체에서의 언어사용에 관해서는 제107조 1항에서 "사회소통의 매체들은 다언어적인 교육프로그램의 제작과 보급을 통해, 그리고 장애인을 위한 대안적인 언어로 국가의 여러 문화의 윤리적, 도덕적 그리고 시민적인 가치를 진작시키는 데 기여해야 한다."라고 명시하고 있다.

사법절차에서도 언어 사용의 권리를 보장하고 있으며 예외적으로 통역의 조력을 받을 수 있는 권리를 두고 있다. 헌법 제107조 2항에서 "모든 사람은 자신의 언어로 재판을 받아야 하며, 예외적으로 번역자 혹은 통역자의 조력을 반드시 받아야 한다."라고 규정함으로써 주류사회의 언어인 스페인어를 못하는 원주민의 사법절차에서의 언어권을 보장하고 있다.

또한 볼리비아가 처한 다민족, 다언어적인 상황을 고려하여 공무원의 임용요건으로 원주민어를 알아야 한다는 조항을 헌법에 명시하고 있다: "공직을 수행하기 위해서는 최소한 2개의 공용어를 구사해야 한다."(헌법 제234조) 이와 관련하여 헌법에 경과조항을 두어 이 요건은 하위법 제정을 통하여 점진적으로 실시할 것을 명기하고 있다.

3) 브라질

브라질은 전체 인구에서 원주민이 차지하는 비율이 0.4%밖에 되지 않는 국가이나 160여 개의 원주민어가 존재한다. 2010년에 개정된 현행 헌법 231조에서 원주민의 사회조직, 전통, 언어, 관습, 종교 그리고 토지에 대한 권리는 인정하나 원주민어를 공용어로 규정하고 있지는 않다. 헌법 13조에서는 "포르투갈어는 브라질연방공화국의 공용어이다."라고 명시함으로써 주류사회의 언어인 포르투갈어에 우월적인 지위를 부여한다. 그러나 헌법 210조에서 원주민 공동체에서 포르투갈어와 원주민어를 사용한 이중언어 교육을 인정함으로써 교육에서의 언어권은 보장한다.

4) 콜롬비아

콜롬비아 헌법은 제 10조에서 "스페인어는 콜롬비아의 공용어이다. 원주민의 언어와 방언도 자신의 영토에서 역시 공용어이다. 고유의 언어적 전통을 가진 공동체에서 행해지는 교육은 이중언어로 이루어져야 할 것이다."라고 규정하고 있다. 이와 같은 규정은 헌법 제 7조에서 명시한 "국가는 콜롬비아의 인종적, 문화적 다양성을 인정하고, 보호한다."라는 원칙을 천명한 결과로 생각할 수 있다. 또한 원주민이 전체 인구에서 차지하는 비율이 3.3%에 불과하다는 것을 감안한다면 콜롬비아 헌법에서 비록 영토의 제한을 두고 있지만, 원주민어에 공용어의 지위를 부여하고 교육에서 언어권을 보장하고 있는 것은 다른 라틴아메리카 국가들과 비교하여 원주민 권리의 보호에 있어서 선진적인 국가라 할 수 있다.

5) 코스타리카

코스타리카의 헌법에서는 1999년 개정을 통해 원주민어를 유지하고 발전시킬 국가의 의무를 명시하고 있다. 제 76조에서 "스페인어는 국가의 공용어이다. 그럼에도 불구하고 국가는 원주민어를 유지하고, 발전시켜야 한다."라고 규정한다. 이러한 원주민어의 명시적인 인정에도 불구하고 원주민어에 공용어 지위를 부여하지 않고 또한 원주민 교육에서도 언어권을 보장하지 않은 것은 원주민이 코스타리카 사회에서 갖는 지위를 그대로 나타낸다고 볼 수 있다.

6) 에콰도르

라틴아메리카에서 원주민의 권리를 보장하는 데 있어서 볼리비아와 함께 선두를 달리는 에콰도르는 2008년에 제정된 헌법에서 국가의 성격을 다민족, 다문화적인 것으로 규정한다. 헌법 제 1조에서 "에콰도르는 법치와 정의, 사회적, 민주적, 주권적, 독립적, 통일적, 상호 문화적, 다민족 그리고 세속적 입헌국가이다."라고 명시하고 있다. 이러한 명시적인 국가 성격의 천명으로 언어에 있어서도 헌법 제 2조에서, 우선 스페인어를 가장 넓은 범위를 갖는 국가의 공용어로 규정하고, 스페인어, 끼추아어 그리고 슈아르어의 3개 언어를 민족 간의 소통을 위한 공용어로 인정한다. 그리고 다른 원주민어들은 해당 지역에서 법이 정하는 바에 따라 원주민들에게 공용어가 된다는 것을 명기하고 있다. 또한 원주민어를 존중하고, 보존하며 그 사용을 증진시키는 것을 국가의 의무로 규정한다. 그러나 한 가지 지적해야 할 것은 원주민어의 원주민 공동체에서 사용을 규정하는 법률이 아직까지 제정되지 않아 이들 지역에서 원주민 언어권 보장이 실제로 이루어지지 못하고 선언적 수준에 머물러 있다는 것이다.

에콰도르 공용어 관련 헌법 조항에서 특이한 것은 스페인어, 끼추아어 그리고 슈아르어를 민족 간의 소통을 위한 공용어로 규정하고 있는 점이다. 이는 현재 에콰도르에 12개의 서로 다른 원주민어가 사용되기 때문에 이들 중에서 가장 사용인구가 많은 2개의 원주민어, 즉 끼추아어와 슈아르어를 지정하여 이들 간의 소통에서 공용어로 사용하기 위함이다.

헌법 제 11조 2항에서는 언어에 의한 차별을 금지한다. 교육에서도 역시 원주민어 언어권을 보장하고 있다. 헌법 제 347조 9항에서 "교육의 주 언어로 각 민족어가 그리고 서로 다른 문화 간에는 스페인어가 사용되고, 국가의 공공정책의 주도 하에 원주민의 권리가 완전히 존중되는 상호문화 이중언어 교육체계를 보장하는 것은 국가의 책임이다."라고 규정하고 있다. 같은 11조의 10항에는 "교과과정에 점진적으로 최소한 하나의 원주민어 교육이 포함되는 것을 보장하는 것은 국가의 책임이다."라고 함으로써 원주민어의 교육을 국가의 의무로 명시하고 있다.

헌법 제 57조 21항에서는 원주민들이 자신의 언어로 대중매체를 설립하고 어떠한 차별도 받지 않고 다른 대중매체에 접근할 수 있는 권리를 보장하며, 제 76조에서는 재판이 이루어지는 언어를 못하는 경우 무료로 통역의 조력을 받을 수 있는 권리를 명기하고 있다.

에콰도르 헌법에서 한 가지 눈에 띄는 것은 다른 여타 국가의 헌법과는 달리 제 97조 20항에서 원주민어가 스페인어와 병기되어 나타난다는 점이다. 이 조항은 에콰도르 국민의 책임과 의무를 규정에 관한 것인데 마지막 항목에 끼추아어와 스페인어로 "Ama quilla, ama llulla, ama shua. No ser ocioso, no mentir, no robar(게으르지 말 것, 거짓말 하지 말 것, 도둑질하지 말 것)"라고 쓰여 있다. 대부분의 라틴아메리카 국가의 헌법이 국가 전체의 공용어만으로 작성된다는 점을 감안한다면 스페인어뿐만 아니라 끼추아어가 헌법에 삽입되었다는 것은 에콰도르의 헌법에서 천명하고자 하는 다민족, 다문화라는 원칙을 상징적으로 나타내는 것이라 볼 수 있다.

7) 엘살바도르

엘살바도르의 1983년 헌법에서의 언어권 조항은 앞에서 본 코스타리카의 그것과 유사하다. 다시 말하면, 헌법에서 원주민의 언어권을 보장하지 않는다. 헌법 62조에서 "엘살바도르의 공용어는 스페인어이다. 정부는 스페인어의 보존과 교육을 위해 노력할 의무가 있다."라고 명시하고 있으며 바로 이어서 "국내에서 사용되는 원주민어는 문화재이며 이는 보존하고, 보급하고 존중해야 할 대상이다."라고 규정함으로써 원주민어를 권리로 보지 않고 문화재로 간주한다. 따라서 원주민어를 사용할 수 있는 권리를 보장하지 않고 원주민어의 보존과 보급의 의무만을 규정하고 있기 때문에 당연히 교육에서 원주민어 사용을 헌법적으로 보장하는 규정이 존재하지 않는다.

8) 과테말라

1985년에 제정되고 1993년에 개정된 과테말라 헌법은 제 66조에서 "과테말라는 마야계통의 원주민을 위시한 다양한 종족으로 구성되었다."라고 명시함으로써 원주민의 존재를 인정한다. 그러나 언어와 관련해서는 스페인어만을 국가의 공용어로 인정하고 원주민어는 국가의 문화재로 간주하고 있다(헌법 143조). 과테말라에서 원주민이 전체 인구의 40%에 육박한다는 점을 감안한다면 헌법에서 원주민어에 대해 공용어의 지위를 부여하지 않는 것은 주류사회가 원주민에 대해 어떠한 대우를 하는지를 짐작할 수 있게 한다. 그러나 교육에서의 원주민어 사용에 관한 조항은 헌법에 명시되어 있다. 헌법 76조에서 "(…) 원주민이 다수를 점하는 지역에 설립된 학교에서는 교육이 이중언어로 이루어져야 한다."라고 교육에서의 언어권을 보장한다.

또한 경과조항에서 현행 헌법이 원주민어인 끼체어, 맘어, 까치껠어 그리고 껙치어로 널리 보급되어야 한다는 것을 명기하고 있는 점이 특이하다. 이는 아직도 과테말라에는 공용어인 스페인어를 해독하지 못하고 원주민어만을 사용하는 사람이 많다는 것을 반영한다.

9) 멕시코

원주민의 절대적인 숫자만을 놓고 볼 때 가장 많은 원주민이 존재하는 국가가 멕시코이다. 이를 반영하여 멕시코는 1992년에 개정된 헌법에는 4조에서 "멕시코는 원주민에 기반을 둔 다문화적 구성을 갖는 국가이다. 법률로써 그들의 언어, 문화, 풍속, 관습, 자원, 특정한 형태의 사회 조직을 보호하고 진흥시킨다. 그리고 그 구성원들에게 국가의 관할권에 효과적으로 접근하는 것을 보장한다."라고 명시하고 있다. 원주민어와 관련해서 헌법 제 2조 A항 IV호에서 원주민과 원주민 공동체가 원주민어를 보존하고 풍부하게 할 권리를 인정하고 보장한다는 것을 명시하고 있으며, 제 2조 B항 II호에서는 원주민의 상호문화 이중언어 교육을 우선적으로 실시하여 학력을 보장하고 증진시키는 것을 연방정부와 지방자치단체의 의무로 규정한다. 또한 제 2조 A항 VIII호에서는 원주민들이 재판에서 항상 자신의 언어와 문화를 아는 통역사와 변호사의 조력을 받을 권리를 갖는다는 것을 인정한다. 또한 경과조항에서는 헌법 전문을 원주민어로 번역하여 보급할 것을 행정부에 위임한다.

원주민이 거의 1,000만 명에 이르는 멕시코에서 헌법상에 원주민어에 대한 지위를 규정하는 조항이 존재하지 않는다. 다만 원주민의 언어권에 관한 것을 규정하는 일반법인 원주민 언어권법이 존재한다.

10) 니카라과

니카라과의 1987년 헌법은 제 11조에서 "스페인어는 국가의 공용어이다. 니카라과 대서양 연안의 공동체의 언어들도 역시 법이 정하는 경우에 공용어로 사용된다."라고 규정하여 스페인어를 국가의 공용어로 지정하고, 대서양 연안에서 사용되는 원주민어 또한 법이 정하는 바에 따라 공용어의 지위를 부여한다. 그러나 아직까지 이들 언어에 관한 법률이 제정되지 않아 공용어 지정은 선언적 효과만을 갖는다. 그러나 한 가지 특이한 점은 원주민어가 공용어가 되는 경우 법이 정하는 경우만을 언급하고 있지 지역적 제한을 명시적으로 두지 않고 있다는 점이다. 또한 헌법 제 90조와 180조에서는 대서양 연안의 원주민들이 자신의 언어를 자유롭게 사용하고 보존할 수 있는 권리를 보장한다.

헌법 제 34조에서는 법원에서 사용되는 언어를 모르는 경우 통역을 무료로 지원받을 권리를 명시하고 있으며, 헌법 제 91조는 언어에 의한 차별을 금지하는 조항이다.

교육에서의 언어권과 관련해서는 헌법 제 121조에서 "원주민과 대서양 연안의 공동체는 자신들의 지역에서 법이 정하는 바에 따라 모어로 상호문화 교육을 받을 권리를 갖는다"라고 명시하고 있다.

마지막으로 멕시코와 과테말라의 헌법에서처럼 경과조항에서 현행 헌법이 국가의 공용어와 함께 대서양 연안의 언어로도 널리 보급되어야 한다는 것을 명기하고 있다.   .

11) 파나마

1972년에 제정된 파나마 헌법은 스페인어만을 공용어로 규정한다. 헌법 제 7조에서 "스페인어는 공화국의 공용어이다."라고 명시하고, 제 82조에서 "국가는 스페인어의 보호, 보급 그리고 순화를 위해 노력해야 한다."라고 스페인어에 대한 국가의 의무를 규정한다. 원주민어와 관련해서는 제 88조에서 "원주민어는 특별한 연구, 보존 그리고 보급의 대상이며 국가는 원주민 공동체에서 이중언어 문맹퇴치 프로그램을 진흥시켜야 한다."라고 함으로써 원주민어의 연구, 보존 그리고 보급을 위한 국가의 의무를 명시하고 스페인어를 가르치는 데 용이하도록 과도기적으로 원주민어를 사용할 것을 규정하고 있다. 이는 원주민어 자체를 가르치는 것을 목적으로 하는 것이 아니라, 스페인어를 빨리 배우기 위한 수단으로 가르치는 것을 의미한다. 다시 말하면 다른 나라에서처럼 원주민어 사용의 활성화를 통해 언어보존 및 발전을 목표로 이루어지는 상호문화 이중언어 교육을 보장하지 않고 있다. 이는 "교육은 공용어로 이루어져야 한다. 공공의 이익을 위해 법은 일부 학교에서 외국어로도 교육이 이루어지는 것을 허용할 수 있다."는 헌법 제 100조에 잘 나타나 있다.

12) 파라과이

파라과이는 여타 라틴아메리카 국가들과는 달리 원주민어인 과라니 어가 헌법상에서 스페인어와 동등한 공용어의 지위를 갖는 국가이다. 1992년에 제정된 헌법 제 140조는 언어에 관한 조항으로 파라과이 국 가의 성격을 다문화 그리고 이중언어 국가로 규정하고 스페인어와 과 라니어를 국가의 공용어로 지정하여 이 두 언어의 사용에 관한 것은 법 률로 정하도록 하고 있다. 파라과이 헌법의 언어 관련 조항의 가장 큰 특징은 라틴아메리카 최초로 원주민어에 주류 언어인 스페인어와 동등 하게 국가 전역에서 통용되는 공용어의 지위를 부여했다는 점이다. 또 한 현 파라과이 헌법은 스페인어와 과라니어 2개 언어로 되어있다. 그러 나 운용상에서 해석에 의문의 여지가 있는 경우에는 스페인어로 된 헌 법이 우선권을 갖는다는 것이 헌법의 경과조항에 명시되어 있다.

교육에서의 언어권과 관련하여 파라과이 헌법은 학습자의 초기교육 에서 스페인어나 과라니어로 교육을 받을 수 있는 권리를 보장한다. '모 어를 통한 교육'이라는 제목을 가진 제 77조는 "학습과정 초기의 교육 은 학습자의 모어이면서 공용어인 언어로 이루어져야 한다. 그리고 국 가의 두 공용어를 알고 사용하도록 가르쳐야 한다. 모어가 과라니어가 아닌 소수민족의 경우에는 이 두 공용어 중에서 하나를 선택할 수 있 다."라고 규정한다. 그러나 학습과정 초기 그리고 두 개의 공용어를 가 르친 이후에 교육에서 어떤 언어가 사용되어야 하는지는 헌법에 명시되어 있지 않고 법률이 정하는 바에 따른다.

파라과이에서 과라니어는 국가의 공용어로 지위를 부여받았으나 다른 원주민어는 국가의 문화재로 간주된다. 헌법 제 140조 마지막 절에는 "원주민어는 물론 다른 소수민족 언어도 국가의 문화재이다."라고 규정하고 있다.

13) 페루

1993년에 제정된 페루헌법 제 48조에서는 "스페인어는 공용어이고 께추아어, 아이마라어 그리고 그밖의 원주민어들도 그 사용이 지배적인 지역에서 법이 정하는 바에 따라 공용어이다."라고 명시함으로써 스페인어는 헌법상의 공용어로, 께추아어, 아이마라어 그리고 다른 원주민어는 제한된 지역에서, 하위 법에 의한 공용어로 규정하고 있다. 그러나 현재 원주민 수가 거의 400만에 이르고 대부분이 께추아어나 아이마라어를 한다는 것을 감안한다면 원주민어를 지역적 제한이 없는 국가 공용어로 지정하지 않는 것은 현재 페루의 언어적 다양성을 반영하지 못한 것으로 생각된다.

원주민어에 대한 지배계층의 이러한 인식은 교육에서의 원주민어 사용과 관련된 조항에도 그대로 드러나는데 헌법 제 17조는 "(…) 국가는 문맹퇴치를 보장한다. 그리고 각 지역의 특성에 따라, 상호문화 이중언어 교육을 진흥시킨다. 국가의 다양한 문화적, 언어적 표현들을 보존한다."라고 명시한다. 이 조항은 두 가지 점에서 앞서 언급한 공용어 관련 조항과 서로 맞지 않는다. 하나는 문맹퇴치의 대상을 국가의 공용어인 스페인어로 한정하고 있어 원주민 수가 많은 지역에서 원주민어에 대한 문맹퇴치는 배제된다. 다른 하나는 원주민어 사용이 지배적인 지역에서 그 언어가 공용어라고 규정해놓고 지역 특성에 따라 실시되는 상호문화 이중언어 교육을 원주민의 권리가 아니라 국가가 단지 진흥시켜야 하는 대상으로 간주하는 점이다.

헌법 제 2조 19항에서는 모든 국민들이 국가기관에서 통역을 통해 자신의 언어를 사용할 수 있는 권리를 보장하며 같은 조 2항에서는 언어에 의한 차별금지를 규정하고 있다.

14) 베네수엘라

1999년에 제정된 베네수엘라 헌법에서는 제 9조에서 "공용어는 스페인어이다. 원주민어 역시 원주민에게 공용어이며 국가와 인류의 문화재이기 때문에 공화국의 전 영토에서 존중되어야 한다."라고 규정함으로써 스페인어는 국가의 공용어로, 원주민어는 원주민들을 위한 공용어로 채택하고 있다.

또한 원주민어의 인정과 관련해서는 원주민과 원주민 공동체의 존재, 그들의 사회, 정치, 경제 조직, 문화, 관습, 언어, 종교 등을 인정하는 헌법 119조에도 언급을 하고 있다.

교육에서의 언어권과 관련해서는 헌법 제 212조에서 "(⋯) 원주민들은 자신의 교육과 자신들의 사회문화적 특수성, 가치 그리고 전통에 따라서 상호문화 이중언어 교육을 받을 권리를 갖는다."라고 명시함으로써 원주민어를 사용한 교육을 받는 것이 권리라는 것을 헌법에서 명시적으로 표현하고 있다. 이는 국가권력으로 하여금 이러한 권리의 행사를 용이하도록 하고 보장하는 의무를 갖도록 해서, 만일 국가권력이 이를 이행하지 않을 시에는 법에 호소하여 이를 시정할 수 있도록 하는 권한을 부여하는 것을 의미한다.

원주민어와 관련된 조항 중 베네수엘라 헌법에서 특이한 점은 경과 조항 제 7조에서 원주민이 국회나 지방의회에 원주민을 대표해서 후보로 출마하는 경우 자신의 원주민어를 구사하는 것을 필수 요건으로 하는 점이다.

베네수엘라에서는 멕시코와 과테말라에서처럼 헌법에서 규정하는 원주민 언어권을 구체적으로 보장하기 위해 일반 법률인 원주민어법을 제정했으며 이 법은 2008년 6월부터 발효되었다.

지금까지 살펴본 것처럼 라틴아메리카의 원주민이 존재하는 대부분의 국가에서는 1990년대를 기점으로 이들의 존재를 인정하고, 원주민의 권리에 관한 조항을 헌법에 삽입하기 시작했다. 이와 함께 이들의 정체성을 나타내는 가장 중요한 요소 중의 하나인 원주민어를 보호하고 이를 사용할 수 있는 권리를 보장하는 조항들도 헌법에 규정하기에 이르렀다. 그러나 모든 라틴아메리카 국가가 원주민 언어권을 헌법에 규정하는 것은 아니다. 칠레, 온두라스 그리고 우루과이 헌법에는 원주민어와 관련된 조항이 하나도 없다.

헌법에 원주민어에 관한 규정이 존재하는 국가들의 경우에도 원주민어에 공용어의 지위를 부여한 나라와 그렇지 못한 나라로 구분할 수 있다. 헌법상에 원주민어를 공용어로 규정한 나라는 볼리비아, 콜롬비아, 에콰도르, 니카라과, 파라과이, 페루, 베네수엘라이다. 이들 국가 중에서도 볼리비아, 에콰도르, 파라과이는 원주민어를 지역에 제한을 두지 않고 공용어로 인정한 반면, 다른 국가에서는 원주민이 많이 거주하는 지역에서만 원주민어를 공용어로 인정하고 있다. 또한 페루나 니카라과 등에서는 원주민어의 공용어화를 하위 법률에 위임한다.

원주민어 관련 헌법 조항을 두는 국가 중, 코스타리카와 엘살바도르를 제외한 모든 국가는 교육에서 원주민의 언어권을 보장한다. 이는 원주민어를 보존하고 사용을 활성화시키는 데 가장 효과적인 수단이 교육이라는 사실을 감안한다면 바람직한 정책으로 보인다. 교육에서 언어권을 보장한 대부분의 국가에서 상호문화 이중언어 교육이 장려된다. 그러나 원주민의 존재가 상대적으로 미미한 코스타리카와 엘살바도르에서는 원주민어를 원주민의 권리가 아니라 국가의 문화재로 간주하여 이를 보존하고 보급하는 것만을 국가의 의무로 규정하고 있다.

최근 강화된 원주민의 정치·사회적 입지가 반영된 볼리비아와 에콰도르의 헌법에는 원주민어에 관한 조항이 가장 많고 또한 원주민어의 공용어화, 교육에서의 언어권 보장, 국가기관에서의 원주민어 사용 의무화 등 원주민의 언어권을 보장하는 선진적인 조항이 다수 포함되어 있다.

2.3. 각국의 언어법

앞서 본 것처럼 21세기에 들어서면서 라틴아메리카 각국에서는 원주민의 권리를 보장하기 위한 법적장치를 마련하기 시작했다. 다시 말하면 그들의 문화, 언어를 인정하는 헌법 조항을 이행하기 위한 후속 법안들을 제정하기 시작한 것이다. 대부분의 국가에서 '다양성 속의 통일성'을 정책기조로 삼아 문화적 차이를 인정할 뿐만 아니라 이를 높이 평가하고 장려하는 문화적 다원주의를 채택했다. 이는 문화적 다양성을 국가 발전을 저해하는 요소로 생각하지 않고 오히려 국가의 자산으로 생각하는 정책의 변화로 이끌었다. 언어정책에 있어서는 다양성은 다언어주의와 같은 의미이고 통일성은 모든 언어를 보호한다는 것을 말하는 것이다. 에콰도르의 언어정책에서 보았듯이 스페인어는 더 이상 압제자의 언어가 아니라 문화 간 소통을 위한 언어가 되었다. 이제 정책의 목표는 스페인어냐 아니면 원주민어냐를 선택하는 것이 아니라 두 언어를 함께 잘하는 지속적이고 균형 잡힌 이중언어 구사능력 배양에 있다.

멕시코, 페루, 과테말라, 에콰도르, 콜롬비아, 파라과이, 볼리비아는 20세기 말부터 원주민의 존재의 공식적인 인정과 함께 원주민어를 재평가했다. 멕시코가 2003년에 원주민의 언어권에 관한 일반 법률을 제정·공포했고, 페루 역시 2003년에 원주민어법을 통해 언어적 다양성을 인정했다. 베네수엘라는 2008년에 원주민어법을 선포했고, 2010년에는 파라과이가 언어법을 제정했으며 마지막으로 볼리비아가 2012년에 원주민어를 공용화하는 법률을 선포했다.

라틴아메리카에서 21세기는 사회·정치·사법적 개혁의 시대로 특징지어진다. 그래서 볼리비아와 에콰도르와 같은 국가는 단일민족 국가에서 다민족 국가로 이행하는 역사적 전기를 마련했다. 이러한 사회·정치적 변화는 이들 국가의 새로운 헌법 제정을 통해 가능했다. 볼리비아의 경우에는 2009년에 제정된 헌법 제 1조에서 정치, 경제, 사법, 문화, 언어의 다양성을 인정한다. 그리고 제 5조에서는 볼리비아의 36개 원주민어와 스페인어를 공용어로 인정하고 모든 국민들이 두 개의 공용어를 사용할 것을 규정한다. 이는 원주민어와 스페인어의 이중언어 사용을 의미한다.

라틴아메리카에서 언어법과 교육법에 기초한 원주민어의 인정으로 정치적, 학문적 제도화가 가능해졌다. 멕시코는 언어권법을 통해 2003년에 국립원주민어연구원(Instituto Nacional de Lenguas Indígenas: INALI)을 설치했고, 페루는 2011년에 국립원주민어연구원(Institituto Nacional de Lenguas Originarias: INLOP)을, 그리고 볼리비아는 2012년에 교육법을 통해 다민족 언어문화연구원(Istituto Plurinacional de Estudio de Lenguas y Culturas: IPELC)을 설립했다.

1) 멕시코

멕시코의 1917년 헌법을 보면 "멕시코는 단일언어, 단일문화를 가진 멕시코인으로 구성된다."라고 규정해놓고 있다. 그러나 그로부터 75년이 지난 1992년에 개정된 헌법에는 4조에서 "멕시코는 원주민에 기반을 둔 다문화적 구성을 갖는 국가이다. 법률로써 그들의 언어, 문화, 풍속, 관습, 자원, 특정한 형태의 사회 조직을 보호하고 진흥시킨다. 그리고 그 구성원들에게 국가의 관할권에 효과적으로 접근하는 것을 보장한다."라고 명시하고 있다. 이는 단일문화, 단일언어 국가에서 원주민의 존재를 인정하는 다문화, 다언어 국가로서의 정체성을 분명히 한 것으로, 그 이후 이에 상응하는 법적 장치를 하나씩 준비하는 과정에 있다. 그 일환으로 같은 해인 1992년에 연방 및 멕시코시티 형사소송법을 개정하여 스페인어를 잘하지 못하는 원주민들에게 형사소송에서 통역을 사용할 권리를 부여했다. 그리고 2003년에는 "원주민의 언어권에 관한 일반법"(이하 언어권법)이 의회를 통과하여 공포되었다. 이 법의 주요 특징을 보면 우선, 모든 멕시코인이 정치, 경제, 사회, 문화, 종교 등 모든 활동에서 공적 영역이든 사적 영역이든, 구어든, 문어든 제한 없이 자신의 언어를 사용할 권리를 명시하고 있다. 모든 공공기관의 행정 절차 및 서비스에서 원주민어의 사용을 스페인어의 그것과 동일한 효력을 갖는 것으로 규정하여 원주민어에 스페인어와 동등한 지위를 부여했다(7조).

원주민의 언어적 권리를 개인적 차원에서뿐만 아니라 집단적 차원에서도 보장하고 있다(2조). 많은 학자들(Hamel 1995)이 주장한 것처럼 원주민이 언어적 권리를 명실상부하게 향유하려면 집단적 권리가 보장되어야 한다는 면에서 상당히 진일보한 것이다. 또한 지금까지 여러 국가기관 관련 법률에 흩어져 있던 언어에 관한 법률을 한곳으로 모으고, 원주민의 언어권 보장을 위해 각 부처간 업무를 조정할 수 있는 기구인 국립원주민어연구원을 설립할 법적 근거를 마련했다(4장). 이는 지금까지 원주민의 언어 권리를 보장하기 위한 정부 부처 간의 유기적인 협조관계가 이루어지지 않았던 것이 원주민 언어문제와 관련하여 가장 큰 걸림돌이었으나 언어권법의 제정으로 이를 해결할 수 있는 토대를 마련했다고 볼 수 있다. 그리고 언어권 보장의 주체를 명확하게 규정했다. 연방정부에서 원주민이 많은 지방자치단체에 이르기까지 관련 기관이 준수해야 할 의무를 자세하고 명확하게 규정함으로써 각 기관이 언어권을 보장하기 위해 필요한 준비작업을 할 수 있게 했다.

　마지막으로 이 법의 목적을 달성하는 데 사회, 특히 원주민 공동체의 공동책임을 명시하여 원주민어의 활성화를 위해 언어의 사용과 교육에 있어서 가족, 마을, 공동체 차원의 적극적인 참여를 촉구하고 있다. 이는 그동안의 원주민 정책이 당사자인 원주민들이 배제된 채 수립·시행되어, 현실에 맞지 않아 원주민들의 참여를 이끌어내지 못했다는 점과, 원주민어의 언어권 보장은 그들 스스로 기존의 원주민어에 대한 부정적인 시각을 바꾸고, 이를 가정과 공동체에서 활성화하겠다는 의지를 갖는 것이 중요하다는 것을 고려할 때, 언어정책이 성공하기 위해서 필수적이라 생각된다.

(1) 언어권법의 내용

① 차별의 금지

소수 언어 사용자를 보호하는 가장 기본적인 수단은 언어로 인한 차별을 금지하는 것이다. 따라서 원주민 언어권법 8조에서도 "어떠한 사람도 언어로 인한 혹은 언어에 의한 어떠한 차별도 받을 수 없다."라고 규정하고 있다.

② 사법에서의 언어권

소수언어 사용자가 자신의 언어를 사용할 수 있는 권리를 갖지 못하면 경찰, 검찰, 법원 등 법률 집행기관에서 인권침해를 받는 경우가 많다. 이를 방지하기 위해 멕시코에서는 언어권법이 제정되기 전에도 연방형사소송법 28조에서 스페인어를 잘하지 못하는 원주민들에게 재판에서 통역사의 조력을 받을 수 있는 권리를 보장하고 있었다. 그러나 2003년에 공포된 원주민 언어권법에서는 적용 분야를 형사, 민사를 포함한 모든 재판뿐만 아니라 농업 및 노동 분쟁에까지 확대하고, 재판 시 원주민의 관습과 특수성을 고려하도록 규정하고 있다. 또한 재판에서 원주민이 그의 언어와 문화를 아는 통역사와 변호사의 조력을 받을 수 있는 권리를 부여하고 있다. 이는 기존에 법원에서 제공한 통역사들이 원주민어와 스페인어는 잘하나, 법률에 대해 무지한 경우가 많아 원주민들에게 그다지 많은 도움이 되지 못했던 것에 비추어 보면 상당히 진일보한 규정이라 생각된다.

③ 행정기관에서의 언어권

원주민 언어권법 7조에서는 행정기관에서 모든 공적 업무나 행정절차 그리고 공공 서비스와 정보에 접근하는 데 원주민어와 스페인어의 효력을 동등하다고 규정하고, 행정기관에서 원주민들이 자신들의 언어를 사용할 수 있는 권리를 보장하고 있다. 이를 위해 멕시코시와 원주민어가 사용되는 지역의 각 주에서는 해당 원주민 공동체와 협의해서 원주민어로 제기된 업무를 담당할 부서를 결정하여 원주민 사회의 요구에 응하도록 규정하고 있다. 또한 정부기관들이 법률, 규정, 그리고 원주민 공동체와 관련된 공공사업 및 공공서비스 내용을 원주민어로 제공하고 홍보하도록 하고 있다.

④ 대중매체에서의 언어권

현대사회에서 대중매체가 언어의 사용유형과 언어유지에 심대한 영향을 준다는 것은 이미 널리 알려진 사실이다. 따라서 원주민어가 그 사용이 확대되고 발전·유지되기 위해서는 대중 매체에 접근할 수 있는 권리가 보장되어야 한다. 이런 맥락에서 원주민 언어권법 6조에서도 대중매체가 멕시코의 언어적, 문화적 다양성을 홍보할 수 있도록 필요한 모든 조치를 취할 의무를 정부에 부여하고 있다. 또한 일정한 비율의 시간을 설정하여 각 지역의 대중매체들이 자신의 지역에서 사용되는 원주민어로 제작된 프로그램과, 멕시코 여러 지역의 문학, 문화적 전통 그리고 다양한 언어의 사용을 장려하는 문화 프로그램을 방영하도록 규정하고 있다.

⑤ 교육에서의 언어권

지금까지 언어권이 가장 잘 보장된 분야가 교육에서였다. 원주민 언어권법이 제정되기 훨씬 전부터 교육 일반법에 원주민의 이중언어 교육의 규정을 두어 원주민의 언어권을 보장했다. 교육에서의 언어권의 보장은 원주민어로 교육을 받을 수 있는 권리를 말하는 것으로 원주민어 대한 교육은 물론 교육에서 사용하는 언어가 원주민어이어야 한다는 것을 포함한다.

언어권법이 실효성을 갖기 위해서는 언어가 계속 사용, 보존되어야 하고, 교육에서 사용됨으로써 언어의 표준화와 어휘의 현대화가 용이해진다는 점에서, 교육에서의 언어권이 중요성을 갖는다 하겠다. 이런 맥락에서 스커드납-캉가스(2002)도 교육에서의 언어권이 모든 언어권 중에서 가장 중요한 것이라고 강조한다. 모든 라틴아메리카 국가의 이중언어 교육이 그랬듯이, 멕시코의 경우도 처음에는 원주민어를 보존하기 위해 언어를 가르친 것이 아니라, 스페인어를 빨리 습득하는 한 방편으로 원주민어를 가르치는 과도기적 이중언어 교육을 실시했다. 그러나 이러한 교육에서는, 우선 원주민어와 문화를 가르치는 것이 아니라 원주민어를 사용하여 스페인어를 가르쳤기 때문에 자신들의 언어와 문화에 대한 긍지를 가지기는커녕 오히려 열등의식을 심어주는 교육이었다. 따라서 원주민 학습자의 인간적 존엄성에 상처를 주는 교육이었다. 이에 대안으로 도입된 것이 오늘날 라틴아메리카 여러 나라에서 원주민을 상대로 실시하고 있는 상호문화 이중언어 교육이다. 이 방법은 원주민어가 스페인어를 가르치는 수단으로 사용되는 것이 아니라, 우선 원주민어를 가르치고 그다음 원주민어와 스페인어로 일반 과목(역사, 수학, 자연 등)을 가르치며, 스페인어는 제 2언어로 교육하는 방식이다. 이 교육의 원래 취지는 원주민이 사는 나라의 주류문화와 스페인어 그리고 자신의 언어와 문화를 동시에 배워, 자신의 문화에 대해 자긍심을 갖고 주류 사회에서 적응하여 살아갈 수 있는 방법을 가르치는 것이다. 이는 자신들의 언어와 문화를 보존할 수 있고, 다른 한편으로 스페인어와 주류 사회 문화를 이해할 수 있어서, 사회에서 소외되지 않고 정상적으로 생활을 할 수 있다는 점에서 원주민들에게 적극적으로 권장되는 교육의 형태이다.

원주민 언어권법(11조)에서도 연방 교육부와 각 주의 교육부에게 원주민들이 의무교육에서 상호문화 이중언어 교육을 받을 수 있게 하고,

교육체계에서 언어와 관계없이 사람들의 존엄성과 정체성이 존중될 수 있도록 필요한 모든 조치를 마련할 의무를 부과하고 있다. 또한 중등 및 고등 교육에서 상호문화성, 다언어주의, 다양성과 언어권이 존중되는 것을 장려하도록 규정하고 있다.

⑥ 언어 진흥

원주민어와 같은 소수파 언어가 소멸되지 않고 유지되기 위해서는 국가가 원주민어의 사용을 보장하는 것으로는 충분치 않고, 이를 유지, 발전시키기 위한 적극적인 대책을 세워야 한다는 것이 전문가들의 공통된 의견이다. 이와 관련하여 원주민 언어권법 5조에서도 멕시코에서 사용되는 원주민어를 인정하고, 보호하며, 보존, 발전, 사용을 장려할 의무를 연방정부, 주정부, 각 자치단체에게 부여하고 있다.

(2) 언어권 보장실태

위에서 본 것처럼 원주민어의 사용을 인정하고, 그 권리를 보장하기 위한 구체적인 법률의 공포로 멕시코에는 이제 원주민의 언어권이 법적으로 존재한다. 그러나 아무리 완벽한 언어권법이 제정되었다고 해도 이를 시행하기 위한 여건이 갖춰져 있지 않으면 그것은 사문화된 법에 불과하다. 멕시코의 언어권법을 시행하는 데 가장 큰 문제는 극도로 분화된 원주민어의 다양성과 그에 따른 언어계획 실행의 어려움이다. 현재 멕시코에는 64개의 언어가 사용되고 있으며, 같은 언어 내에서도 방언의 차이가 너무 심해 서로 의사소통이 안 되는 문제점을 안고 있다. 그래서 원주민들이 서로 언어가 다른 경우 국가의 공용어인 스페인어로 소통을 하고 있는 상황이다. 또한 같은 원주민어 내에서도 많은 방언이 존재하지만[2] 원주민 간의 종족 이기주의로 인해 표준어의 제정이 어려워, 행정기관에서 원주민어로 서비스를 하고자 할 때 어떤 언어를 표준어로 사용해야 할지가 큰 문제로 대두된다. 또한 통일된 문자가 부재하고 어휘의 현대화가 이루어져 있지 않아 교육, 사법, 행정 영역에서 사용하는 데 문제가 많다. 따라서 연방정부 차원에서는 원주민어 서비스가 거의 불가능하다고 생각된다. 여기에 이상적인 법과 복잡한 현실 사이의 괴리가 존재한다. 우선 언어적 차이가 많이 존재하지 않는 원주민 공동체에서부터 원주민어 서비스를 시작하는 것이 필요하다. 예를 들면, 마야어를 사용하는 유카탄 지역에서는 각 방언 간의 차이가 상대적으로 크지 않아 가능하다.

또 다른 문제는 연방 및 주정부의 정치적 의지 부족이다. 1992년 헌법에 원주민의 문화권을 보장한다는 내용이 첨가되었지만 아직까지도 많은 주에서 이에 맞게 헌법을 수정하지 않고 있다.[3] 또한 언어권법이 시행되려면 연방 및 주정부기관의 협력이 필수적인데, 주정부에서 이를 시행하지 않아도 법적으로 제제할 아무런 수단이 없다. 이 경우 유일한 해결책은 시민사회가 성숙하여, 원주민들의 언어 및 문화를 유지, 보존하는 것이 원주민뿐만 아니라 사회 전체를 풍요롭게 하고, 사회적 평화를 유지하는 효과적인 방법이라는 사실을 인식하여 정치권에 압력을 행사하는 것인데 원주민이 아닌 일반시민들은 원주민 문제에 대해 거의 무관심하다.

그럼 각 영역에서 원주민의 언어권이 보장되는 실태를 살펴보기로

---

2) 이는 많은 원주민어가 문자를 갖지 못하여 구어로만 사용된 결과이다.
3) 지금까지 연방 헌법조항에 맞게 헌법을 개정한 주는 총 31개 주 중 15개 주로 이마저도 실질적인 내용보다는 형식적인 개정을 한 경우가 많다. 다만 원주민의 비율이 높은 오아하까주나 치아빠스주는 실질적인 원주민 권리를 보장하는 방향으로 헌법을 개정했다.

하자. 행정에서의 원주민 언어권은 연방정부 차원에서는 거의 보장되지 않고 있다. 원주민 문제를 담당하는 국가원주민발전위원회(Comisión Nacioanl para el Desarrollo de los Pueblos Indígenas)에서조차도 원주민어로 된 행정 서비스를 하지 않는다. 이는 앞서 언급한 대로 원주민어가 너무 많아 어떤 언어부터 서비스를 해야 할지가 문제이고, 또한 원주민어를 하는 공무원을 채용하는 것이 예산 전문 인력의 부족 등으로 쉽지 않다. 그래도 거의 모든 원주민이 마야어를 사용하고, 이중언어 구사자가 많아 인력확보가 가능한 유카탄 지역에서는 원주민어 행정 서비스를 실시하는 것이 가능할 것으로 생각되나 아직 실시하지 않고 있다. 이 경우에도 주정부 차원에서 공무원을 채용할 때 이중언어 사용자에게 혜택을 주거나 아니면 기존의 공무원을 재교육을 시키는 방법 등 적극적인 지원이 뒷받침되어야 할 것이다. 멕시코 언어권법에서 이중언어 구사자의 공공 서비스직 진출 시 우대조항이 빠진 것이 흠이다.

사법에서의 원주민어 언어권은 원주민어 사용자가 당하기 쉬운 인권 침해 사례의 대표적인 것 중의 하나로 사법에서 원주민어와 문화를 아는 통역이나 변호사의 조력을 받을 수 있는 권리를 말한다. 그러나 문제는 역시 다양한 원주민어와 문화를 아는 인력의 양성 문제이다. 언어와 문화뿐만 아니라 전문적인 법률 지식도 갖춘 인력을 양성하기 위해서는 예산과 시간이 필요하다. 형사소송법, 원주민 언어권법에서 통역의 조력을 받을 수 있도록 규정하고 있지만, 전문 통역자 수가 절대적으로 부족하고 원주민어가 너무 다양하여 실질적으로 통역의 조력을 거의 받지 못하고 있다. 또한 통역의 조력을 받는 경우에도 통역이 법률적인 지식이 없는 경우가 많아 원주민에게 별로 도움이 되지 못한다. 그리고 원주민의 스페인어 능력을 판단하는 기준이 모호해 사법 당국의 자의적인 판단에 의존해야 하는 문제가 있다.

통역이 없는 경우 원주민어와 스페인어를 아는 직원이나 지인의 도움을 받아 사건이 처리되는 일이 많고, 극단적인 경우에는 스페인어를 몰라 자신의 범죄 사실도 알지 못한 채 형을 살다 인권 단체의 도움으로 석방이 된 경우도 있다(La Jornada, 2004/06/28).

교육은 그래도 원주민의 언어권이 가장 잘 보장된 분야이다. 이는 1930년대부터 멕시코에서 원주민을 위한 이중언어 교육이 실시되었기 때문이다. 현재에는 33개 언어의 84만 명의 초등학생들이 상호문화 이중언어 교육을 받고 있으며 2003-2004년도에 33개 언어로 189종의 무상 교과서가 발행되었다(CDI 2005). 또한 2001년에는 상호문화 이중언어 교육을 강화·확대하기 위해 교육부 내에 상호문화 이중언어 교육국을 신설하여 전국의 원주민 교육을 지도·감독하고 있다.

그러나 이런 형태의 교육을 시행하는 데 문제 또한 만만치 않다. 우선 여기서도 원주민어와 문화 그리고 스페인어를 구사하는 이중언어 사용 교사의 확보가 어렵다. 또한 교재를 제작하는 데도 앞서 지적한 원주민어의 다양성과 표준어의 부재로 인해 어려움이 많고, 내용도 지금까지는 스페인어로 된 교재를 그대로 번역한 것이 대부분이어서 여기에 담긴 유럽 중심주의적인 이념이 그대로 번역되어 상호문화 이중언어 교육의 참뜻에 반하는 내용이 들어 있는 경우가 많다. 또한 기껏해야 초등학교 4-6학년으로 끝나는 짧은 교육기간은 그 효과에 대해 많은 회의를 갖게 만든다.

대중매체에서의 언어권은 원주민이 대중 매체에서 자신의 언어로 된 방송이나 신문, 잡지 등을 듣거나 볼 수 있는 권리를 말하는 것으로 원주민 언어권법에서는 방송의 경우만을 규정하고 있다. 방송의 경우 경제 논리에 의해 운영되는 민영방송에서는 원주민어로 만든 프로그램을 기대하기가 어려운 상황이다. 설혹 가능하다 해도 원주민어의 다양성 때문에 전국적인 방송은 어렵다. 다만 원주민이 많이 거주하는 지역의 공영 방송에서는 지방정부의 정치적 의지만 있다면 실현 가능한 문제이다. 그 예로 현재 오아하까주의 떼완떼뻭(Tehuantepec)에서 그 지역의 원주민어인 사뽀떼꼬어(zapoteco)로 제작된 몇 개의 TV 프로그램이 방영되고 있다. 라디오는 전국에서 27개의 원주민어 방송국이 운영되고 있으며 신문도 각 지역별로 여러 개가 발행된다. 신문에는 스페인어와 원주민어가 같이 사용되고 그 내용도 원주민의 관심사가 주류를 이룬다.

원주민어의 진흥과 관련해서는 우선 원주민어의 표준화와 현대화 작업이 선행되어야 한다. 이를 위해서는 정부의 재정적인 지원과 함께 다양한 원주민어를 연구하는 인력의 양성이 병행되어야 한다. 또한 원주민어를 하나의 완전한 언어가 아닌 불완전한 언어로 간주하여 언어가 아닌 방언으로 바라보는 일반 주류사회의 인식의 전환이 필요하며, 원주민들 역시 차별이 두려워 자식들이 원주민어를 사용하지 못하도록 하는 소극적인 태도를 버리고, 가정이나 공동체에서 원주민어가 보다 활성화되도록 적극적인 노력이 필요하다.

2) 과테말라

과테말라는 마야, 라디노, 싱까, 가리푸나 그리고 그 밖의 이민자들로 구성되어 있으며, 스페인어, 21개의 마야어, 싱까어, 가리푸나어 등 24개의 언어가 사용되는 다민족, 다언어 국가이다. 각 민족이 차지하는 인구 구성비에 대한 정확한 통계는 없으나 대략 40% 정도가 원주민이고 그 나머지가 혼혈인인 라디노라고 간주된다.

이미 앞서 본 것처럼 다른 라틴아메리카 국가에서와 마찬가지로 과테말라에서도 이러한 다민족, 다언어적인 특징은 철저히 무시되고, 정복자의 언어인 스페인어와 그 문화를 축으로 한 단일언어, 단일문화 정책이 시행되었다. 이 과정에서 교육, 행정을 비롯한 모든 공적인 영역에서는 스페인어가 공식 언어로 기능하고 원주민의 언어는 가정과 같은 사적인 영역에 한정되어 사용되어왔다. 그러나 원주민들의 자신의 문화적 정체성을 유지하기 위한 끈질긴 투쟁과 국제 사회의 원주민 권리를 보장하려는 노력의 결과로 1985년 과테말라 헌법에서 비로소 국가의 문화적, 언어적 다양성을 인정하게 되었다. 헌법 66조에서 "과테말라는 마야계 원주민을 포함한 다양한 민족으로 구성되어 있다. 국가는 생활방식, 관습, 전통, 사회조직 형태, 남녀의 원주민 의상 착용, 언어 그리고 방언을 인정하고, 존중하며 진흥시킨다."라고 규정하고 있다.

1995년에 정부와 반군(UNRG) 사이에 체결된 "원주민 정체성과 권리에 관한 협정"에서는 보다 구체적으로 원주민의 언어적 권리를 명시하고 있다. 우선 원주민어가 그들의 세계관, 지식, 문화적 가치를 습득, 전승하는 도구이므로 과테말라에서 사용되는 언어는 모두 동등하게 존중되어야 하고, 이 같은 맥락에서 원주민 언어를 복원하고 보호하며 이 언어의 사용과 발전을 진작시키기 위한 조치들을 마련할 것을 규정하고 있다. 이를 위해서 국가는 인정하고 진흥시킬 원주민어를 헌법에 명기하는 방안 추진, 원주민어의 교육에서의 사용 추진, 원주민 공동체 수준에서 정부의 대민 업무에 원주민어 사용 추진, 원주민의 권리, 의무, 기회에 관한 사항을 원주민어를 사용하여 고지, 이중언어 구사 법조인 및 사법 통역사 양성 추진, 원주민어에 대한 긍정적 인식 함양 및 원주민어의 대중매체 접근권 보장, 원주민어 공용어화 추진을 위한 대책을 수립할 것을 촉구하고 있다.

이 같은 요구는 2003년 5월에 공포된 '국가 언어법'에서 구체적으로 입법화된다. 이 법안의 주요 특징을 보면, 우선 이 법이 헌법, 국제노동기구 협약 169, 평화협정, 그리고 과테말라 마야어 한림원 법에 근거하여 제정되었음을 밝히고 있다. 이는 국가 언어법의 해석과 적용이 이들 법과 상충되지 않게 이루어져야 한다는 것을 의미한다. 한편, 과테말라 언어법에서는 현재 과테말라에서 사용되는 언어 중에서 스페인어는 과테말라의 공용어(idioma oficial)로, 원주민 언어인 마야어, 가리푸나어, 씽까어는 국가어(idioma nacional)로 규정함으로써 이들 간의 법적 지위를 명확하게 구분하고 있다. 알바르(Alvar 1986)에 따르면 국가어는 한 국가에서 사용되는 모든 언어를 나타내는 반면, 공용어는 이 언어들 중 특권적 지위를 갖는 한 언어를 말한다. 이런 점에서 볼 때 아직까지 과테말라의 원주민어는 스페인어와 같은 법적 지위를 갖지 못한 것으로 볼 수 있다.

또한 속지주의 원칙을 채택하여 마야어, 가리푸나어, 씽까어의 사용 지역을 해당 언어 공동체로 한정하고, 이 지역에서 공적, 사적 영역은 물론 교육, 학술, 사회, 경제, 정치 문화활동에서 원주민어 사용을 보장하고 있다. 그리고 모든 법률, 규정, 조례 등은 각 지역에서 해당 원주민어로 번역되어 공표되도록 하고 있으며, 원주민 언어정책은 과테말라 마야어 한림원과 긴밀한 협력을 통해 이루어지도록 규정하고 있다. 이 법안 역시 스페인어 외에 4개의 원주민어로 번역되어 나왔다.

(1) 언어권법의 내용

① 차별의 금지

과테말라는 언어 및 인종으로 인한 차별 금지 조항을 형법 202조에 첨가하여 이를 위반하는 경우 형사 처벌을 받도록 하고 있다. 언어법(12조)에서도 마야, 가리푸나, 싱카어에 대한 비하나 차별을 금지하는 규정을 두어 이를 위반할 시에는 위의 형법에 따른 처벌을 명기하고 있다.

②공공 서비스에 있어서 언어권

언어법 13조에서는 국가에게 공공 행정에서 각 지역의 원주민어가 주민들과 소통의 수단으로 사용되는지를 감시할 의무를 부여하고, 14조에서는 공공 서비스 중 의료, 교육, 사법, 치안 서비스를 우선적으로 선정하여 이들 서비스가 원주민들에게 자신들의 언어로 제공되도록 규정하고 있다. 또한 16조에서는 원주민어가 사용되는 지역의 공무원을 채용할 시 스페인어 외에 해당 지역의 언어능력을 가진 자를 우대하고, 기존의 공무원에 대해서는 마야어 한림원의 협조하에 언어 및 문화 연수의 기회를 갖도록 명시하고 있다.

사법에 있어서 언어권은 언어법 외에도 형사소송법에서도 보장하고 있다. 형사소송법 90조에서는 피의자가 스페인어를 이해하지 못하는 경우 통역의 조력을 받을 권리를 규정하고 있고, 제 142조에는 소송행위가 원주민어로도 이루어져야 하고 동시에 스페인어로 통역되어야 한다고 되어 있다.

③ 교육에서의 언어권

아무리 원주민의 언어적 권리가 법률로서 보장되어도 원주민어가 사용되지 않으면 사문화된 법이나 다름이 없을 것이다. 원주민어가 유지, 전승되고 활성화되기 위해서는 교육의 역할이 절대적으로 중요하다. 여기에 교육에서의 언어권의 중요성이 있다 하겠다. 따라서 언어법 13조에서는 모든 교육기관은 각 지역의 특수성에 따라 모든 과정 및 수준에서 원주민어를 존중하고, 진흥시키며, 발전시키고, 사용할 것을 규정하고 있다. 교육에서 원주민어와 함께 국가의 공용어인 스페인어를 배울 권리가 원주민의 언어권에 포함되어야 한다(스커드납-캉가스 2002). 따라서 이중언어 교육의 필요성이 생긴다. 이에 대해 헌법 76조에서는 원주민의 수가 우세한 지역에 설립된 학교에서는 이중언어 교육을 우선적으로 실시해야 한다고 규정하고 있다.

④대중매체에서의 언어권

언어법은 17조에서 국가가 마야어, 가리푸나어, 씽까어와 그 문화를 국영 매체에서 전파하고 진흥시킬 공간을 마련하고, 민간 매체에서도 원주민어에 대해 비슷한 배려를 하도록 권장할 것을 규정하고 있다.

⑤ 언어 진흥

과테말라에서 원주민 언어가 공용어의 지위를 갖지 못한다고 해서 국가가 이를 진흥시킬 의무가 없다는 것을 의미하지 않는다. 따라서 언어법 18조에서는 국가가 각 기관을 통해 시민, 의전, 문화, 체육 행사에서 원주민어를 사용하도록 규정하고, 동법 19조에서는 각 언어 공동체 언어들의 발전, 진흥, 사용을 촉진하기 위해 국가는 교육, 문화, 체육부를 통해 마야, 가리푸나, 싱까어의 역사, 문학, 전통에 대한 지식을 장려하고, 이러한 유산이 후세에 전승, 보존될 수 있도록 할 것을 규정하고 있다.

⑥원주민어 이름 및 지명 사용 권리

원주민의 정체성 및 권리에 관한 협정(III. 문화권에 관한 조항)과 국가 언어법(11조)에서는 원주민의 성과 이름을 원주민어로 등록할 수 있는 권리를 부여하고 있으며, 거주하는 지역의 지명도 주민들의 과반수 이상이 결정하면 이를 변경할 수 있는 권리를 원주민 공동체에 부여하고 있다.

(2) 언어권 보장 실태

위에서 본 것처럼 언어법이 공포됨으로써 과테말라에서도 원주민의 언어권이 법률적으로는 존재한다. 그러나 법과 현실 사이의 괴리가 너무 커 교육을 제외한 대부분의 영역에서는 원주민들의 언어권이 제대로 보장되지 않고 있다. 이에 대한 이유로는 여러 가지를 들 수 있겠으나, 가장 큰 요인은 정치권의 의지가 부족하다는 점이다. 비록 원주민의 수가 전체 인구의 40% 정도를 차지하고 있다 하더라도 정치·경제적으로 소수파의 위치를 벗어나지 못하므로 정치권에서는 선거철에만 관심을 보일 뿐 평상시에는 거의 관심을 갖지 않는다. 따라서 언어법을 시행하기 위한 후속 법령 마련이 거의 이루어지지 않고 있다.

멕시코와는 달리 원주민어의 대부분이 마야어 계열에 속해 방언의 차이가 있기는 하지만 소통이 되지 않을 정도로 심하지 않고, 완전히 합의된 것은 아니더라도 통일된 철자법이 존재한다. 또한 마야어 한림원을 중심으로 어휘의 현대화 작업이 진행 중에 있어, 정부의 의지와 예산만 확보되면 대부분의 원주민어 사용지역에서 원주민어로 행정 서비스를 제공하는 것은 그렇게 어려운 문제가 아니다. 그러나 열악한 경제 상황으로 원주민어를 구사하는 공무원의 채용, 이중언어 통역사 및 법률가 양성, 이중언어 교육을 위한 교사 확보, 교재 제작, 공문서의 번역 등에 필요한 예산 확보가 어려운 것이 사실이다. 캐나다나 노르웨이에서와 같이 소수파 언어 사용자들의 언어권이 완전하게 보장되기 위해서는 풍부한 재정이 뒷받침되어야 한다.

구체적으로 보면 진일보한 부분도 있다. 차별 금지법을 통한 처벌로 인해 원주민이나 원주민어를 차별하는 것이 과거보다는 어려워졌다는 것이 원주민 단체의 설명이다.[4] 또한 형사 소송법에서 원주민어로 소송

---

4) 구체적인 예가 2003년에 한 법원이 1992년 노벨 평화상 수상자인 리고베르타 멘추에게 인종 차별적인 언행을 한 혐의로 과테말라 공화당(FRG) 당원 5명에게 유죄를 선고한 판결이다. 이는 차별금지법이 실제 적용되고 있음을 보여주는 사건이다.

행위가 가능함을 규정하고 있다. 이는 기존의 통역 제공보다는 진일보한 내용이다. 하지만 스페인어와 원주민어를 구사하는 법률 전문가가 거의 없어 현재 라파엘 란디바르대학을 중심으로 이중언어 법조인을 양성하기 위한 과정을 준비 중에 있다. 또한 사법기관에서 전문인력이 절대적으로 부족하여 비록 통역을 제공하는 법률 조항이 있기는 하지만 규범이 아니라는 것이 국제사면위의 조사결과이다.

교육에서 언어권이 가장 잘 보장되고 있다. 현재 상호문화 이중언어 교육은 14개 마야어와 가리푸나어 사용 지역의 유치원 및 초등학생들을 대상으로 실시되고 있으며, 2004년 교육부 통계에 따르면 유치원생 7만 명과, 초등학생 20만 명이 이 형태의 교육을 받았다. 이는 전체 원주민 아동의 약 60%를 차지하는 수치이다. 그러나 원주민 언어와 문화를 아는 전문 교사 확보의 어려움, 적절한 교재 부족, 새로운 교수법의 부재 등이 문제점으로 지적된다. 그리고 원주민 아동의 40%가 아직 이런 교육의 혜택을 받지 못하고 있다(Ministerio de Educación 2005).

대중 매체에서의 원주민어 사용은 현재 TV에서는 거의 찾아볼 수 없으나 원주민 언어나 문화를 소개하는 프로그램은 특집으로 가끔씩 방영된다. 그러나 라디오의 경우에는 원주민어로 방송하는 방송국이 11개에 달한다. 그러나 이 중의 10개는 종교단체(가톨릭: 7, 개신교: 3)에서 운영하며 나머지 한 개는 상업방송이다.

의료에서도 언어권이 보장되어 있지만 원주민어 전문 인력이 거의 없어 실제적인 혜택을 받는 경우는 드물다. 따라서 원주민어와 그 문화를 아는 의료 전문 인력의 양성이 시급한 실정이다.

3) 볼리비아

볼리비아는 2012년 개인과 집단의 언어권을 인정하고, 보호하며, 장려하고, 보급하기 위한 법률인 '언어권과 언어정책에 관한 법'을 공포했다. 이 법은 언어권과 언어정책에 관련된 용어의 개념을 정의하는 것으로 시작한다. 그리고 제 2장에서 개인적 언어권과 집단적 언어권의 내용을 규정한다. 이 법에서 인정하는 개인적 언어권에는 한 언어 공동체의 일원으로 인정받을 권리, 구어와 문어로 모어를 사용할 권리, 자신의 모어로 이름을 법적으로 사용하고 인정받을 권리, 자신의 언어를 보존하고 발전시킬 권리, 구어와 문어 형식으로 자신의 모국어를 통해 자신의 의무와 권리를 설명받을 권리 등이 포함된다.

집단적 언어권에는 자신들의 모어로 교육을 받을 권리, 국가 행정기관에서 자신들의 모어로 응대를 받을 권리, 자신들의 언어로 지명을 사용할 권리, 예술, 학문, 의학, 음악 분야 등에서 자신들 언어 고유의 용어를 사용할 권리, 자신들 고유의 지적재산권을 보존할 권리, 언어와 문화를 연구하고 가르칠 자신들의 기관들을 발전시킬 권리 등이 포함된다.

제 3장에서는 스페인어와 함께 께추아어와 아이마라어를 비롯한 35개 원주민어를 모두 국가의 공용어로 인정한다고 규정하고 있다. 10조에서는 볼리비아 교육체계에서 원주민어의 연구, 규범화(철자, 문법 등), 표준화(문자를 위해 표준어를 설정)를 추진하고 볼리비아 사회와의 소통에 공용어를 사용하는 것을 장려하도록 하고 있다.

(1) 언어권법의 내용

① 교육에서의 언어권

제 4장에서는 스페인어만을 구사하는 학생들은 자신들이 사는 지역에서 사용이 지배적인 원주민어를 제 2언어로 배울 권리와 의무를 갖는다고 명시하고 있다. 그리고 학생들은 자신의 언어를 사용하여 정체성을 나타낼 권리를 가지며, 대학교는 헌법에서 정한 바에 따라 국가의 여러 언어들을 보존하고 발전시키기 위한 프로그램을 실시해야 한다고 규정하고 있다. 또한 원주민들의 지식과 지혜를 후대에 전승할 목적으로 교육부에 정규 교육은 받지 못했으나 오랜 경험이 있고 나이가 많은 원주민들의 언어 및 문화적 지식과 지혜를 인정하고 보증할 의무를 부여하고 있다.

② 매스컴에서의 언어권

제 5장은 매스컴에서의 언어의 사용에 관한 것으로 원주민들은 자신들의 언어를 보급하기 위해 매스컴에서 공간을 제공받을 권리를 가지며, 음성, 문자, 가상공간의 모든 매체는 언어적 다양성을 홍보할 공간을 마련해야 한다고 규정하고 있다.

③ 행정기관에서의 언어권

제 6장은 공공행정에서 언어 사용에 관한 것으로 모든 사람은 속지주의 원칙에 따라 공공 서비스를 제공하는 행정기관 및 민간단체에서 그 내용이 어떤 것이든 자신의 언어로 서비스를 받을 권리를 갖으며, 공공 서비스를 제공하는 행정기관 및 민간단체는 문학작품은 물론 홍보 프로그램을 통해 공용어의 사용을 장려해야 한다고 규정하고 있다. 또

한 이들 기관은 속지주의와 문화적 적절성의 원칙에 따라 규범, 안내책자, 소프트웨어와 같은 일반인들이 관심이 있는 문서들을 원주민들의 언어로 번역해야 한다고 명시하고 있다. 이들 기관은 직원 채용 시에 속지주의 원칙에 따라 공용어에 대한 지식을 고려해야 하며, 공공 서비스를 제공하는 모든 공공기관 및 민간단체에서 속지주의 원칙에 따라 서류절차를 진행할 때, 공용어인 원주민어의 사용이 어떠한 경우에도 거부나 무효의 원인이 되지 않는다고 규정하고 있다. 마지막으로 사법기관은 사법 절차가 국가의 공용어로 진행되도록 보장해야 하고, 당사자의 어느 누구도 자신의 언어로 방어할 수 있는 권리를 가지며, 이 경우에 사법기관은 통역을 고용할 의무를 갖는다. 그리고 사법기관 공무원들은 근무하는 지역의 언어를 알아야 한다고 규정하고 있다.

④ 원주민어 이름과 지명을 사용할 권리

제 7장은 이름의 사용에 관한 것으로 모든 사람은 구어와 문어의 형태로 자신의 모어를 사용하여 자신의 신분을 밝힐 권리를 가지며, 국가는 이러한 권리를 존중해야 한다고 명시하고 있다. 그리고 모든 언어 공동체는 지명, 동물명, 식물명 및 기타 이름을 문어와 구어 형태로, 사적, 공적 그리고 공식적인 상황에서 그 지역 고유의 언어를 사용할 권리를 가지며 이러한 명명은 임의로 없애거나, 대체되거나, 변경되거나, 변조될 수 없다고 명시하고 있다. 또한 국가의 개인 신상을 등록하는 기관은 당사자의 요청에 따라 사람의 이름과 성을 그 사람의 모어로 등록시킬 의무를 갖는다고 규정하고 있다.

4) 파라과이

파라과이는 1992년 헌법에서 규정한 국민들의 언어권을 보장하기 위해 2010년 언어법을 제정·공포했다. 이로써 파라과이는 다언어국가임을 실질적으로 인정하는 계기를 마련했다. 또한 이 법에는 언어정책부와 과라니어 한림원을 설치하는 것 외에도 파라과이 원주민어와 수화를 보호하고 보장하는 내용이 들어 있다.

일반적으로 이 법은 과라니어를 사용하고, 이해하는 국민의 80%와 파라과이 정치와 경제를 지배하는 소수의 스페인어 사용자들에 의해 소외되고 사회적으로 하층민으로 전락한 약 50%의 과라니어 사용자들의 언어권을 보장할 것을 규정하고 있다. 또한 이 법은 국가 공동 공용어인 스페인어와 과라니어의 동등한 대우를 보장할 것을 요구하고 있다.

총 52조로 이루어진 이 법은 1992년 헌법 140조에서 규정한 공용어 사용에 관한 권리와 77조에 명시한 교육에서 모어 사용에 관한 권리를 보장하기 위해 제정되었음을 밝히고 있다. 이미 언급한 것처럼 1992년의 헌법 140조에서는 파라과이가 다문화, 이중언어 국가임을 천명하고 스페인어와 과라니어가 공용어임을 선언했으며 이 두 언어의 사용에 관한 사항은 법률에 의해 정해질 것이라고 규정했다. 그리고 다른 소수 언어들은 국가의 문화재로 인정했다. 또한 헌법 77조에서는 교육은 초기부터 학습자의 모어이자 공용어로 실시되어야 하며 국가의 두 개의 공용어를 배우고 사용하도록 가르쳐야 한다고 규정했다. 그리고 학습자의 모어가 국가 공용어가 아닌 경우에는 두 개의 공용어 중에서 하나를 선택할 수 있도록 했다.

이 법의 제정으로 그간 시민사회에서 제기한 국가가 파과라이 언어

현실을 반영하는 정책을 시행하라는 요구가 어느 정도 관철되었다고 볼 수 있다. 1992년 헌법은 독립 후 약 180년간 국가에 의해 실질적으로 무시된 이중언어 국가라는 사회언어학적 현실을 공식적으로 인정하는 계기를 마련했다.

파라과이는 1811년 스페인어로부터 독립한 주권국가임에도 불구하고 언어정책에 있어서는 그간 국가의 대다수 국민이 사용하는 언어를 무시하는 식민지 시대의 정책이 지속되어왔다. 이러한 사실은 교육, 언론, 국가의 모든 행정이 스페인어만을 사용해서 이루어져왔다는 것에서 잘 나타난다.

독립한 지 183년이 지난 1992년에 와서야 비로소 파라과이는 헌법에 언어 관련 2개 조항과 원주민 권리와 관련된 6개 조항을 삽입함으로써 파라과이 언어정책에서 새로운 지평을 열었다. 헌법에서 과라니인어가 스페인어와 함께 국가의 공용어로 선포되었고 국가의 문화적 다원성이 인정되었다.

파라과이에서는 470여 년 전부터 스페인어과 과라니어가 상호작용과 간섭을 통해 서로에게 영향을 주면서 공존해왔다. 이 두 언어는 전국에서 사용되고 모든 계층의 사람들이 사용한다. 이는 원주민어가 특정한 지역의 원주민 공동체에서만 사용되는 다른 라틴아메리카 국가들과 다른 점이다.

그러나 파라과이의 이중언어 사용은 양층언어 현상의 특징을 지닌다. 양층언어 현상이란 이미 설명한 것처럼 한 사회에서 두 개의 언어가 사용되는데 그중 하나는 상위계층 혹은 문어나 공식적인 맥락에서 사용되고 다른 하나는 하위계층 혹은 구어나 격식을 요하지 않는 맥락에서 쓰이는 상황을 말한다. 파라과이 경우를 보면 스페인어는 정치, 경제 권력의 언어이자 교육 및 고급문화의 언어로 사회적 권위와 오래된 문학적 전통을 가지고 있다. 반면에 과라니어는 힘없고 배우지 못한 민초들의 언어로 20세기 말까지 자체 문자와 문학적 전통을 갖지 못했다. 그러나 과라니어가 지금까지 생존할 수 있었던 것은 많은 사람들이 친밀한 상황에서 사용하면서 파라과이인의 속 깊은 정서를 가장 잘 나타낼 수 있는 언어로 인식되어 대중들의 애착이 강하기 때문이다.

(1) 언어법의 내용

제 1장에서는 이 법의 목적을 국가의 공용어인 스페인어와 과라니어의 사용을 규정하고 파라과이의 원주민어의 사용을 장려하고 보장하기 위한 적절한 대책을 세울 것을 명시하고 있다. 또한 국가로 하여금 국민과 국가의 다문화, 이중언어적 특성을 보존하는 것이 의무라는 것을 규정하고 있다. 또한 국가의 행정, 입법, 사법과 그 밖의 공공기관에서 국가의 공용어가 사용되어야 함을 명시하고 사회의 모든 영역에서 공용어가 사용될 수 있도록 하는 노력을 국가가 지원할 것을 규정하고 있다. 또한 국가는 파라과이가 가입하는 국제기구에서 과라니어가 공용어로 인정받을 수 있도록 권장할 것을 명시하고 있다. 2006년 과라니어는 파라과이가 가입한 남미공동시장(MERCOSUR)의 공용어로 채택되었다. 여기에는 또한 파라과이가 회원국인 역내 기구의 공용어의 교육을 진흥시킬 것을 규정하는 항목이 들어 있다. 마지막으로 언어법에서는 스페인어와 과라니어의 법적 효력이 동등함을 명시하고 있다.

① 개인의 언어권

제 2장은 언어권의 내용에 관한 것으로 9조에서 개인의 언어권을 명시하고 있다. 그 내용으로는 모든 국민이 두 개의 공용어를 문어는 물론 구어로 알고 사용할 권리, 원주민은 자신의 언어를 알고 사용할 권

리, 노동 환경에서 고용주로부터 자신의 언어로 정보를 받을 권리, 정부
의 공적인 정보를 전하는 공영 혹은 민영 매스컴에서 과라니어와 스페
인어로 정보를 받을 권리, 사용하는 언어로 인해 차별을 받지 않을 권
리, 법원에서 두 개의 공용어 중 어느 것이나 사용해서 진술할 권리, 교
육과정 초기부터 자신의 모어를 사용하여 교육을 받을 권리 등이 있다.

② 집단적 언어권

제 2장 10조에서는 국가 공동체의 집단적 언어권 규정하고 있다. 그
내용으로는 교육과정 초기부터 고등교육까지 국가의 모든 교육체계에
서 과라니어와 스페인어의 이중언어 교육 프로그램을 갖는 권리, 두 개
의 공용어로 제공되는 국가의 행정 서비스를 받을 권리, 공영 매스컴과
민영 매스컴에서 방송되는 공식적인 프로그램에서 과라니어와 스페인
어가 동등하게 사용될 권리, 국가의 정보 서비스와 표지판에서 양 언어
가 사용될 권리 등이 포함된다.

제 2장 11조에서는 문화가 서로 다른 공동체의 집단적 권리를 명시
하고 있다. 여기에는 언어가 다른 공동체의 구성원으로 인정받을 권리,
자신이 속한 부족의 언어와 문화를 유지할 권리, 자신과 같은 언어 공동
체의 사람들과 결사하여 자신의 언어와 문화를 지키고 진흥시킬 권리,
국경을 초월하는 사건이 발생했을 때 국가 공동체의 협력을 받을 권리
등이 포함된다. 13조에서는 원주민이 아닌 소수 민족의 언어권을 보장
하고 있다.

③ 공적 영역에서 언어권

제 3장은 공적인 영역에서의 공용어 사용에 관한 것으로 제 14조에
서는 법령을 공포할 때 스페인어를 사용하도록 했고, 과라니어의 철자

와 공식적인 문법이 확정되면 모든 기관은 두 개의 공용어로 작성된 법안을 보유하도록 했다. 이러한 절차는 하위법은 조례의 제정에서는 똑같이 적용된다. 이는 아직 과라니어의 표준화 작업이 완성되지 않았음을 나타낸다.

15조는 법원에서 두 개의 공용어가 차별 없이 인정되어야 한다는 것을 규정하고, 16조는 공문서와 공적 광고에서는 두 개의 언어가 사용되어야 함을 명시하고 있다. 17조는 국가 및 지방의 공무원을 채용하는 데 있어서 두 개의 공용어 구사자를 우선적으로 선발하고, 이미 임명된 공무원 중 민원부서에 있는 사람에게는 두 개의 공용어 능력을 갖출 수 있도록 5년간의 시간을 주는 것을 내용으로 한다.

그밖에도 공적인 영역에서 두 개의 공용어가 사용되어야 할 경우로 여권과 신분증(18조), 등기소의 모든 문서(19조), 모든 식품과 의약품 표시(22조), 학위증서(23조), 교통수단(24조), 표지판, 광고판, 각종 단체명(25조) 등을 명시하고 있다.

④ **교육에서 언어권**

제 4장은 교육에서 공용어 사용에 관한 것으로 26조에서는 파라과이사는 모든 어린이들은 초기 교육부터 모어가 국가 공용어 중의 하나인 경우 자신들의 모어를 사용하여 교육을 받을 권리가 있음을 명시하고 있다. 원주민인 경우 교육의 초기 단계에서부터 각각의 자신들의 언어를 사용할 것을 규정하고 있다. 28조에서는 2개의 공용어가 국가 교육 시스템에 속하는 공립 및 사립 교육기관에서 가르쳐야 한다는 것을 내용으로 하고, 29조에서는 이 두 공용어는 모든 교육단계에서 교육 언어로 사용되어야 한다는 것을 규정하고 있다.

5) 페루

이미 설명한 것처럼 페루는 라틴아메리카에서 가장 다양한 문화와 언어를 가진 국가 중의 하나이다. 이러한 언어·문화적 다양성은 스페인 정복 이전 시기와 포용정책과 스페인어화 정책이 번갈아 나타났던 정복 및 식민 시기로 거슬러 올라간다. 독립 후 라틴아메리카 국가들은 공통적으로 원주민적인 요소의 존재를 무시하고 국가의 정체성을 형성하고자 했다. 독립과 함께 유럽적인 요소를 기반으로 국가의 정체성을 확립하고자 했던 페루 역시 문명과 야만이라는 이분법적인 구분을 통해 국민통합이라는 명분을 내세워 원주민적 요소를 제거하기 시작했다. 이러한 통합 과정에서 원주민의 언어적 권리를 말하는 것은 불가능했다.

20세기 중반에 와서야 비로소 여러 국가에서 자신들이 다언어, 다문화 국가라는 것을 인식하기 시작하고 원주민의 권리문제에 있어서 가장 중요한 시기인 1970년대를 위한 토대를 준비했다.

이 시기에 페루에서는 원주민들의 사회적 통합을 보장하기 위한 의미 있는 조치들이 취해졌다. 특히 후안 벨라스꼬 알바라도(Juan Velasco Alvarado) 장군이 이끄는 군사정부는 원주민과 관련하여 당시로서는 혁명적인 조치들을 취하는데, 교육법 19326을 공포하여 원주민을 포함한 페루 영토에서 태어난 모든 사람들을 교육체계에 편입시키고자 했고, 칙령 21156을 공포하여 께추아어를 국가의 공용어로 선포했으며, 1972년에는 이중언어 이중문화 교육 정책을 시행했다. 이와 관련하여 1972년에 공포된 교육법 12조는 다음과 같은 내용을 담고 있다.

교육은 모든 행동에서 국내에 소통의 수단이며 문화의 표현인 다양한 언어가 존재한다는 것을 고려하고 언어들의 보존과 발전을 위해 노력해야 할 것이다. 모든 주민의 스페인어 교육은 국민사회를 형성하고 있는 다양한 집단의 문화적 특성을 존중하고 교육의 수단으로 그들의 언어를 사용해서 이루어져야 할 것이다.

그러나 이러한 정책은 당시 수도인 라마의 기득권층의 반대에 부딪쳐 시행되지 못했다. 비록 후임 군사정권에 의해 폐기되긴 했지만 알바라도 정권의 이러한 법안은 이중언어 교육이 가능하다는 것을 보여준 중요한 계기가 되었다. 이렇게 해서 1979년 헌법 35조에는 다음과 같은 내용이 등장한다.

국가는 원주민어의 연구와 학습을 장려한다. 그리고 원주민 공동체가 자신의 언어로 초등교육을 받을 권리를 보장한다.

소위 말하는 '잃어버린 10년'으로 불리는 1980년대에 들어오면 이러한 좋은 의도들은 실망스런 결말을 맞게 된다. 왜냐하면 이 시기에 라틴아메리카의 모든 나라는 심각한 경제위기, 첨예한 사회적 갈등과 정치적 불안을 겪었기 때문이다. 이런 과정에서 페루 역시 사회통합을 위한 조치들은 거의 취하지 않고 라틴아메리카 거의 대부분의 국가에서처럼 민영화와 신자유주의 정책에 모든 역량을 집중했다. 그래서 국가가 시행하고자 했던 이중언어 교육이 국제기구의 지원을 받는 기관과 NGO 단체의 손으로 넘어갔다. 1990년대 초가 되어서야 비로소 상호문화 교육과 상호문화 이중언어 교육 법안이 통과된다.

그러나 이러한 상호문화 이중언어 교육 관련 법안들은 중앙정부로부터 충분한 지원을 받지 못해 이중언어 교육의 효과적인 시행은 정부의 교육정책과 유리되고, 충분한 재정적 지원도 받지 못한 채 실험적 수준에 그치게 되었다. 이러한 정치적 의지의 부족에는 교육보다는 센데로 루미노소(Sendero Luminoso) 테러 진압에 정책의 우선순위를 두었던 알베르또 후지모리(Alberto Fujimori) 정권의 성향도 영향을 주었다. 이러한 정책의 시행과정에서 많은 인권유린 사태가 발생했다.

지금도 선언적 수준에서 원주민 권리에 대한 정치적 수사들이 줄을 잇고 있으나 구체적인 정책으로 나타나는 것은 거의 없다. 1993년에 공포된 신헌법에서는 다음과 같이 선언하고 있다.

> 모든 사람은 자신의 종족적, 문화적 정체성을 가질 권리가 있다. 각 지역의 특성에 따라서 이중언어 이중문화 교육을 장려하여 국민들의 다양한 문화적, 언어적 표현을 보존하는 것 외에도 국민의 종족적, 문화적 다양성을 인정하고 보호하는 것은 국가의 역할이다.

이를 시행하기 위해 2003년에 원주민어를 인정하고, 보존하며, 장려하고, 보급하는 것을 목표로 하는 법령 28106이 공포되었다. 이어 2011년에는 헌법 48조에 명시된 원주민의 언어 권리를 보장하기 위해 원주민어의 사용, 발전, 복구, 장려, 보급을 규정하는 원주민어법이 만들어졌다. 이 법의 제정으로 앞서 공포되었던 1975년에 만들어진 께추아어를 공용어로 선언한 법령 21156과 2003년에 제정된 원주민어 관련 법령 28106은 폐기되었다.

2011년 원주민어법의 주요 특징을 보면 우선, 이 법이 헌법 48조에서 규정한 공용어로서 원주민어 사용할 개인적, 집단적 권리를 보장하기 위해 제정된 것임을 밝히고 있다. 또한 법의 효과적인 적용을 위해 원주민어에 대한 명확한 정의를 내려, 페루에서 원주민어는 "스페인어 보급 이전부터 존재했고 국가 영토 내에서 보존되거나 사용되는 모든 언어"

라고 규정한다.

그리고 교육부가 대통령령을 통해 페루 원주민어의 복원, 보존, 사용의 장려에 있어서 적절한 의사결정을 할 수 있도록 페루 종족언어지도를 제작하고 정기적으로 공개 및 업데이트를 할 것과 국가문화원과 협력하여 종족언어지도에 포함된 언어들이 어느 지역에서 가장 많이 사용되는지를 구체화하여 등록하는 국가원주민어등록처(Registro Nacional de Lenguas Originarias)를 설립할 것을 명시한 것이 이 언어법의 특징 중의 하나이다.

(1) 원주민어법의 내용

① 공적 및 사적 영역에서 원주민어 사용 권리

제 1장에서 모든 사람들은 자신의 언어권을 개인적이고 집단적으로 사용할 권리, 한 언어 공동체의 일원으로 인정받을 권리, 공적 및 사적 영역에서 원주민어를 사용할 권리, 자신이 태어난 언어 공동체의 사람들과 관계를 맺고 결사체를 조직할 권리, 자신의 문화를 유지하고 발전시킬 권리, 국가기관이나 단체에서 모어로 서비스를 받을 권리, 모든 영역에서 자신의 권리를 보장하는 통역 수단을 향유하고 가질 권리, 상호문화성에 토대를 둔 자신의 모어와 문화로 교육을 받을 권리, 페루 영토 내에서 공통적으로 사용되는 언어로 스페인어를 배울 권리가 명시되어 있다.

② 행정기관에서 언어권

제 3장에서는 공용어에 대해 규정하고 있는데, 스페인어를 전국적인 공용어로 인정하고 원주민어는 그 사용이 지배적인 지역으로 공용어 범

위를 한정한다. 다시 말하면 원주민어는 지역적인 차원에서 공용어로 인정된다. 또한 10조에서는 공용어의 성격을 규정하고 있는데, 원주민어가 한 지역에서 공용어라 함은 국가 행정기관이 먼저 그 사용을 보장하고 이를 점차적으로 모든 공적 영역으로 확대하여 원주민어에 스페인어와 같은 법적 효력과 특전을 부여하는 것이라고 명시하고 있다.

③ 원주민어의 사용 장려와 차별 금지

제 4장에서는 원주민어의 장려, 보존, 복원 그리고 사용에 대해 규정하고 있다. 특히 15조에서는 공적 영역에서 원주민어의 사용을 강화하기 위해 국가는 원주민어 연구를 장려할 것을 명시하고, 원주민어가 지배적으로 사용되는 지역에서 공무원들은 물론 군인과 경찰이 원주민들과 잘 소통할 수 있도록 공공 서비스를 제공하는 공공기관과 민간기관은 계획적이고 점진적으로 정책과 연수 프로그램을 실시하거나 직원을 채용할 것을 규정하고 있다. 또한 국가가 초등, 중등, 대학교육에서 원주민어를 가르치는 것을 보장하고 장려할 것과 원주민어의 사용이 지배적인 지역에서는 원주민어 교육이 필수라는 것을 명시하고 있다(16조). 그리고 17조에서는 사람들이 원주민어를 사용하는 이유로 차별을 받지 않도록 하는 대책을 마련할 것을 요구하고 있다.

④ 원주민어의 규범화

제 5장에는 원주민어의 규범화에 대해 명시하는 조항들이 들어 있다. 우선 교육부로 하여금 상호문화 이중언어 교육국과 농촌교육국을 통해 기술적인 지원을 하여 원주민어의 통일된 철자법을 평가하고 공식화할 것을 규정하고, 공공 기관은 모든 공용문서에서 원주민어의 통일된 철자법을 사용할 것을 명시하고 있다.

⑤ 교육에서의 언어권

제 6장은 상호문화 이중언어 교육에서 원주민어 사용에 관해 규정한 것으로 원주민어가 모어인 학생들은 모든 수준의 국가 교육체계에서 상호문화 이중언어 교육을 받을 권리를 갖는다고 명시하고 있다. 그리고 안데스 농촌지역과 아마존 지역에서 이루어지는 문맹퇴치 프로그램은 상호문화 이중언어 교육 방식으로 실시되어야 할 것을 규정하고 있다.

2011년 공포된 원주민어에 관한 법령 29735의 의회 통과로 1975년에 만들어진 께추아어를 공용어로 선언한 법령 21156과 2003년에 제정된 원주민어의 인정, 보존, 장려, 보급에 관한 법령 28106은 폐기되었다.

지금까지 본 것처럼 라틴아메리카는 20세기 마지막 20년 동안에 독립 이후 계속 견지해온 단일언어, 단일문화국가에서 각 국가에서 존재하는 민족적, 문화적 다양성을 인정하고 다민족 다문화국가로서의 성격을 명확하게 정립했다. 따라서 국가와 원주민과의 새로운 관계가 설정됨에 따라 이들의 문화적 다양성과 차이를 존중하고 그동안 무시되었던 원주민의 제반 권리를 보장하는 법적, 정치적 개혁을 진행 중에 있다.

언어권은 언어적 소수자가 행정, 사법, 교육, 의료 등 공적 영역이나 가정이나 공동체와 같은 사적 영역에서 자신의 언어를 사용할 수 있는 권리로 라틴아메리카 원주민의 경우 독립 이후 계속된 스페인어화 정책에 따라 언어적 권리를 갖지 못했다. 그러나 라틴아메리카 여러 국가에서 다문화주의를 채택한 이후 원주민의 정체성 형성에 가장 중요한 요소인 원주민어를 인정하는 규정이 헌법에 명시되고, 원주민의 언어권을 보장하기 위한 입법 혹은 법률 개정이 속속 진행되고 있다. 그 대표적인 예가 지금까지 살펴본 라틴아메리카 국가들의 언어 관련법이다. 이는 원주민 권리를 보장하려는 국제적인 노력과 원주민의 끈질긴 투쟁의 결과로 원주민어의 존재 자체를 인정하지 않았던 기존의 정책에 비하면 괄목할 만한 진전이다.

그러나 원주민에게 실제적으로 언어권을 보장하기 위해서는 해결해야 될 과제 또한 만만치 않다. 우선, 원주민어가 공적 영역에서 기능을 하기 위해서는 표준어의 제정, 철자의 통일 등 표준화와 함께 어휘의 현대화가 선행되어야 한다. 그리고 행정, 사법, 교육, 의료와 같은 분야에서 원주민어와 스페인어를 구사하는 인력의 양성이 체계적으로 이루어져야 한다.

언어 관련법이 시행되기 위해서는 막대한 예산과 함께 중앙 정부와 지방정부, 정부 부처 간 그리고 지방 정부 간의 유기적인 협조관계가 필수적인데, 이를 위해서는 원주민 및 원주민어에 대한 사회적 인식의 변화와 함께 원주민의 권리를 보장하려는 지배층의 정치적 의지가 매우 중요하다.

언어 관련법이 공포되긴 했지만 구체적인 실행계획이 준비 중이어서 아직 그 성과를 말하기에는 빠른 감이 없지 않다. 그러나 다문화주의에 대한 명확한 사회적 인식이 존재하지 않아 자칫 언어 관련법이 사문화될 위험성도 있다. 이를 피하기 위해서는 주류 사회가 과거에 원주민에게 했던 잘못에 대한 도덕적인 채무를 갚는다는 심정으로 원주민의 권리를 보장하는 데 적극적으로 나서야 할 것이다.

마지막으로 원주민 사회에서도 지금까지의 반목과 민족 이기주의를 극복하여 표준어 및 문자 통일과 같은 언어적 하부구조의 구축을 위해 적극 협력해야 할 것이다.

2.4. 언어정책과 원주민 교육

　전 세계의 언어 상황을 보면 한 국가 내에서 하나의 언어가 사용되는 것은 극히 예외적인 경우이고 보통은 한 국가 내에서 두 개 내지 그 이상의 언어가 공존하는 것이 일반적이다. 이 경우 한 언어가 사회적 권위를 갖는 지배 언어가 되고, 다른 언어들은 하위자적 위치에 머무르게 되는 것이 대부분의 국가의 보편적인 현상이다. 이러한 상황에서 차이가 나는 것은 각 지역 혹은 국가가 어떤 언어정책과 교육정책을 채택하느냐에 달려 있다. 다언어적 국가에서 언어 간의 접촉은 대부분의 경우 소수자적인 위치에 있는 언어를 국민국가의 단일성과 국가발전에 방해되는 요소로 인식하는 지배 언어 사용자들의 거부감을 유발할 가능성이 높다. 이런 맥락에서 정반대되는 축을 균형 있게 유지하려는 노력이 이루어진다. 하나의 축은 국가의 정체성과 가치를 유지하는 통일성이고 다른 한 축은 문화 간의 차이를 유지하는 다양성이다. 교육은 언어 학습을 포함해서 언어 사용자들에게 경제 및 노동 현실에 대처하도록 하고 더 나아가 자신이 속한 종족의 문화와 유산을 유지하도록 준비시킬 때 매우 중요한 역할을 한다.

　언어권의 개념은 지배적인 언어가 강요된 한 지역에서 소수 언어 사용자들을 보호할 필요성에서 생겨났다. 이러한 개념의 도입으로 여러 기관들이 소수 언어와 그 사용자들이 공식적인 인정과 적절한 조력을 받을 수 있도록 하는 법적 장치들이 만들어진다. 언어권은 본래 한 종족의 문화 및 정체성과 연결되어 있다. 따라서 언어적 소수자를 말할 때 이 개념에는 소수자 혹은 종족 문화가 포함된다. 라틴아메리카에서 최근 30년간 언어권의 개념이 가장 많은 영향을 끼친 것은 원주민 교육과 관련해서이다.

이미 앞서 말했듯이 라틴아메리카에는 스페인의 정복 이전부터 여러 개의 언어가 사용되는 다언어적인 상황이 전개되고 있었다. 스페인의 라틴아메리카 정복은 이전에 사용되었던 원주민어와 정복자의 언어인 스페인어 사이에 갈등 관계를 촉발시켰다. 이때부터 권력자들의 언어인 스페인어 앞에 피지배 언어인 원주민어는 정치·사회적으로 열등한 위치에 놓이게 되고 하나씩 소멸되기 시작한다. 이러한 다언어적 상황에서 라틴아메리카의 국가들이 독립 이후 20세기 후반까지 선택한 것은 언어적, 문화적 동질화였다. 다시 말하면 단일 언어 및 문화에 기반을 둔 국민국가의 건설을 위해서 원주민어 및 문화는 국가통합에 방해되는 요소로 간주되어 제거해야 할 대상이었다. 따라서 국가 내에 존재하는 언어·문화적 다양성을 해결해야 할 문제로 인식하였으며 이를 해결하고자 동질화 정책을 실시하였던 것이다.

이와 같은 인식은 라틴아메리카의 정치적 민주화, 경제적 개방화 그리고 그동안 지속적으로 이루어진 원주민 운동의 성과 덕분에 1980년대를 기점으로 점차 변화하기 시작한다. 지금까지 견지해온 단일 민족, 단일 문화, 단일 언어라는 19세기적 자유주의에 입각한 근대 국민국가의 가치를 지양하고, 각 국가 내에 존재하는 언어·문화적 다양성을 국가통합을 해치는 갈등 요소로 보지 않고 사회 전체가 보존해야 할 귀중한 자산으로 간주하기 시작했다.

이러한 다문화주의의 인정과 함께 원주민의 제반 권리를 보장하는 헌법 개정과 이를 효과적으로 시행하기 위한 하위 법률의 제정은 대부분의 라틴아메리카 국가들에서 일어난 공통적인 현상이다.

지금까지 원주민의 권리가 가장 잘 보장되어온 분야는 원주민 교육이다. 특히 원주민어 및 문화가 유지되어야 할 대상으로 인정되면서 원주민 교육에서도 커다란 변화가 생기고 있다. 즉, 1980년대까지 원주민 교육의 최대 목표가 원주민 학생들에게 스페인어와 유럽 문화를 가르치는 스페인어화에 있었다면, 문화적 다원주의가 인정되면서 원주민 교육은 원주민어를 먼저 배우고 스페인어를 제 2언어로 배우면서, 자신의 문화를 토대로 주류사회의 문화를 이해하여, 다문화, 다언어 사회에서 자신의 정체성을 상실하지 않고 당당하게 살아갈 수 있는 상호문화 이중언어 교육으로 그 목표가 바뀌었다.

현재 라틴아메리카의 대부분의 국가에서 원주민어를 사용하는 아동들에게 보편적인 초등 교육이 교육과정에 따라 국가의 공용어는 물론 자신들의 언어로 이루어지도록 보장되어 있다. 여기서는 이들 국가 중에서 원주민 교육과 관련하여 가장 선진적인 제도를 마련한 것으로 평가되는 멕시코와 볼리비아 사례를 살펴보고자 한다.

1) 멕시코의 언어정책과 원주민 교육

(1) 언어정책

멕시코의 식민지 시대 초반기에는 명확한 언어 정책이 존재하지 않았다. 이 시기에는 두 그룹이 서로 다른 언어 정책에 대한 생각을 가졌는데, 하나는 원주민들에게 복음을 전파하는 임무를 맡았던 일반 성직자들의 생각으로, 이들은 복음전파를 위해서는 원주민어를 사용해야 한다는 입장을 취하여 멕시코의 경우 나우아뜰과 마야어를 복음을 위한 공용어로 채택하였다. 이들과는 달리 식민지의 행정 관료들은 원주민들에게 스페인어를 가르칠 것과 원주민어의 말살을 주장하였다. 왕실의 언어정책 역시 1770년 식민지 전역에 스페인어 사용을 강제하는 칙령을 반포하기 전까지 원주민어에 대해 오락가락한 정책을 실시하였다. 다시 말하면 어떤 칙령에서는 선교사들이 원주민어를 배우고 이를 가르치는 과정을 설립하라고 했다가, 다른 칙령에서는 원주민들에게 스페인어를 가르치라는 칙령을 반포하기도 했다. 1580년의 한 칙령은 수사나 성직자들이 자신이 복음을 전파하는 지역의 원주민어를 배워야 할 것을 명기했고, 이로 인해 당시 설립된 지 얼마 되지 않은 멕시코 대학에 나우아뜰어와 그 밖의 원주민어 강좌가 개설되었다. 그러나 1770년 까를로스 3세가 식민지의 모든 지역에서 스페인어만을 사용할 것을 명하는 칙령을 반포함으로써 식민지에서 스페인어화 정책이 본격적으로 실시되기 시작한다. 이 칙령에서 한 가지 주목할 것은 스페인어의 사용과 함께 원주민어의 말살이 명시되어 있다는 점이다(Zimmerman 2001). 이 칙령으로 인해 남은 식민지 시대는 물론 19세기까지 동화주의적인 언어정책이 지속되었고 원주민 문화에 대해 지배자의 유럽 문화의 비중이 점점 커져가면서, 원주민들의 언어를 비롯한 문화적인 권리가 철저히 유린되었다.

독립 이후 원주민어를 위한 언어 정책은 수립되지 않았고, 친 스페인적인 끄리오요 문화가 주류사회의 문화로 확립되면서 원주민 문화는 주변부로 밀려나고 동화주의적인 언어정책이 더욱 힘을 얻게 된다. 멕시코에서는 당시에 열망하던 국민통합을 이루기 위해 언어 및 문화적 스페인어화 정책을 명시적으로 실시하게 된다. 집권층은 이를 통해서 원주민들이 국가의 관할권에 쉽게 접근할 수 있고 동등한 조건으로 국민사회에 편입됨으로써 국가 앞에 평등이라는 자유주의적인 이상에 도달할 수 있다고 생각했다. 평등은 곧 언어·문화적 획일화를 의미하는 것이어서 원주민의 언어 및 문화적 특수성은 국민통합을 위해 희생되었고 사실상 원주민들은 공적인 영역에서 자신의 언어를 사용할 권리를 박탈당했다. 이러한 단일 언어, 단일 문화주의적인 정책은 1970년대까지 계속된다.

1980년대 들어 멕시코는 다른 여타 라틴아메리카 국가들처럼 국가 주도의 경제에서 개방적이고 국제자본 시장에 편입된 경제로의 변화를 추진하고 있었다. 이를 위해서는 해외자본의 유치가 무엇보다 필요했으며, 투자의 선결조건으로 민주적인 제도의 확립이 요구되었다. 또한 소수자의 인권과 세계화의 조건으로 다문화적 상황을 인정하라는 국제적인 요구가 점증했다. 그 결과 국내의 언어·문화적 다양성에 대한 보다 많은 관용이 생겨났다. 따라서 1980년대 말부터 1990년대에 걸쳐 멕시코에서는 원주민의 언어·문화적 권리를 확충하는 주요한 법률개정이 이루어졌다. 1989년에 멕시코는 라틴아메리카에서 두 번째로 국제노동기구의 원주민에 관한 협약 169호에 서명했다. 이 협약 28조에서는 다음과 같이 원주민 언어권을 규정하고 있다.

- 가능하다면 원주민 어린이에게 자신의 언어나 그들이 속한 집단에서 가장 공통적으로 사용되는 언어를 사용하여 읽기와 쓰기를 가르쳐야 한다.
- 원주민들이 국어나 국가의 공용어 중 하나를 구사할 수 있도록 적절한 대책을 강구해야 한다.
- 원주민의 언어를 보존하고 이를 발전·사용할 수 있도록 법적 장치를 마련해야 한다.

국제노동기구의 협약을 준수하기 위해 1992년에 헌법 4조가 개정되었고, 연방 및 멕시코시 형사소송법의 개정이 이루어졌다. 이러한 변화는 실질적인 면에서 커다란 변화는 아니지만 일단 형식적으로는 멕시코가 단일문화주의에서 다문화주의 국가로 변모했다는 것을 의미한다. 따라서 현재 멕시코에서는 언어적, 민족적 특수성을 구분하지 않고 모든 국민들에게 동등한 권리를 인정하는 대신에 특수한 집단적 권리를 가진 종족으로서 원주민 그룹의 존재를 인정한다. 또한 이미 언급한 것처럼 2003년부터는 원주민 언어권에 관한 일반법이 시행되고 있다. 이로써 멕시코에는 독립 이후 처음으로 원주민어에 관한 명시적인 언어 정책이 수립되었다. 이 법안을 통해 정치, 경제, 사회, 문화, 종교 등 모든 공적, 사적 영역에서 구어, 문어에 관계없이 원주민의 언어 사용 권리를 보장하고 있으며, 모든 공공기관의 행정 절차 및 서비스에서 원주민어의 사용을 스페인어의 그것과 동일한 효력을 갖는 것으로 규정하여 원주민어에 스페인어와 동등한 지위를 부여했다. 또한 원주민들이 교육에서 자신의 언어를 먼저 배우고 나중에 스페인어를 제 2언어로 배우는 상호문화 이중언어 교육을 받을 수 있도록 규정하여 교육에서 원주민어의 사용을 보장하고 있다. 이 법안의 공포로 멕시코는 이제 원주민어의 사용과 유지를 국가의 책임하에 두는 명실상부한 다언어주의 국가가 되었다. 그러나 이러한 법안에 명시된 원주민의 권리가 실제적으로 보장되고 있는 것은 아니다. 왜냐하면 멕시코 정부가 헌법에서 멕시코의 문화적 다원성을 받아들인 주된 동기가 원주민의 권익 보호를 위해서라기보다는 당시 국내외 상황에 따른 것이었기 때문이다. 국제노동기구의 원주민에 관한 협약 169호의 비준이나 헌법 4조의 개정은 당시 진행되고 있던 미국 및 캐나다와의 북미자유무역협정의 신속한 체결을 위해 멕시코의 민주적이고 현대적인 이미지를 보여주기 위한 것이었지 원주민과의 새로운 관계를 모색하려는 것이 주된 이유가 아니었다. 이는 그 후에 진행된 사파티스타혁명군과의 협상에서도 이들의 봉기가 일어나기 전에 이미 인정한다고 했던 권리조차도 협상의 대상으로 하려는 정부의 태도에서도 여실히 드러난다.

또한 이러한 정책을 시행하는 데는 해결해야 할 문제 또한 적지 않다. 우선 원주민어가 공적 영역에서 기능하기 위해서는 표준어의 제정, 철자의 통일 등 언어의 표준화 작업과 함께 어휘의 현대화가 선행되어야 한다. 그리고 행정, 교육, 사법, 의료와 같은 분야에서 원주민어와 스페인어를 구사하는 전문 인력의 양성이 체계적으로 이루어져야 하며, 이에 못지않게 막대한 예산의 확보와 중앙정부와 지방정부, 정부부처, 그리고 지방정부 사이의 유기적인 협조가 필수적이다.

(2) 원주민 교육

① 스페인어 몰입 교육

독립 후 19세기에는 원주민 교육이 문제로 떠오르지 않았다. 이는 유럽의 자유주의적인 사상을 받아들인 집권층이 원주민의 특수성을 인정하지 않고 모든 국민이 법 앞에 평등하다고 헌법에 규정함으로써 원주민 역시 다른 국민들과 똑같이 교육을 받을 수 있는 권리를 가진 것으로 인정했기 때문이다.

그래서 원주민 교육 역시 국가 교육체계 내에 편입되었다. 다시 말하면 모든 국민에게 동등한 교육이 실시되었다. 학교가 담당했던 것은 스페인어로 문자를 해득하게 하는 것이었다. 또한 국내의 현실과는 상당한 거리가 있는 서구식 교육모델을 가르쳤다. 그러나 당시 교육은 도시를 중심으로 이루어졌고, 대다수의 원주민들이 거주했던 농촌지역에는 경제적인 이유로 인해 국가에서 실시했던 교육의 혜택이 거의 돌아가지 못했다.

원주민의 교육 문제가 공식적으로 대두된 것은 20세기 초의 멕시코 혁명 이후로, 원주민의 교육에서 부딪친 첫 번째 문제가 바로 언어 문제였다. 즉 전국적으로 독립 이후 국가의 공용어로 기능했던 스페인어와 다른 언어들이 많이 사용되고 있었다는 것이다. 그래서 우선적으로 실시한 것이 국가의 공용어인 스페인어를 사용하여 원주민들을 탈원주민화 하는 것이었다(Hamel 1995).

이를 위해 1911년에 초등교육법이 제정되는데, 이를 토대로 전국에 초등학교를 설립하여 모든 원주민들에게 스페인어로 말하기, 듣기, 쓰기, 읽기와 산수를 가르치기 시작했다. 1920년대에는 멕시코시에 원주민기숙학교가 설립되어 전국의 원주민 청년들을 한 기관에 모아, 주류사회의 규범에 따라 교육을 실시하여 이들을 각자의 고향으로 내려 보내 스페인어와 주류문화를 보급하도록 했으나 실패하고 말았다. 그 이유는 교육을 받은 원주민의 대다수가 문화 보급을 위해 각자의 출신지로 내려가지 않고 도시에 머물러버렸기 때문이다. 1921년에 멕시코 교육부가 설립된다. 이와 함께 당시 장관이었던 바스꼰셀로스(Vasconcelos)가 스페인어로 의무교육을 추진했다. 따라서 학교에서는 원주민어의 사용이 금지되었다. 그러나 원주민 학생들에게 자신의 모국어와 다른 스페인어를 직접 가르치는 교육방법은 많은 문제점을 드러냈다. 이런 교육의 목표가 원주민 학생들을 언어적, 문화적으로 동화시키는 것이었으므로 당연히 학생들의 스페인어화에 중점을 두게 되었으며, 학생들은 각 학년에서 배워야 하는 교과목의 내용을 습득하고 아울러 학교와 학업평가의 언어인 스페인어를 스스로 익혀야 하는 이중고를 겪었다. 이로 인해 많은 학생들이 몇 년씩 유급해야 했으며 중도에 학업을 포기하는 학생이 많았다(López y Küper 1999). 또한 학교에서 스페인어 및 유럽 문화를 배움으로써 자신의 문화를 멸시하는 경향이 많았고 자신의 정체성 상실과 함께 세대 간의 갈등이 유발되기도 했다. 이러한 문제점은 정부의 공교육 체계가 원주민의 필요에 부합하지 못하는 것을 반증하는 것이며 이들을 위한 차별화된 교육이 시급하다는 것을 말해주는 것이기도 했다.

② 과도기적 이중언어 교육

1930년대에 접어들면서 원주민 학생들이 교실에서 겪는 문제를 해결하고자 원주민어를 사용하는 이중언어 교육이 실시되기 시작한다. 이러한 교육방법의 도입의 배경에는 원주민 교육에서 어느 정도의 원주민어 사용을 허용하는 것이, 원주민 학생들이 스페인어를 빨리 배우고 학업에서도 좋은 성과를 낼 수 있을 것이라는 생각이 있었다. 이 시기에 마우리시오 스와데시(Mauricio Swadesh)의 따라스코 계획(Proyecto Tarasco)이 뿌레뻬차(P'urhepecha) 지역에서 실시되는데 이는 스페인어를 배우기 전에 자신의 모어로 문자를 해득하고 또한 모어를 사용하여 초등학교 저학년 교육을 받도록 하는 것이다. 그러나 이러한 이중언어 교육은 원주민어를 보존하기 위한 것이 아니고 스페인어를 배우기 위한 전 단계로 실시하는 것이기 때문에 과도기적 이중언어 교육이라 부른다.

따라스코 계획의 결과로 당시 대통령인 라사로 카르데나스(Lázaro Cárdenas)는 미국의 복음단체이며 전 세계의 문자가 없는 토착어의 문자해득 프로그램을 운영하는 여름언어연구소를 초빙하여 멕시코의 원주민어를 연구하고, 문자와 교재를 만들어 원주민어의 문자를 가르치고 교육하도록 했다. 이로써 멕시코에서 원주민어를 이용하여 스페인어를 가르치는 과도기적 이중언어 교육이 정부의 후원하에 본격적으로 실시된다.

1950년대에는 직접적인 스페인어화 정책과 스페인어 교육의 전 단계로서 원주민어를 통한 문자해득 교육의 상대적인 성공이 공론화된다. 그러나 이 두 가지 정책은 스페인어화를 위한 원주민어 교육에 다름이 아니라는 점에서 큰 차이가 없다(García 2004).

1963년에 있었던 제 6차 교육총회에서 전국 이중언어 교사협의체가 탄생했다. 교사들은 자신이 근무하는 원주민 공동체의 일원이어야 했다. 그리고 이 총회에서 원주민어로 문자해득이 이루어지고 이어서 스페인어를 가르치는 이중언어 교육이 공식적인 교수법으로 인정되었다. 이는 멕시코 교육부의 농촌학교 시스템에서 진정한 이중언어 교육을 위한 중요한 진전이라고 말할 수 있으나, 비원주민 교육관료의 가부장적이고 동화주의적인 태도로 인해 원주민 문화를 존중하고 원주민어를 보존하려는 시도는 성공하지 못했다(Wright 1998).

1970년대 중반까지도 원주민 거주지역의 공식적인 교육 프로그램의 목표는 계속해서 원주민들을 국가문화에 동화시키는 것이었다. 따라서 대부분의 정치인과 교사들은 원주민어의 사용을 원주민들의 완전한 스페인어화로 가기 위한 과도기적 단계로 보았다.

③ 이중언어 이중문화 교육

1970년 중반 이후 원주민 운동은 원주민 공동체에서의 이중언어 교육 문제에 초점을 맞추고 있었다. 원주민 교육전문가들은 원주민어 및 이를 통한 문자해득 그리고 교육과정에서의 원주민어 위상을 향상시키려는 방법을 모색하기 시작했다. 이렇게 해서 원주민 학생을 위한 교육의 일환으로 이중문화주의와 이중언어 사용이라는 개념이 도입되었다. 과도기적 이중언어 교육의 단점은 원주민어를 스페인어 습득을 용이하게 하는 도구적인 목적으로 사용하기 때문에 학교에서 교육을 받을 수 있을 정도로 스페인어를 구사할 수 있으면 그 이후부터는 원주민어를 사용하지 않는다는 점이다. 반면에 이중언어 이중문화 교육에서는 두 언어를 균형 있게 사용할 수 있는 능력을 가르친다. 따라서 원주민어의 보존과 유지가 가능하다는 것이다. 이런 형태의 교육은 기존의 주류사회 문화에 동화시키려는 방식을 탈피하여, 먼저 원주민어로 말하기, 읽기, 쓰기, 언어 및 문법구조를 가르친다. 또한 착취당하고 억압받는 사회계층으로서 원주민의 철학과 목표를 먼저 가르치고 나중에 다른 문화의 철학적 가치를 가르치는 방식이다(Wright 1998).

1980년대 말부터 멕시코에서 다문화적인 성격이 인정되면서 원주민어는 국가의 언어로 인정되고, 이중언어 이중문화 교육은 단순히 원주민 공동체의 스페인어화를 위한 전 단계가 아닌 그 자체가 하나의 목표로서 추진되었다. 이러한 변화는 부분적으로 기존의 이중언어 교육의 목표에 대한 비판으로부터 출발했으며 또한 지금까지의 이중언어 교육의 방법론과 질에 대한 반작용에서 나왔다. 다시 말하면 교사들은 원주민어를 모르거나 경시하는 경향이 많았고, 사용된 방법론 역시 쓰기 및 암기 위주의 전통적이고 부적절한 것이었으며 학습내용 역시 시의적절하지 못한 것이었다. 그 결과 학생들은 이러한 교육과정으로부터 유리되었고 높은 탈락률과 낮은 학업성취도로 이어졌다.

이 모델의 주된 특징으로 모국어 사용을 통한 원주민어의 유지, 모국어의 보다 많은 교육, 모국어를 통한 문자해득 이외에 원주민 문화의 존재를 부정했던 식민지 및 탈식민지 담론으로부터 벗어난 교육과정의 재정립을 들 수 있다. 이런 이중문화 교육 접근법의 중요한 점은 교육의 계획 및 실시에 원주민 공동체가 참여한다는 점이다. 또한 교사가 그 지역의 이중언어 사용자이어야 하고 방법론 역시 원주민의 문화적 규범에 부합되어야 한다는 것이다. 이런 형태의 원주민 교육에서는 원주민어로 읽기와 쓰기 학습을 제도화하고 스페인어를 제 2언어로 가르치며 각 민족 고유의 문화적 양식과 공교육의 간격을 좁히기 위해 학교와 지역사회가 긴밀한 관계를 갖도록 한다.

그러나 이중문화주의(biculturalismo)는 두 개의 언어를 배울 수 있다면 두 개의 문화 또한 배울 수 있는 것이라는 가정에서 출발한 것이다. 그리고 원주민의 언어가 스페인어를 배우는 데 가교의 역할을 할 수 있다면 원주민 문화 또한 주류사회의 문화에 도달하는 것을 가능하게 해줄 것으로 생각했다. 그러나 사회적 이중언어 상황에서 한 언어나 문화에서 다른 언어나 문화로 비교적 빠르게 전이할 수 있다는 생각은 많은 문제점을 갖고 있었다. 그중 하나가 원주민 사회에 존재했던 이중언어 상황의 양층언어 현상을 고려하지 않아, 원주민이 자신의 정체성을 상실하지 않고 주류사회에 통합될 가능성이 매우 낮았다는 것이다. 다시 말하면 단절 없는 통합은 이루어질 수 없었다는 점이다. 이에 대한 대안으로 제시된 것이 상호문화 이중언어 교육이다.

④ 상호문화 이중언어 교육

상호문화 이중언어 교육은 기존의 이중언어 교육과는 다른 관점을 지녔다. 다시 말하면 역사, 언어, 문화, 환경 등과 같은 부분에서 존재하는 다양성이 국가 통합의 방해 요소가 아니라 자원으로서 강조되어야 한다는 것이다.

이런 인식하에서 다양성 속에서의 통일성이라는 말이 나온다. 또한 단순한 이중언어 교육이 이중문화주의와 같은 쌍이라면 언어 유지 및 발전을 위한 이중언어 교육은 상호문화성(interculturalidad)과 결부되는 것이라고 말할 수 있다. 한마디로 말해서 상호문화성은 다양성과 정체성의 인정으로부터 출발한다. 그리고 동등한 사람들 사이의 문화적 대화를 전제로 한다. 이는 현재 존재하고 있는 불평등을 인정하지 않는 것이 아니라 의도적으로 양 문화 사이의 균형과 대화를 추구하기 때문이다. 어떻게 보면 개인에게 적용할 수 있는 인권과도 같이 문화 사이에도 동일한 권리가 있다는 것을 주장하는 것이다. 상호문화성에 관한 초점은 원주민 문화의 하위자적 조건에, 보다 정확히 말하면 원주민의 하위자적 조건에 맞춰져 있다(López y Küper 1999).

1999년 원주민교육국(Dirección General de Educación Indígena: DGEI)에서 펴낸 원주민 어린이를 위한 상호문화 이중언어 교육 지침서에 따르면 다음과 같이 명시하고 있다.

> 원주민 어린이를 위한 교육은 원주민의 언어·문화적 다양성을 고려해야 하고 이들의 언어, 문화 및 주거의 필요, 요구 및 조건, 그리고 사회 조직, 생산 및 노동의 형태에 맞춰야 한다. 그리고 이들에게 실시되는 교육은 상호문화 이중언어 교육이어야 한다(DGEI 1999: 11).

여기서 말하는 상호문화 교육이란 언어·문화적 다양성을 인정하고 실천하며, 차이에 대한 존중을 장려하고, 모든 사람의 자유와 정의를 추구하는 태도와 행동을 개발하는 것은 물론 마을, 지역, 국가의 정체성 강화를 장려함으로써 국가통합을 이루도록 하는 교육이다.

이러한 상호문화적 입장에서 이중언어 교육은 또한 원주민어와 스페인어의 습득, 강화, 발전, 공고화를 장려하고 한 언어가 다른 언어를 지배하는 것을 막아주는 교육으로 이해된다. 그리고 상호문화 이중언어 교육에서는 교육과정의 여러 활동에서 원주민어와 스페인어의 사용과 교육을 장려하여 이 두 언어가 학습의 대상일 뿐 아니라 의사소통의 도구가 되어야 한다.

원주민을 위한 상호문화 이중언어 교육에서 교육행위는 이들이 학업을 하는 기본적인 요구에 부합하여야 한다. 여기서 말하는 기본적인 요구란 한 사회의 구성원들이 생존하고, 자신의 능력을 최대로 개발하며, 의식 있고 적극적인 사회 구성원이 되며, 인간답게 생활하고 일하며, 사회 발전에 참여하며, 자신의 삶의 질을 향상시키며, 평생 학습을 위해 배워야 하는 것을 말한다.

이러한 상호문화 이중언어 교육의 특징을 보면 다음과 같다(DGEI 1999: 27).

- 문화적 다양성을 교육을 풍요롭게 하고 강하게 하기 위한 자원으로 간주한다. 다른 세계관, 다른 기술, 다른 가치, 다른 태도 등은 세상을 이해하기 위한 중요한 자원이다.
- 마을, 지역, 국가, 세계에 대한 지식을 확인, 결정, 보완하는 작업을 통해 학습의 기회를 제공한다.
- 국가 및 세계에 대한 지식과 원주민에게서 유래한 지식 사이에 접목과 보완을 가능하게 하는 교육방법을 고려한다.
- 학생들이 마을, 지역, 국가 그리고 세계적인 영역에서 사회적인 발전을 이룰 수 있는 교육 내용을 포함한다.
- 학생의 민족적 정체성은 물론 지역적, 국가적, 세계적 정체성을 강화한다.
- 학생들의 사회적 상호작용과 소통이 동등한 조건에서 그리고 문화적 특성이나 조건을 명확하게 이해한 상태에서 이루어지도록 장려한다.
- 교육과정에 마을, 지역, 국가, 세계의 예술적, 기술적, 과학적 표현을 접할 시간을 포함시킨다.
- 마을, 지역, 국가, 세계의 문화를 이해하고 강화하는 것을 장려한다.

멕시코에서는 1992년에 개정된 헌법 4조 7항에서 다음과 같이 명시함으로써 상호문화 이중언어 교육을 공식화했다.

연방정부, 주정부 그리고 시는 각자가 맡고 있는 영역에서 원주민들이 참여한 가운데 공평하고, 지속적인 원주민의 발전과 상호문화 이중언어 교육을 진흥시켜야 한다. 그리고 국내에 존재하는 다양한 문화를 알고 존중하도록 하며 모든 형태의 차별을 폐지하려고 노력해야 한다.

1994년 치아빠스주에서 사파티스타민족해방군이 일으킨 원주민 봉기의 결과로 사파티스타민족해방군과 정부 사이에 1996년에 체결된 산 안드레스 라라인자르협정(Acuerdo de San Andres Larrainzar)에서도 원주민 교육에서 상호문화 이중언어 교육을 원주민의 권리로 명시하고 있다.

원주민들은 상호문화 이중언어 교육을 받을 권리가 있다. 주의 교육당국은 원주민과 협의하여 원주민의 문화유산이 인정되는 지역 교육 프로그램을 확정하고 개발해야 한다. 국제노동기구협약 169호의 정신에 따라 교육을 통해 원주민어의 사용과 발전은 물론 원주민과 원주민 공동체의 참여가 보장되어야 한다.

2001년에는 이러한 원주민의 요구에 부합하고자 멕시코 교육부는 연방정부령으로 상호문화 이중언어교육국(Coordinación General de Educación Intercultural Bilingüe)을 설립하여 전국의 원주민 교육을 지도, 감독하고 있다. 또한 2002년에 발효된 언어권법 11조에서도 원주민의 상호문화 이중언어 교육을 명시하고 있다.

연방과 주의 교육당국은 원주민들이 상호문화, 이중언어, 의무교육을 받는 것을 보장하고 교육에서 언어와 상관없이 사람들의 존엄성과 정체성이 존중되도록 필요한 대책을 강구한다. 그리고 중등 및 고등교육에서 상호문화성, 다언어주의, 다양성과 언어권에 대한 존중을 장려한다.

원주민 언어권법의 발효로 인해 개정된 교육법(Ley General de Educación) 7조 4항에서도 다음과 같이 원주민의 상호문화 이중언어 교육을 규정하고 있다.

교육을 통해서 국가의 언어적 다양성을 알게 하고, 원주민의 언어권을 존중하도록 장려한다. 원주민어 사용자들은 자신의 언어와 스페인어로 교육을 받는다.

멕시코 교육부의 2001-2006년도 교육계획(Plan Nacional de Educación)에도 원주민 어린이의 상호문화 이중언어 교육을 교육계획 3대 목표 중의 하나로 설정하고 있다. 교육부에서 제시한 교육의 3대 목표를 보면 다음과 같다.

- 원주민 어린이들의 학습능력을 제고할 목적으로 원주민 초등교육의 질을 향상시킨다.
- 모든 교육에서 학생들이 자신의 출신지의 언어를 말하고 쓸 수 있도록 상호문화 이중언어 교육을 장려한다.
- 어린이들이 국내의 다른 문화를 존중하면서 자신의 문화를 알고 중요하게 생각하도록 한다.

현재 멕시코 교육체계에서 원주민을 위한 교육은 그들의 문화·언어적 필요성과 요구에 맞춰 이루어져야 한다고 명시하고 있다. 따라서 한 문화의 산물인 언어가 그 문화의 상징, 세계관, 가치관을 담고 있는 것이라고 생각한다면 원주민들에게 이루어지는 교육은 기본적으로 이중언어 교육이 되어야 한다. 또한 이중언어 교육의 다양한 활동과 교육과정의 모든 단계에서 두 언어의 사용과 교육이 장려되어야 한다. 다시 말하면 원주민들에게 원주민어와 스페인어의 구어나 문어로 의사소통을 가능하게 해주는 지식, 능력, 기능, 습관, 태도 그리고 가치를 습득할 수 있도록 원주민어는 물론 스페인어를 사용하고 가르치는 것을 우선시하는 이중언어 교육이 되어야 한다. 멕시코 교육부에서 정한 상호문화 이중언어 교육의 목표를 보면 다음과 같다(DGEI 1999: 30).

- 한 언어가 다른 언어를 지배하지 않고, 상호작용을 하도록 언어가 유지되고 발전되도록 해야 한다.
- 어린이들이 기본적인 지식을 습득하고 기본적인 언어능력을 개발하여 자신의 모국어와 제 2언어를 똑같이 잘 구사할 수 있도록 해야 한다.
- 개인이 조화롭게 발전할 수 있고 자신의 공동체 내에서 소통할 수 있으며 국가와 세계문화에 접근할 수 있도록 한다.
- 어린이의 모국어를 개발하여 문화적 정체성을 강화시킨다.
- 교실에서 소수언어의 개인적, 집단적 사용을 확대하여 문화적 다원주의와 원주민이 속한 집단의 사회적 자치를 고양시킨다.

현재 멕시코의 의무교육 연한은 10년이다. 그러나 멕시코의 원주민 교육은 초등교육에서 끝난다. 그래서 두 개의 언어를 사용하는 능력의 배양과 자신의 문화를 알고 중요하게 생각하는 것이 모든 교육의 목표라면 최소한도 원주민 공동체에서는 중학교에서도 상호문화 이중언어 교육이 이루어져야 할 것이다.

마지막으로 상호문화 교육은 학교체계나 교육영역에만 머무르지 말고 이를 벗어나야 한다. 이는 곧 상호문화 교육이 단순히 원주민에게만 실시되어서는 안 되고 사회 전체를 대상으로 이루어져야 한다는 것을 의미한다. 이렇게 해야만 진정으로 서로를 알고 이해할 수 있을 것이다. 다시 말하면 모든 사람을 위한 상호문화 교육이 되어야 한다. 이런 취지에서 멕시코에서는 2001년 상호문화 이중언어 교육국의 설립과 함께 모든 국민을 상대로 상호문화 교육 실시를 선언했다. 이 교육의 목표는 전국의 모든 학생들이 멕시코에 존재하는 64개 원주민이 지식, 가치관, 예술, 우주관 등에서 멕시코 문화에 공헌한 점을 알고, 다양한 멕시코 문화를 발견하여 문화적으로 다른 사람들을 존중하고 중요하게 생각하는 법을 배우는 것이다. 이러한 상호문화 교육을 통해 전 국민에게서 인종차별적인 태도를 불식시킬 수 있을 것이다. 이를 위해서는 우선 주류 사회의 원주민 문화에 대한 이해가 선행되어야 하며 또한 원주민 사회의 적극적인 참여 역시 중요하다. 특히 후자의 경우 교과과정에 원주민 문화의 요소를 편입하는 데 이들의 역할이 필수적이다.

원주민을 대상으로 하는 상호문화 이중언어 교육은 현재 원주민이 압도적으로 많은 지역의 초등학교에서 시행되고 있으나 해결해야 할 문제점 또한 적지 않다. 우선 원주민어와 문화 그리고 스페인어를 구사하는 이중언어 교사가 부족하다. 따라서 이를 담당할 교사들의 양성이 시급한 문제이다. 이들을 양성하기 위한 교육에는 원주민어 및 문화, 상호문화 교수법, 제2 언어로서의 스페인어 교육이 포함되어야 한다.

또한 교재를 제작하는 데도 원주민어의 다양성과 표준어의 부재로 인해 어려움이 많고 그 내용도 지금까지는 스페인어로 만든 교재를 그대로 번역한 것이 대부분이어서, 여기에 담긴 유럽 중심적인 이념이 그대로 번역되어 상호문화 이중언어 교육의 참뜻에 부합하지 않는 내용이 들어가 있는 경우가 많다. 그리고 초등학교에서 끝나는 짧은 교육기간은 그 효과에 대해 많은 회의를 갖게 만든다.

지금까지 다언어, 다문화 국가인 멕시코에서 실시된 원주민 교육과 관련된 언어 정책을 살펴봤다. 다언어주의란 한 정치단위 내에 여러 개의 언어가 단순히 존재한다는 것만을 말하는 것이 아니라 이 언어들의 존재가 인정되고, 존중되면서 공존하는 것을 의미한다. 멕시코에는 항상 수많은 원주민어가 존재한다고 말해왔다. 그러나 단순히 이러한 사실만으로는 멕시코가 다언어국가라고 말할 수 없다. 멕시코에서 다언어주의가 시작된 것은 1992년 헌법 개정에서 국가의 성격을 다문화, 다언어적으로 규정하면서부터이다.

멕시코 내에 존재하는 원주민어와 스페인어 사이의 현재 지위를 인정하고 원주민어가 유지·발전되도록 국가가 보호해야 한다는 다언어주의적 언어관이 도입되면서 언어 유지를 위한 이중언어 교육이 실시되었다. 이를 상호문화 이중언어 교육이라 부르는데, 두 개의 문화와 두 개의 언어가 처한 사회적 현실에 바탕을 둔 균형 잡힌 교과과정을 만들고 이 두 개의 언어와 문화를 습득하여 사용하는 것을 목표로 한다. 이런 형태의 교육에서는 각 언어가 처해 있는 상황으로 인해 언어 간의 균형이 이루어지도록 특수한 과정이 요구된다. 다시 말하면 원주민어의 사회적 지위가 약하기 때문에 이를 발전시키는 데 보다 많은 지원을 하는 긍정적인 차별정책이 시행된다.

이러한 교육에서 원주민어는 하나의 유산으로 간주되고, 풍요롭게 가르쳐지며 동시에 역사와 생활과학 등과 같은 과목을 가르치는 언어로 사용되기도 한다. 주류사회의 문화 역시 교육되고, 교육과정에서는 두 문화의 지혜, 해석, 지식 등을 가르치려고 노력한다. 그리고 상호문화 이중언어 교육은 원주민의 기대와 권리 주장에 가장 부합하는 것으로 두 가지 가장 근본적인 문제를 조화시키고 있다. 즉 모국어를 유지하면서 자신의 것을 배제시키지 않고 타인, 다른 문화, 다른 언어를 가르치는 교육이다.

2) 볼리비아 언어정책과 원주민 교육

볼리비아에서는 1994년 교육개혁과 함께 상호문화 이중언어 교육이 시작되었다. 이는 이중언어 사용이 공식적이고 공적인 담론으로 등장한 볼리비아 사회 시스템의 현대화와 변화를 이끄는 추동체이다. 일부 학계에서는 이러한 개혁이 평등, 언어 및 문화의 보존 그리고 아동의 보호 측면에서 보았을 때 가장 선진적이고 적절한 것으로 간주하고 있다.

볼리비아는 2005년 역사상 최초로 원주민 출신인 에보 모랄레스가 대통령으로 선출되어 기존의 주류사회를 구성하는 소수의 *끄리오요-메스티소*(criollo-mestizo)의 유럽 중심적인 정책을 지양하고, 인구의 다수를 차지하는 원주민들이 기존의 지배계층과 동등한 권리를 누릴 수 있도록 하는 정책을 시행하고자 제헌헌법과 새로운 하위법률들을 제정하려는 노력을 경주하고 있다. 라틴아메리카의 대부분의 국가들이 문화적 다원주의를 인정하면서 원주민의 언어권을 보장하는 법률을 제정했지만, 지배계층이 다른 언어와 문화를 가지고 있어 실제로 법률과 현실 사이에는 괴리가 매우 큰 것이 사실이다. 그러나 원주민 출신이 권력의 핵심부를 차지한 볼리비아의 경우에는 다른 여타 국가보다 원주민 정책이 진보적이고 실질적이라는 것은 어쩌면 당연한 일인지도 모른다. 그렇다면 볼리비아에서 원주민이 정치무대의 전면에 등장한 이후 원주민어와 관련된 언어 및 교육정책에서는 어떠한 실질적인 변화가 일어났는지를 알아보는 것은 흥미로운 일일 것이다.

(1) 언어정책과 원주민 교육

① 식민지 시대 언어정책과 원주민 교육

식민지 시대에는 행정관청의 공식적인 언어가 스페인어였지만 께추아어나 아이마라어를 하는 통역관을 두게 하여 원주민들이 일상생활이나 사법기관에서 자신의 언어를 사용할 수 있는 권리를 부여하였다. 또한 복음전파를 하는 데 있어서도, 원주민들이 스페인어를 배우는 데 많은 시간이 소요되었으므로 원주민어를 사용하여 교리를 가르치는 것이 효과적이라고 판단하여 성직자들이 원주민어를 배우기 시작했다. 그 결과 성경뿐만 아니라 기타 종교 관련 문서들이 께추아어와 아이마라어로 번역되었으며 원주민어 사전이나 학습교재가 편찬되었다. 그러나 선교사들이 비록 원주민어를 사용하여 가톨릭의 교리를 가르쳤지만 원주민들이 정복자들이 가져온 신의 진정한 의미를 이해하는 데 많은 문제가 있어서 자신들의 우주관에 기반한 께추아-아이마라 원주민의 사고방식을 바꾸기에는 무리가 따랐다. 그리고 원주민어의 체계적인 교육을 위해 산프란시스꼬 하비에르대학(Universidad San Francisco Xavier)에 아이마라어 강좌가 개설되기도 했다(Quisbert y Choque 2002).

가톨릭 교리를 전파하기 위한 원주민어 사용과 병행하여 원주민 귀족에게 스페인어 교육이 실시되었다. 이를 위해 리마(Lima)나 꾸스꼬(Cusco)에 특수학교들이 설립되었다. 이렇게 해서 스페인어를 습득한 원주민 귀족들은 식민지 시대에 이루어진 문화동화정책의 첨병임과 동시에 식민지 체제를 공고히 하기 위해 식민 통치지와 원주민을 연결하는 효율적인 매개자역할을 수행했다(Cerrón-Palomino 1989).

그러나 18세기 중반부터 까를로스 3세에 의해 실시된 스페인어 단일화 정책은 원주민의 언어가 공적 영역에서 완전히 배제되는 전기가 되었다. 이때부터 볼리비아 사회에서는 다른 여타 라틴아메리카 국가들에서처럼 스페인어가 교육을 비롯한 행정, 사법 등 모든 영역에서 공용어가 되고 원주민어는 가정이나 원주민 공동체의 사적인 영역에서만 사용되는 소수파 언어로 전락하게 되었다.

② 독립 이후 1980년대 까지 언어정책과 원주민 교육

독립 직후인 19세기의 볼리비아에서는 식민지 시대처럼 께추아어와 아이마라어가 일상적으로 통용되었고, 원주민을 위한 교육기관이 설립되지 않아 스페인어 교육이 본격적으로 실시되지 않은 까닭에, 농촌지역에서는 원주민어 사용이 스페인어에 의해 영향을 받지 않았으며 그들의 문화 역시 보존되었다.

그러나 다른 라틴 아메리카 국가에서와 마찬가지로 독립 이후 볼리비아에서 교육의 목표는 원주민들을 원주민이 아닌 볼리비아인을 만들어 국가의 주류 문화에 편입시키는 것이었다. 다시 말하면 원주민의 언어·문화적 특성을 무시하고 유럽식의 스페인어화 정책을 통해 이들의 문화적 정체성을 바꾸려는 것을 목표로 했다. 이러한 과정에서 교육의 핵심은 원주민들에게 스페인어를 가르치는 것이었다. 당시 위정자들에게 원주민들이 스페인어를 습득하는 것은 국민국가의 시민이 되는 보증서로 인식되었기 때문이다. 그러나 20세기 전반에 볼리비아 전체 인구의 절반 이상이 원주민이라는 사실을 감안한다면 이들의 사회·문화적 특징을 무시하고 일방적으로 스페인어를 사용한 교육의 실시가 낮은 학업성취도, 높은 중도탈락률로 이어진 것이 어찌 보면 당연한 결과였다. 또한 학교가 자신의 정체성을 확립시켜주는 것이 아니라 자신의 언어와 문화에 대한 열등감을 심어주는 중심적인 역할을 수행하였다.

볼리비아 교육에서 최초로 원주민어의 사용이 언급된 것은 1952년 볼리비아 혁명 후에 제정된 볼리비아 교육법(Código de Educación Boliviana)에서이다. 이 법에서는 스페인어 문자해득을 통한 국가적 언어통합을 이루기 위해서 일부 지역에서 원주민어로 교육하는 것이 필요하다고 규정한다(교육법 115조). 이는 스페인어의 효과적인 학습을 위해 원주민어를 도구로 사용하려는 과도기적 이중언어 교육을 말하는 것으로 국가가 국민통합을 위해 스페인어 해득을 통한 언어적 다양성을 극복하려는 목적으로 원주민어의 사용을 인정한 것이다.

쁠라사와 알보(Plaza y Albó 1989)에 따르면 1952년 볼리비아혁명 이후 원주민 공동체에서 여러 형태의 이중언어 교육이 실시되었는데, 이는 주로 가톨릭과 여름언어연구소가 실시한 것으로 대부분이 스페인어의 효과적인 습득을 최종 목표로 하는 과도기적 성격을 지닌 것들이었다.

지금까지 본 것처럼 1952년 볼리비아 혁명 이후 1980년대 이전까지의 언어정책의 특징은 국가 내에 존재하는 언어·문화적 다양성을 '문제'로 인식하고 이를 극복하기 위해 문화적 동질화를 추구한 것이라 할 수 있다. 이러한 과정에서 원주민어는 교육은 물론 전반적인 소통의 차원에서도 방해물로 인식되었다. 따라서 국가는 가능한 한 빨리 원주민들을 주류문화에 편입시키기 위해 과도기적 이중언어 교육을 통해 원주민어를 사용하도록 허용했다. 다시 말하면 원주민어는 원주민들이 보다 신속하게 스페인어를 배울 수 있도록 잠정적인 수단으로 사용된 것이다.

1980년 이후 볼리비아는 오랜 기간 동안의 민간 및 군부독재 시대를 마감하고 민주화로 복귀했다. 민주화와 함께 국가의 정체성과 국가의 다문화적인 상황 인식을 통해 원주민의 언어와 문화를 '문제'로 인식하는 단일문화주의적인 사고에서 벗어나 이를 볼리비아 문화를 풍요롭게 하는 요소로 생각하는 문화적 다양성의 가치에 대한 대안적인 견해가 생겨났다. 이를 잘 나타내는 것이 당시 가톨릭의 주교교육위원회(Comisión Episcopal de Educación)가 실시한 이중언어 교육이다. 이 형태의 교육에서는 원주민어의 유지 및 발전을 위해 초등학교 5년 동안 원주민어가 사용되었다. 또한 1983년에는 국가 교육개혁의 일환으로 문자해득 프로그램인 전국 문자해득 및 민중교육 프로그램(Servicio Nacional de Alfabetización y Educación Popular: SENALEP)을 실시했는데, 여기서는 먼저 원주민어를 사용하여 교육을 시작한 후 스페인어로 된 과들을 제 2언어로 편입시켰다. 주교교육위원회의 교육 프로그램이 원주민어의 유지·발전을 위한 이중언어 교육의 선봉에 선 것이었다면 SENALEP은 도시 및 농촌을 포함한 모든 국민들에게 교육에서의 원주민어 사용의 이점을 인식시켜준 것이었다고 말할 수 있을 것이다(López 1994). 이 시기부터 볼리비아에서는 상호문화성(interculturalidad), 이중언어 교육 그리고 원주민 문제가 교육이나 정치 담론에서 빠지지 않고 등장하기 시작한다.

1988년 볼리비아 교육부는 UNICEF와 공동으로 전국적으로 시행될 상호문화 이중언어 교육을 위해 시범적으로 사용될 프로그램을 개발하기 시작했다. 이 프로젝트는 일정 부분 페루의 푸노(Puno)에서 시행된 상호문화 이중언어 교육 프로젝트에 기반을 두었다. 페루의 푸노 프로젝트는 독일의 원조기관인 GTZ가 1979년부터 1990년까지 지원한 이중언어 교육 프로그램으로 연구, 교육과정 및 학습자료 개발, 교사 양성, 평가, 그리고 페루-볼리비아 국경지역의 께추아 및 아이마라 공동체에서의 상호문화 이중언어 교육 실시를 목표로 했다. 이 프로젝트를 통해서 볼리비아는 많은 언어학자와 인류학자를 양성할 수 있었고, 상호문화 이중언어 교육 방법론과 교재를 제공받았다. 이렇게 해서 고안된 볼리바아의 상호문화 이중언어 교육 프로그램에서는 초등학교 1학년에서 5학년까지의 모국어, 수학, 생활과학, 스페인어 그리고 교사 지침서 등을 께추아어와 아이마라어로 편찬하였으며 일부 몇 과목은 과라니어로도 교과서를 편찬했다(López 1994). 이 프로젝트는 볼리비아 정부가 최초로 실시한 이중언어 교육 프로그램으로 원주민어만을 하거나 스페인어에 대한 초보적인 능력을 가진 원주민을 대상으로 한 것이어서 초등학교 5년 동안 원주민어와 스페인어를 자유자재로 구사할 수 있는 능력을 배양시키는 데는 성공하지 못했지만, 원주민어가 초등학교 5년 동안 계속해서 교육의 주된 언어가 된다는 점에서 큰 의의를 갖는다 하겠다. 또한 총 150개 농촌지역의 께추아, 아이마라, 과라니 학교에서 시행되었으며, 이는 교육에서 언어의 역할에 대해 단일문화적인 시각에서 다문화적인 시각으로 변화가 있었음을 보여주는 증거이기도 하다.

③ 1990년대 이후 언어정책과 원주민 교육

1990년대에 들어오면서 볼리비아의 원주민 단체들은 교육에서의 언어 및 문화권을 보장하라는 요구를 보다 강하게 제기한다. 이러한 압력에 직면하여 정부는 1992년에 아직 실행하기에는 미흡한 점이 많은 상호문화 이중언어 교육을 대통령령 23036호를 통해 공식화하기에 이른다. 뒤이어 1994년에 제정된 교육개혁법에서는 1992년 공식화된 상호문화 이중언어 교육방식을 제도화하고 상호문화성을 전 교육제도의 중심축으로 설정한다. 이 법에는 원주민어의 사용을 이 언어의 유지를 위한 것으로 그리고 문화적 동화가 아닌 각 원주민 공동체의 문화적 정체성을 유지하려는 시각을 반영하고 있다. 또한 교육개혁법은 볼리비아의 사회·문화적 이질성을 반영한 결과 상호문화적이고 이중언어적인 방식을 채택하고 있다.

교육개혁법 9조에서는 이중언어 교육의 세부적인 사항을 말하고 있으며 공교육 및 대안교육에서의 언어 구성에 대해 명기하고 있다. 즉, 교육은 스페인어를 주로 하고 하나의 원주민어를 부가적으로 학습하는 단일언어적인 것일 수도 있고, 원주민어를 제 1언어(모어)로 하고 스페인어를 제 2언어로 하는 이중언어적인 것일 수도 있다(9조 2항).

또한 이 규정에 따르면 이중언어 교육은 국가의 모든 교육체계에 적용되며, 초등학교에서 시작하여 점진적으로 유아교육과 중등교육으로 그 범위를 확대시켜야 하고, 학생들이 원주민어를 사용해서 스페인어와는 다른 언어로 교육이 이루어질 필요가 있는 지역에서는 교과과정이 이중언어로 이루어져야 한다. 또한 이중언어 교육을 원주민어의 유창성을 유지·발전시키는 것을 물론 스페인어 유창성의 보편화를 도모하는 것으로 정의한다. 이를 위해 교육개혁법에서는 볼리비아의 36개 원주민어 중에서 문자가 있는 께추아어, 아이마라어 그리고 과라니어의 체계적인 사용을 보장하고 있다.

원주민어의 유지와 발전을 위한 이중언어 교육이 되기 위해서는 초기의 읽기와 쓰기 교육이 모어인 원주민어로 이루어지고 동시에 스페인어 구어교육이 제 2언어 교수전략을 통해 시작되어야 한다. 스페인어로 읽기와 쓰기는 일단 학생들이 자신의 모어로 이 능력을 습득한 후 시작되어야 하고, 일단 학생들이 자신의 모어 및 스페인어로 읽기와 쓰기 능력을 습득하게 되면 두 개의 언어가 똑같이 수업에서 사용된다.

라틴아메리카 최초로 시도되는 양방향(two-way) 이중언어 교육에 대해 교육 개혁법은 스페인어만을 사용하는 학생들의 교육과정에는 원주민어를 배우는 것이 포함되어야 한다는 것만 명기하고 있을 뿐 이 학생들이 반드시 원주민어를 배워야 하는지에 대해서는 언급하지 않고 있다. 다시 말하면, 가능성만을 언급하고 있을 뿐이다.

이러한 상호문화 이중언어 교육이 성공하기 위해서는 몇 가지 해결해야 할 문제가 있다. 우선 교육개혁법에 스페인어 학습에 대한 세부적인 조항이 규정되어 있음에도 불구하고, 원주민어를 구사하는 아이들이 이런 형태의 교육을 통해서는 완전한 스페인어 구사능력을 배양하지 못할지도 모른다는 원주민 학부모들의 염려를 불식시켜야 한다. 그리고 상호문화 이중언어 교육을 실시하는 데 필요한 인적·물적 자원 및 재원이 충분히 확보되어야 한다. 또한 초등교육과 중등교육 사이의 원주민 학습자를 위한 연속성의 부재는 이 교육방식의 약점으로 지적된다. 그럼에도 불구하고 볼리비아의 상호문화 이중언어 교육은 교실에서의 원주민어 사용이 교육적인 가치뿐만 아니라 사회·문화적인 가치를 갖는다는 다원주의적 관점에서, 교육에서의 언어의 역할을 규정한다는 점에서 큰 의의를 찾을 수 있겠다.

2000년에 볼리비아 정부는 대통령령 25894를 통해, 헌법 1조에서 규정한 다민족국가와 다문화적인 성격과 헌법 171조에 규정한 언어권 보장을 포함한 원주민의 경제, 사회, 문화적 권리 규정, 1991년에 이루어진 국제노동기구 협약 169조의 비준, 그리고 교육에서 이중언어 교육을 명기한 1994년의 교육개혁법 9조에 의거하여 께추아어, 아이마라어, 과라니어를 비롯한 36개의 원주민어를 공용어로 인정하였다.

④ 에보 모랄레스 정부의 언어정책과 원주민 교육

2006년 볼리비아 역사상 최초로 원주민 출신인 에보 모랄레스가 대통령에 취임한 이후 언어정책이 급격한 변화를 겪고 있다. 우선, 2008년 10월에 의회를 통과해서 2009년 1월에 국민투표에 부쳐질 제헌헌법에서는 원주민어를 스페인어와 동등한 지위를 갖는 공용어로 인정한다(제헌헌법 5조 1항). 그리고 중앙정부 및 지방정부에서는 스페인어와 함께 하나의 원주민어를 공용어로 사용해야 한다고 규정하고 있다(제헌헌법 5조 2항). 이것은 식민시대 이후 지속된 스페인어만을 공용어로 인정하는 단일언어주의 정책에서 볼리비아 사회 내의 원주민어의 존재를 실질적으로 인정하는 다언어주의 정책으로의 전환을 헌법을 통해 공식화한 것을 의미하며, 원주민들에게 자신의 문화와 언어에 대한 자긍심을 되돌려주려는 시도로 이해할 수 있을 것이다.

모랄레스 정부가 교육정책에서 핵심 축으로 삼는 것은 탈식민화 정책이다.[5] 교육에서의 탈식민화는 유럽 중심적인 지식만을 가르치는 것을 지양하고 원주민의 전통적인 지식이나 기술도 가르치게 함으로써 "외부적인 것(유럽적인 것)은 좋은 것이고, 우리 것(토착적인 것)은 나쁘다"라는 식민주의 사고방식을 불식시키는 것을 의미한다. 언어적인 측면에서 이러한 정책 목표를 완수하기 위해서는 교육에서부터 원주민어를 사용하게 해서 점차적으로 공적 영역으로 확대시켜, 모든 볼리비아인들이 스페인어와 원주민어를 동시에 사용하는 이중언어 사용자가 되게 만드는 것이다. 특히, 원주민어가 원주민 공동체뿐만 아니라 공동체 밖에서도 사용될 수 있도록 함으로써 원주민과 비원주민 간의 진정한 상호 문화 간 소통이 이루어지도록 하는 것이다.

2006년에 입안된 신교육법(Nueva Ley de Educación Boliviana)에서는 학교교육에서 스페인어, 원주민어 그리고 외국어를 배우게 하여 3개어 구사

---

5) 볼리비아에서 식민성은 소수의 지배계급의 다수의 원주민 및 하층계급에 대한 우월감에서 비롯된 편협성과 편견으로 나타난다. 이로 인해 두 개의 서로 다른 볼리비아가 존재한다. 다시 말하면, 유럽계 소수의 지배 사회와 원주민을 중심으로 하는 다수의 피지배 사회가 각기 다른 문화와 세계관을 가지고 공존한다.

자를 양성하는 것을 목표로 한다. 3개어 교육을 위해서는 언어를 잘 분류해야 한다. 다시 말하면, 어떤 언어들은 교육에서 사용되는 언어가 될 것이고, 다른 언어들은 학습 대상 언어가 될 것이다. 예를 들면 원주민어가 주로 사용되는 지역의 학생들에게는 그 지역의 원주민어가 교육언어가 되고, 반면에 스페인어가 주로 사용되는 지역의 학생들에게는 원주민어가 학습언어가 되는 것이다. 마찬가지로 스페인어가 주로 사용되는 지역의 학생들에게는 스페인어가 교육에서 사용되는 언어가 되고, 원주민어가 주로 사용되는 지역의 학생들에게는 스페인어가 배워야 할 학습언어가 된다. 학습언어의 경우에는 의사소통이 가능할 정도로 배워야 한다. 그리고 원주민어는 공립학교나 사립학교를 불문하고 모든 학생들이 유치원에서 고등학교까지 배워야 하며, 외국어는 초등학교에서부터 점진적으로 실시된다(신교육법 14조).

지금까지 모랄레스 정부는 원주민어의 사용이 모든 볼리비아인의 일상에서 정착되도록 여러 가지 대책을 마련해왔다. 우선, 대학에서 서류, 과제물, 논문 등이 원주민어로 제출되도록 하는 방안이 발표되었다. 실제로 2006년에 볼리비아 역사상 최초로 산빠블로가톨릭대학(Universidad Católica de San Pablo)의 한 학생이 자신의 학사학위 논문을 원주민어인 아이마라어로 발표했다. 티티카카 호숫가에서 열린 이 심사에서 심사자와 피심사자 사이의 질의와 답변도 원주민어로 이루어졌다(Reel 2007).

원주민어를 알아야 하는 것은 교육에서뿐만 아니라 공적영역에까지 이어지고 있다. 현재 모랄레스 정부에서 논의되고 있는 것은 공직자, 즉 대통령 후보나, 국회의원, 주지사가 되기 위한 요건으로 원주민어의 구사여부이다. 또한 공무원이나 교사가 되기 위해서도 원주민어 구사능력을 요구하는 방안이 검토되고 있다(La Razón 25/6/2006).

이같이 공직자에게 스페인어 외에 원주민어 구사능력을 요구하는 것은 현 집권세력이 이중언어 사용을 볼리비아의 계급사회와 인종 간의 벽을 허무는 중요한 수단으로 간주하여, 공직자의 인식 전환을 통해 원주민어의 중요성을 부각시키고자 하기 때문이다. 모랄레스 정부 초대 교육부 장관을 지낸 펠릭스 파치(Félix Patzi)에 의하면, 그동안 볼리비아를 지배해온 소수의 유럽계 지배층에게 원주민어는 미개하고 야만적인 언어로 간주되어왔다고 한다. 이는 식민주의적 사고방식에 기인한 것으로 이런 상황을 변화시킬, 다시 말하면 언어적 탈식민화를 이룰 수 있는 유일한 방안은 이중언어나 삼중언어 사용을 제도화하는 것이다(La Razón 25/6/2006).

그러나 이러한 언어정책은 교육기관에서는 어느 정도 실현되고 있으나 이 정책에 대한 사회의 전반적인 인식은 아직도 초보 수준을 벗어나지 못한다. 예를 들어 주정부나 시청에서 거리표지판이나 공고문이 아직도 모두 스페인어로 작성되고 있다. 또한 원주민어의 사용을 확대하는 데 가장 큰 걸림돌로 작용하는 것은 학교 선생님들의 사고방식의 문제이다. 원주민이 많은 지역에서 이중언어 교육을 담당하는 교사들을 제외하고는 대부분의 교사들이 원주민어에 대한 사회적 편견을 그대로 유지하고 있는 경우가 많아 학생들에게 원주민어를 가르치는 것을 부정적으로 생각한다.

활자화된 원주민어의 지위를 격상하기 위해 모랄레스 정부는 2006년에 스페인어를 비롯한 아이마라어, 께추아어등 8개의 원주민어로 교과서를 발행했으며, 2007년에는 16개 언어로 된 교과서를 출간했다. 이러한 정책의 목표는 교과서에서도 원주민어를 재평가하려는 것으로, 가정에서는 학생들이 원주민어를 사용할지라도 학교에 오면 스페인어화되는 경향이 강한 현실을 고려할 때 원주민어에 대한 태도를 긍정적으로 바꾸는 데 많은 기여를 할 것으로 판단된다.

이와 같은 정부의 원주민어 우대정책에 힘입어 볼리비아 사회에서 원주민어가 조금씩 중요성을 얻어가는 추세이다. 한 예로서, 2006년 8월에 수끄레(Sucre)시에서 께추아어로 된 윈도우 시스템이 출시되었다. 이 도시에서 열린 행사에서 마이크로소프트사(Microsoft)는 시당국에게 께추아어 자판이 들어 있는 컴퓨터 프로그램을 전달했다. 이는 마이크로소프트사가 추진하는 디지털 화합정책의 일환으로 국민의 30%에 해당하는 께추아어 사용자에게 정보화의 혜택을 주려는 시도이다. 마이크로소프트사에 따르면 윈도우나 오피스 프로그램의 께추아어 버전은 이 회사의 홈페이지에서 무료로 이용할 수 있다. 모랄레스 대통령도 자신의 모국어이고, 볼리비아에서 150만 명이 사용하는 아이마라어로 윈도우 프로그램이 번역될 수 있는가에 대해 많은 관심을 보였다. 마이크로소프트사 역시 볼리비아에서 아이마라어로 작업을 할 실무자 그룹이 결성되면 아이마라어로 된 프로그램을 만들어 주기로 했다. 또한 검색 엔진 구글도 께추아어로 된 검색 프로그램을 가지고 있다(Reel 2007).

볼리비아 사회에서 원주민어가 얻어 가고 있는 중요성을 나타내는 또 다른 예로서 스페인어권의 최고의 고전인 『돈끼호테』가 아이마라어로 번역되었다는 사실을 들 수 있다. 이 번역본은 2007년 멕시코 과달라하라에서 열린 세계도서전시회에서 소개되었으며, 아이마라어로 번역된 돈끼호테를 이용하여 원주민 아동들에게 원주민어를 가르칠 예정이다. 그리고 남미에서 200만의 사용자를 가진 께추아어로도 번역을 할 계획이다.

에보 모랄레스 정부가 추진하고 있는 아이마라어와 께추아어와 같은 원주민 언어를 보다 높은 지위로 격상시키려는 시도는 매우 야심찬 계획이다. 그러나 이는 이해 당사자들의 갈등과 저항을 불러일으킬 수 있는 매우 폭발성이 강한 문제이기도 하다.

정부 관계자들에 따르면, 이러한 시도는 스페인어를 원주민어로 대체하려는 것이 아니라, 인구의 절반 이상이 원주민이라고 생각하는 나라에서 이들의 언어인 아이마라어, 께추아어, 과라니어 등의 사용을 장려하는 것이 급선무라고 생각하기 때문이다(Reel 2007). 이는 전통적으로 원주민이 많은 농촌 지역뿐만 아니라, 이주 원주민이 많은 도시에서도 마찬가지이다. 이러한 정책은 언어에 따른 차별이나 특권을 인정하지 않고 모든 언어를 동등하게 대우하려는 것을 목표로 하는 탈식민주의 정책과 관련이 있다.

원주민어의 지위 격상과 함께 지금까지 교육을 지배해온 서구의 사상만을 유일하고 보편적인 것으로 인정했던 정책을 탈피하여, 원주민 문화의 사상, 기술, 지식 등에도 중요성을 부여하는 방향으로 정책을 시행하고 있다. 그 일환으로 교육에서 가톨릭을 원주민의 전통적인 종교에 초점을 두는 종교사로 대체하자는 제안이 나왔다. 에보 모랄레스는 처음에는 이 제안을 지지했으나 가톨릭 및 기득권층의 반발에 직면하여 지지를 철회했다. 동시에 원주민어 교육에 대해서도 비원주민 학생들에게는 필수가 아니라고 한발 물러섬으로써 종래의 입장을 좀 완화했다(Reel 2007).

이렇듯 원주민 문화를 우대하는 정책은 원주민이 아닌 계층의 강한 저항에 직면해 있다. 특히, 모랄레스 정부는 2006년에 행정부의 모든 공무원들이 원주민어를 필수적으로 배워야 한다는 것을 발표한 후에, 모든 공립학교에서 원주민어를 필수로 하려는 계획을 세웠다. 그러나 이러한 시도는 원주민 공동체와 거의 접촉이 없거나 원주민어가 실생활에 아무런 도움이 되지 않아 이들 언어가 자신들의 삶의 방식에 위협으로 느껴지는 여러 지역에서 많은 반발을 불러일으켰다. 그렇다고 해서 이 정부가 원주민어의 지위를 격상시키고자 하는 정책을 포기한 것은 아니다.

언어는 단순히 문화적인 문제를 훨씬 뛰어넘는 문제이다. 오늘날 언어 문제는 지식을 전달하고 권력을 유지하는 중요한 수단이다. 볼리비아의 경우 모랄레스 정부가 추구하는 국민통합에 기반한 국가재건은 국가 차원에서 원주민어의 재출현을 의미하며, 원주민어의 지위 격상을 통한 원주민의 권한강화는 현 정부가 추구하는 다문화성을 공고하게 하기 위한 수단이다. 현재의 언어정책은 원주민어를 공용어로 인정함으로써 모든 국민, 지금까지 소외되어왔던 원주민까지를 포함한 국민국가를 형성하고, 이러한 국민국가 내에서 모든 국민이 동등한 가치를 갖게 함으로써 원주민들에게 자신의 정체성에 대한 자긍심을 갖도록 하는 것을 목표로 한다. 원주민들에게 자신의 언어로 읽고, 쓰게 하는 것은 그들을 국민국가의 시민으로 간주하는 한 방식이다. 다시 말하면, 19세기 독립 직후처럼 원주민을 국민국가 건설에서 배제하지 않고 포함시키는 것을 의미한다. 따라서 모랄레스 정부에게는 원주민들에게 그들의 언어로 읽고, 쓰는 것을 가르치는 것은 국가재건 과정의 중요한 계획이자 경제, 사회 부문에서 야심찬 계획이기도 하다(Cancino 2007).

그러나 현재의 정치상황은 원주민어를 공용어로 인정하는 데 유리하게 전개되지 않고 있다. 원주민어의 공용어화는 원주민 공동체를 탈식민화하는 문제뿐만 아니라 비원주민들을 포용하고 이들의 가치를 인정하는 문제를 포함하고 있기 때문이다. 만약에 에보 모랄레스가 언어정책에 있어서 신중한 접근을 하지 않는다면 지금까지와는 정반대의 상황이 벌어질지도 모른다. 다시 말하면, 이 정부가 건설하려고 하는 새로운 사회에서는 비원주민들이 강제로 원주민의 문화와 언어를 배워야만 되고, 이를 모르면 볼리비아 국민으로 인정받지 못할 가능성이 있다. 만약 에보 모랄레스가 국민국가의 일원으로 메스티소나 백인들을 인정하지 않고 원주민만을 우대하는 정책을 시행한다면 국민통합에 기반 한 국가를 재건하려는 그의 시도는 실패할 가능성이 높다고 본다.

볼리비아는 원주민이 대략 전체 인구의 70%를 차지하는, 라틴아메리카에서 원주민 비율이 가장 높은 나라이다. 그러나 원주민의 존재를 인정하기 시작한 1980년대 이전까지는 이들의 문화적 권리는 무시되었으며, 볼리비아를 통치해온 소수의 유럽계 지배층의 언어와 문화에 동화되지 않으면 국가의 모든 영역에서 철저하게 배제되었다. 그러나 원주민이 정치적 전면에 등장하는 1980년대 이후 볼리비아에서는 그동안 존재가 무시되어왔던 원주민의 언어와 문화를 인정하여 국가의 성격을 다민족, 다언어 사회로 규정하면서 원주민의 제반 권리들이 인정되기 시작했다. 특히 이러한 권리들이 명시적으로 인정된 분야는 교육으로, 1994년에 제정된 교육개혁법에서는 원주민어를 사용한 이중언어 교육이 제도화되기에 이른다. 또한 라틴아메리카에서는 최초로 원주민이 아닌 스페인어만을 하는 학생들에게도 원주민어를 배우도록 함으로써 양방향 이중언어 교육을 실시했다.

2006년에는 볼리비아 역사상 최초로 원주민 대통령이 취임함으로써 언어, 문화를 포함한 원주민 정책에 획기적인 변화가 생겼다. 볼리비아 내의 최대의 원주민어인 께추아어와 아이마라어를 헌법상 공용어로 격상시킴으로써 지금까지 스페인어 중심의 단일어언어주의 정책에서 원주민어를 스페인어와 동등한 공용어로 인정하는 다언어주의 정책으로 언어정책을 획기적으로 전환했다. 또한 교육에서도 모든 교육체계에서 스페인어와 원주민어를 동시에 배우게 함으로써 모든 국민을 이중언어 사용자가 되도록 하여 언어 간의 편견을 없애고 문화가 다른 사람들, 즉 원주민과 비원주민 간의 상호교류가 실질적으로 일어날 수 있도록 하는 토대를 세우고자 했다. 또한 원주민어의 사용을 학교로부터 일반

사회로 확대하기 위해 모든 공직자에게 원주민어 구사능력을 자격요건으로 하는 정책을 입안했다.

그러나 이러한 모랄레스 정부의 야심찬 계획이 성공할 수 있을지는 국내의 정치상황이 어떻게 전개되느냐에 달려 있다. 최근에 일어난 산따끄루스주를 비롯한 몇몇 주에서 중앙정부의 개혁정책에 대한 반기를 든 사태에서 볼 수 있듯이, 현 정부가 추진하는 원주민 우대정책은 신중하게 접근해야 성공할 것으로 보인다. 특히, 각급 학교에서 실시하고자 하는 원주민어 교육은 원주민과 접촉이 없어, 원주민어가 거의 소용이 없는 계층에서 오히려 자신의 권리를 위협하는 것으로 간주되어 강한 반발을 불러올 가능성이 높다. 지금과 같은 국제화시대에 영어가 아닌 원주민어를 강요하는 현 정부를 비원주민들이 어떻게 바라보느냐 하는 것은 이들이 같은 국민이면서 자신들과 다른 언어와 문화를 가진 원주민들을 어떻게 생각하느냐와 깊은 관련이 있다. 아직도 볼리비아 사회 전반에는 원주민어가 국가 발전을 저해하는 미개한 언어라고 생각하는 식민주의적 사고방식이 널리 퍼져 있는 것이 사실이다. 에보 모랄레스 정부가 다원주의적 언어정책을 통해 개혁하고자 하는 것 중의 하나가 바로 이러한 사고방식이다.

3부

라틴아메리카의 언어 민족주의

3.1. 독립과 라틴아메리카 스페인어

1) 라틴아메리카 스페인어의 형성

1492년 콜럼부스의 신대륙 발견으로 스페인제국은 일찍이 로마제국도 해내지 못한 광활한 라틴아메리카 대륙으로의 영토 확장을 해낼 수 있었다. 당시 스페인은 신대륙에 개척한 식민지에 스페인 제국의 단일성을 유지하기 위해 우선 스페인 동화정책을 실시하게 된다. 특히, 멕시코와 페루를 정복한 이후부터는 새로운 영토를 효과적으로 통치하기 위해 본국의 정치, 행정제도를 도입하게 되고 동시에 문화 전파를 위한 여러 기관을 설립하게 된다. 스페인 동화정책은 본국 정부와 그에 못지 않은 조직을 갖춘 가톨릭교회에 의해 주도되는데, 이와 함께 라틴아메리카에 여러 도시들이 생겨나게 된다. 이들 중 멕시코시나 리마 같은 도시는 얼마 있지 않아 크게 번성하여 정치, 사회, 문화적 중심지로서 부상하게 된다. 메넨데스 삐달(Menéndez Pidal 1967: 158)은 그 당시 멕시코시의 번성함을 다음과 같이 말하고 있다.

(멕시코시는) 곧바로 본국의 주요 도시에 버금가는 물질, 문화적 수준을

자랑했다. 1521년에 정복되고 8년이 지나자 대성당이 생겼고 1531년에는 부왕청의 수도가 된다. 그리고 1547년에는 대교구가 설립되고 1530년에는 신대륙 최초로 인쇄소가 생긴다. 또한 1553년에는 대학교가 문을 연다.

신대륙의 모든 정치, 문화 제도는 초기부터 철저하게 식민지 본국의 모델을 그대로 모방하게 되고 모든 정책 역시 스페인이 라틴아메리카에 이식한 행정조직 및 그에 따른 본국 출신의 관료들에 의해 집행되었다. 다시 말하면 신대륙 식민지는 스페인이 구축한 체계하에서 움직이게 된다. 이렇게 라틴아메리카로 건너온 본토 출신들에 의해 세워진 식민지 사회는 이곳 태생의 그들의 자손인 끄리오요들과 본토에서 계속에서 도래하는 식민자 및 관료들로 구성된 두 세력에 의해 통치된다. 이들은 16세기 중엽에 이르면 서로가 다르다는 것을 느끼게 되고 이질감을 인식하게 된다. 이와 같은 끄리오요들과 반도인들의 서로 간의 인식은 훗날 라틴아메리카 독립의 결정적인 요소로 작용하게 된다.

정복과 식민지 개척을 통한 스페인의 영토 확장은 언어적인 측면에서 본국의 공통어인 스페인어 사용 지역의 확대를 의미했다. 그러나 정복과 함께 라틴아메리카에 들어온 스페인어는 초기부터 스페인 본토와는 전혀 다른 새로운 환경에 적응해야만 했다. 따라서 식민 초기부터 라틴아메리카에 이식된 스페인어는 본토의 스페인어와는 차이점을 보이게 된다. 이는 정복과 함께 시작된 스페인어의 라틴아메리카 이식과정과 깊은 관련이 있다.

신대륙 발견 이듬해인 1493년부터 멕시코를 정복한 해인 1519년까지 스페인에서 건너온 식민자들은 주로 안티야스제도에 머무르면서 라틴아메리카 내륙 지역 정복을 준비한다. 이 시기는 훗날 라틴아메리카 내륙 지역에 전파된 식민문화의 토대가 형성되었다는 점에서 라틴아메리카 식민 역사에 커다란 영향을 끼치게 된다. 그 당시 안티야스제도에 건너온 식민자들은 스페인의 특정 지역에서만 온 것이 아니라 여러 지방에서 온 출신자들로 구성되었다. 또한 이들은 각자 출신지별로 다양한 방언을 구사하고 있었다. 이런 다양한 방언을 가진 사람들이 서로 모여 살게 되면서 각 방언 간의 차이는 제거되고 수평화가 이루어지면서 새로운 공통 방언이 형성된다. 이것이 멕시코의 정복과 함께 라틴아메리카 내륙 지역에 전파되어 라틴아메리카 스페인어의 토대를 이룬다 (Fontanella de Weinberg 1982).

이 라틴아메리카화 된 공통 방언은 스페인 여러 지방 방언의 특징이 혼합되어 이루어진 것이나 그 당시 식민자 중 안달루시아 지방 사람들이 수적 우위에 있었던 관계로 안달루시아 지방 말씨가 강하게 나타난다.

이렇게 해서 라틴아메리카 지역에 이식된 스페인어는 각 지역의 역사, 사회적 상황 따라 약간씩 서로 다른 모습을 띠게 되는 데 식민지 시대의 라틴아메리카 스페인어의 지역적 차이를 그 당시의 역사, 사회적 상황에 따라 다음과 같이 나눌 수 있다(Menéndez Pidal 1967).

- 멕시코시나 리마처럼 부왕청이 있어서 왕실의 영향이 컸던 지역. 이 지역에서는 스페인 본국과 긴밀한 문화적 관계를 유지할 수 있었던 덕분으로 왕실의 수도인 똘레도 그리고 수도가 마드리드로 천도를 한 후에는 이곳의 스페인어와 거의 동일한 언어 변화를 겪게 된다. 따라서 초기의 안달루시아 지방 스페인어의 흔적이 거의 없고 본국의 표준 규범에 근접한 스페인어가 사용된다.
- 세비야 항에서 출발한 무역선의 출입이 빈번했던 카리브와 라틴

아메리카 해안 지역. 이 지역에서는 라틴아메리카와의 무역에서 세비야의 영향력이 컸던 관계로 안달루시아 지방 스페인어의 영향이 강하게 나타난다.

- 식민지 시대에 스페인 및 라틴아메리카 다른 지역과 교류가 활발하지 못했던 지역. 중미 및 남미의 파라과이가 이 지역에 속하는데 스페인에서 일어났던 언어 변화를 거의 받지 못해서 식민 초기에 들어온 스페인어의 고어적인 특징을 많이 지니고 있었다.

이와 같이 라틴아메리카에 들어온 스페인어는 초기부터 스페인에서 사용된 것과는 다른 라틴아메리카적인 특성을 갖게 되지만 식민지 시대의 모든 사회 규범이 그러하듯이 언어에 있어서도 초기에는 똘레도의 말을 그리고 수도를 마드리드로 옮기고 나서는 마드리드의 말을 표준규범으로 삼았다. 따라서 이 시기에는 본국의 규범과 어긋나는 라틴아메리카 스페인어는 지방 사투리로 생각되었고 말을 잘하기 위해서는 본토 출신자들이 하는 말을 모방해야 하는 것으로 여겨졌다. 라틴아메리카 스페인어에 대한 스페인 사람들의 이 같은 가치평가는 식민지 시대에서 유래하는 것인데 지금까지도 없어지지 않고 있다.

라틴아메리카 스페인어에 대한 편견은 본토 출신만이 갖고 있었던 게 아니라 라틴아메리카인들 사이에도 이 당시에 자기들이 사용하는 말이 품위가 없는 지방 사투리쯤으로 간주되었고 스페인의 표준규범을 따르려는 경향이 많았다. 라틴아메리카인들의 본토 스페인어에 열등감은 식민 초기 문헌에도 나타난다. 보고타의 주교인 루까스 페르난데스 뻬아드리따(Lucas Fernández Piatrita)는 그의 저서 『그라나다 신왕국 통사』에서 "까르따헤나 사람들은 언어순화가 제대로 안된 말을 쓰고 있다."라고 적고 있다. 여기서 언어 순화가 안 되었다는 의미는 본국의 표준규범에 맞지 않는 말을 사용하고 있다는 것으로 이해되어야 할 것이다. 또한 식민지 시대에는 사회의 상층부를 반도인들이 점하고 있었고 이들 역시 본토 스페인어를 사용하였다. 그러나 항상 이들에 대해서 열등의식을 가졌던 식민지 태생 끄리오요들은 태어나면서부터 이미 언급한 라틴아메리카화 된 스페인어를 사용했기 때문에 언어 면에서도 열등의식을 느끼고 있었다. 1805년 멕시코에서 발행된 신문 *El Diario de México*에 난 기사를 보면, 멕시코의 스페인어 수준을 본국 수준으로 끌어올리는 일이 얼마나 영광스런 일인지를 말하고 "우리 끄리오요들은 스페인어의 발음을 완벽하게 못하고 있다."라고 적고 있다(Rosenblat 1970: 149에서 재인용).

그러나 그 당시 라틴아메리카 대도시에서 사용된 스페인어에 대해서 높이 평가한 증거 문헌도 적지 않다. 스페인 똘레도 출신의 베르나르도 데 발부에나(Bernardo de Balbuena)는 당시 멕시코시에 대해서 대단히 청결하고 가장 순수하고 품위 있는 스페인어가 사용되는 도시라고 적고 있다. 또한 페루의 리마에 대해서도 많은 사람들이 그곳에서 사용되는 스페인어의 순수함과 높은 격조에 대해서도 말하고 있다. 메르세드 교단의 승려인 푸라이 마르띤 데 무루아(Fray Martín de Murua)는 그의 저서 『페루 통사』에서 당시 리마의 스페인어에 대해 다음과 같이 말하고 있다 (Guitarte 1991: 70에서 재인용).

리마시에서 사용되는 스페인어는 스페인의 어느 도시에서 말하는 것보다 더 정중하고 잘 다듬어진 말이다. 따라서 유명하고 칭찬이 자자한 똘레도의 말도 리마에서 사용되는 스페인어를 능가하지 못한다. 이 도시에서 사용되는 말 중에는 천박한 말은 찾아볼 수 없고 스페인어가 요구하는 정중함이 있고 잘 다듬어져 있다.

이와 같은 사실로 미루어 볼 때 라틴아메리카의 정치, 문화의 중심지였던 대도시에서는 본국의 표준 규범과 별 차이가 없는 언어가 사용되었다는 것을 알 수 있다. 그러나 여기서 한 가지 알아야 할 것은 당시 라틴아메리카 대도시의 모든 사람이 전부 똘레도에서 사용하는 스페인어를 할 수 있었다는 것이 아니라 상층부를 형성했던 스페인 출신자들의 말이 그러했다는 것이다. 라틴아메리카 출신 끄리오요들은 16세기 중엽에 이르면 자신들과 본토인들 사이에는 신체적 특징이나 기질에 있어서 많은 차이가 있음을 인식하게 된다. 또한 언어면에서도 차이를 느끼기 시작하는데 이 당시에 반도인들과 끄리오요들을 뚜렷하게 구별시켜 주었던 유일한 요소는 어휘를 제외하고서는 라틴아메리카 전역에서 사용되었던 seseo이다. 이와 같은 언어적 특징은 라틴아메리카 끄리오요들의 정체성을 인식시켜주는 요소로 작용했다. 다시 말하면 seseo가 끄리오요들에게 자신들이 스페인사람이 아닌 라틴아메리카 사람이라는 것을 인식할 수 있는 계기를 제공했다. 그러나 이러한 정체성 인식은 더디고 점진적으로 이루어졌다. 19세기 초반에 이르러서야 seseo와 라틴아메리카적인 것과의 관계가 분명하게 나타나는데, 독립전쟁 중에 seseo를 통해서 스페인 왕실 군대와 라틴아메리카 독립군과의 구별이 이루어졌다는 기록이 있다. 발음에서 s와 z를 구별하면 스페인 왕실 군인으로 여겨졌고, z를 s처럼 발음하면 라틴아메리카 독립군으로 간주되었던 것이다 (Guitarte 1983).

그러나 이 시기에도 라틴아메리카의 상층부에서는 여전히 스페인 본국의 표준규범을 따라 s와 z를 구별하고 있었다. 아직도 언어 면에 있어서는 3세기에 걸친 식민지 시대를 거치면서 굳어진 스페인의 언어규범이 라틴아메리카의 교양규범으로 남아 있었다. 따라서 라틴아메리카 전역에서 일반적으로 사용되었던 seseo도 교정되어야 할 지방 사투리로 간주되었던 것이다.

지금까지 살펴본 것을 종합해 보면, 식민지시대에는 본토인들 뿐 아니라 라틴아메리카 출신 끄리오요들도 라틴아메리카 스페인어를 열등하게 생각하는 경향이 있었다. 그 결과로 라틴아메리카에서는 본국의 언어규범을 표준규범으로 삼았고 본국의 언어규범대로 말하는 것은 라틴아메리카 각 지역의 문화 척도를 재는 기준 중의 하나가 되었다. 그리고 라틴아메리카 스페인어는 일상적으로 사용하는 친밀어로서 기능만을 담당했을 뿐이고 아직 교육을 받은 상층부의 교양어로서의 지위는 갖지 못했다.

이와 같이 식민지 시대에 형성된 스페인 이외의 지역에서 사용되는 스페인어에 대한 편견은 1713년 스페인 한림원(Real Academia de la Lengua Española)의 설립으로 더욱 강화되어 "정통 스페인어"와 "지방 사투리"의 구별이 더욱더 심해지기 시작한다. 이러한 생각은 곧 교육을 통해서 라틴아메리카 사람들에게 주입되는데, 그 결과 라틴아메리카인들은 자기들이 사용하는 말이 스페인 한림원의 인정도 받지 못하는 바르지 못한 말은 아닐까 하는 의구심을 갖는 경우가 많다는 지적이 있다(Torres 1997).

2) 라틴아메리카 스페인어의 독자성

1810년에서 1824년에 걸쳐서 있었던 라틴아메리카 독립전쟁의 결과로 스페인 제국은 라틴아메리카에서 물러나게 되고 라틴아메리카 식민지는 정치적 독립을 쟁취하게 된다. 그러나 독립과 함께 라틴아메리카 식민지는 식민 시대에 통치의 단일성을 유지하기 위해 만들어진 행정구역(4개의 부왕청, 4개의 총독령)의 수도(멕시코시, 리마. 보고타, 카라카스, 산티아고, 부에노스 아이레스)를 중심으로 분열되어 새로운 독립 국가를 형성하게 된다. 또한 이 도시들은 독립한지 얼마 되지 않아 각 국가의 정치, 경제, 사회, 문화의 중심지로 자리를 잡게 된다.

라틴아메리카의 정치적 독립으로 스페인의 라틴아메리카 식민지에 대한 영향력이 감소하면서 식민지 체제의 급격한 변화가 일어난다. 3세기 동안 식민체제의 유지를 가능케 했던 원칙들이 바뀌게 된다. 언어에 있어서도 그동안 스페인 제국의 지방 사투리 정도로 취급되었던 라틴아메리카 스페인어가 이제 독립국가의 언어로 격상하게 된다. 따라서 이제까지 스페인어의 표준규범의 모델이었던 마드리드의 교양어는 각국 수도의 교양어에 그 자리를 내주게 된다. 또한 식민 시대에 본토 도래인들의 그늘에 가려 많은 차별과 불이익을 당하면서 이들과 계급적 갈등을 가졌던 끄리오요들이 이제 독립 국가의 중심세력으로 부상하게 된다. 이들은 정치, 경제 사회면에서 스페인이 남긴 식민지 유산을 단절하고자 프랑스, 미국, 영국 등의 모델을 도입하여 급진적인 개혁을 시도한다. 정치적 독립은 곧 문화적 독립의 요구로 이어지는데 이는 정치적 독립만큼 그렇게 쉬운 일이 아니었다. 그러나 정치적 독립과 함께 끄리오요가 세력을 얻게 되자 오랜 식민지 문화를 청산하고자 하는 움직임이 강하게 일어난다. 그 결과로 식민지 시대의 산물인 자기 것에 대한 부정적인 생각을 점차 버리게 되었고, 스페인 전통을 부정하고 라틴아메리카 고유문화를 정립하여 문화적 정체성을 확립하고자 한다.

그러나 3세기에 걸쳐 스페인과 유지해온 문화적 유대감이 정치적 유대감처럼 하루아침에 단절될 수는 없었다. 언어 면에 있어서도 스페인과의 분리운동은 아주 더디고 제한적으로 이루어졌다. 또한 언어적 독립을 놓고서도 두 가지 상반된 입장이 있었다. 하나는 언어를 스페인이 남긴 다른 문화적 유산과 분리하여 스페인과 라틴아메리카뿐 아니라 라틴아메리카 국가 간의 정신적 유대를 위한 매개체가 될 수 있다고 인식하여 분열을 막고 계속해서 통일성을 유지해야 한다는 전통주의적 입장이고, 다른 하나는 스페인의 언어 전통을 부정하면서 라틴아메리카에 새로운 언어를 모색해야 한다는 반 전통적인 입장이다.

독립 초기에는 식민지 시대부터 있었던 언어의 통일성을 유지하자는 입장이 다수였다. 따라서 독립을 하자마자 첫 번째로 한 일이 스페인으로부터 언어적 분리를 막는 일이었다. 이를 위해 라틴아메리카 각국에서 한림원을 설립하려는 움직임이 본격화된다. 기따르떼(Guillermo Guitarte)에 따르면, 라틴아메리카 대부분의 국가들이 독립한 지 1년이 지난 1825년 12월에 콜롬비아 보고타에서 발행되는 신문 *La Miscelánea*는 라틴아메리카 문학 한림원을 설립하자는 안을 내놓게 되는데 그 취지를 다음과 같이 말하고 있다(Guitarte 1983: 74).

독립 전쟁이 끝나고, 라틴아메리카와 스페인 사이에 유대관계가 단절되면서 라틴아메리카에는 스페인 전통을 단절하려는 경향이 생겨 언어에까지 미칠 가능성이 있다. 또한 라틴아메리카 각국에서 사용되는 말이 서로 다르게 변화를 하게 되면 결국에는 공통 언어라는 귀중한 유산이 상실될 것이다. 따라서 스페인이 남겨준 순수한 형태를 유지하기 위해서 라틴아메리카 문학연맹 창설을 제안한다.

또한 이 신문은 이 제안을 이듬해에 파나마에서 열리게 될 범미주의회 의제에 포함시킬 것을 요구하고 있다. 이러한 제안은 독립으로 인해 깨져버린 언어상황을 새로운 방법으로 유지하고자 하는 의도가 있었고 라틴아메리카 각국이 참여하는 연합체의 성격을 띰으로 해서 이

전에 스페인에 의해 유지되었던 스페인어의 통일성을 보존하면서 독립과 함께 라틴아메리카에 영향력을 미칠 수 없었던 스페인 한림원을 대체할 라틴아메리카 한림원을 설립하고자 했던 것처럼 보인다. 그 밖에도 멕시코, 베네수엘라 등지에서도 한림원을 창설할 움직임이 있었다는 기록이 있다.

이와 같이 스페인어의 순수성을 유지하자는 입장은 고대의 언어이론에서 영향을 받은 것으로 이 이론에 따르면 한 언어에는 본래 초창기의 순수한 형태가 존재한다고 가정하고 이로부터 언어의 타락한 형태인 변이형이 나온다고 생각한다. 따라서 한 언어를 완벽하게 사용한다고 하는 것은 본래 순수한 형태를 유지하는 것을 의미하는 것이고 이와 다른 형태는 잘못된 형태 아니면 사투리로 간주하게 된다. 라틴아메리카에서 독립 초기에 유지하려고 했던 스페인어의 순수한 형태란 본토의 스페인어를 가리키는 것이었고, 그 당시 라틴아메리카 스페인어의 특징을 이루었던 seseo, voseo, yeísmo 등은 교정되어야 할 바르지 못한 것들이었다. 그러나 이 같은 언어관은 독립과 함께 개별 국가의 국어가 된 스페인어의 상황을 대처하기에는 부적절했다.

독립 초기에 스페인어의 순수성 유지를 강력하게 주장한 대표적인 지식인은 라틴아메리카 언어학의 시조로 추앙받는 안드레스 베요(Andrés Bello)이다. 그는 라틴아메리카의 독립을 새로운 것의 탄생이 아니라 로마제국의 붕괴 때와 유사한 파괴 행위로 간주하고 스페인이 물려준 스페인어를 가능한 한 순수한 형태로 유지함으로써 스페인어의 분화 가능성을 막아보려 했다. 이를 위해 그는 고전주의 작가들과 18, 19세기 유명 작가들의 작품에 토대를 둔 범스페인어권 단일규범에 강한 집착을 갖게 된다. 그는 스페인어가 스페인이 물려준 값진 문화유산이라고 생각하고 이를 계승 발전시켜야 한다고 믿었다. 또한 그 당시 라틴아메리카 국가의 분열과 라틴아메리카 지식인들에 대한 프랑스 영향의 증대로 인한 프랑스 어휘의 많은 유입을 지켜보면서 라틴아메리카에서의 언어 분화 위험성을 경고한다. 따라서 모든 라틴아메리카 국가들을 유대를 강화시킬 수 있는 매개체를 스페인어에서 찾고 스페인어의 단일 규범의 도입을 통한 분화과정의 억제에 지대한 관심을 보인다.

이러한 소망을 실현하고자 그는 *Gramática de la lengua castellana, destinada al uso de los americanos*를 펴내었다. 이 책의 서문에서 "나는 이 책을 스페인 사람을 위해서 쓴 것이 아니고 나의 형제들인 라틴아메리카 사람들을 위한 것이다."라고 밝히고 있다. 그러나 실제 책의 제목이나 서문에서 밝힌 것과는 달리 그는 이 문법서를 통해 라틴아메리카 스페인어의 규범을 만들 생각은 없었던 것처럼 보인다. 그가 라틴아메리카 사람들을 위해 문법서를 쓴 것은 이 지역에서 스페인어의 분화 가능성이 아주 높았기 때문이었고 이 책에서 의도했던 바는 라틴아메리카 사람들이 분열을 딛고 언어 통일성을 위해 그가 주장한 범스페인어권 단일 규범을 따랐으면 하는 것이었다.

범스페인어권 단일규범을 위해 그가 제시한 언어 모델은 그 개념이 명확히 정의되지 않은 교육을 받은 사람들이 사용하는 올바른 스페인어였다. 이는 스페인 한림원의 모델을 토대로 한 것이었으나 그렇다고 전통적인 한림원 모델은 아니었고 18, 19세기 스페인 및 라틴아메리카 유명작가들이 사용한 스페인어에 그가 런던에 장기 체류할 때 접촉했던 스페인 및 라틴아메리카 지식인들의 문어 및 구어체 스페인어를 조화시킨 것이었다. 그럼에도 불구하고 그가 제시한 언어 모델은 스페인에서 사용되는 언어규범에 가까웠고 그 당시 라틴아메리카에서 널리 사용되었던 것을 많이 배제하고 있었다. 구체적인 예를 보면 라틴아메리카에서 가장 보편화된 음운 현상인 seseo에 대해서 그는 라틴아메리카 스페인어가 그가 제시한 언어규범에 근접하려면 반드시 고쳐야 할 나쁜 언어습관으로 규정하고 s와 z 및 c를 구별하여 발음할 것을 권고하고 있다. 그러나 이 습관이 너무 뿌리박혀 있어 바꾸기가 쉽지 않은 일이라는 것은 인정한다. 또한 yeísmo도 seseo처럼 올바르지 못한 습관으로 간주하고 사용하지 말 것을 권하고 있다.

형태, 통사론적인 측면에서 라틴아메리카 많은 국가에서 2인칭 친칭형으로 tú 대신에 vos를 사용하는 voseo 역시 베요가 가장 강력하게 퇴치하려한 언어 현상이다. 그는 칠레에 장기간 머무르게 되는데 그 당시 칠레에서 사용되는 voseo를 반드시 피해야 할, 스페인어의 타락한 형태로 간주하고 학교 교육을 통한 강력한 퇴치 운동을 전개한다.[1]

언어의 규범성에 관한 문제에 있어서 베요는 스페인어의 올바른 사용을 판단하는 결정권이 교양 계급의 소수의 전문가들에게 있다는 반대중적인 입장을 취한다. 그는 또한 교양계급에서 사용하는 단어를 정하는 결정권이 언중에게 있는 것이 아니라 문법가들의 소관이라고 생각했다.

지금까지 살펴본 것처럼 베요는 라틴아메리카 스페인어의 분열 가능성을 우려해 스페인어의 순수성을 유지하려는 방안으로 스페인어의 단일 규범을 주장했다. 그러나 그가 말하는 단일 규범의 모델이 라틴아메리카에서 사용되는 것을 지양하고 스페인의 언어 전통을 그대로 유지하자는 것이어서 당시 독립국가가 된 라틴아메리카 각국의 이상과는 거리가 있는 것이었다.

이와 같이 베요를 주축으로 한 언어에 있어서 스페인 전통을 계승 발전시키고자 한 전통주의자들에 맞서 스페인 전통의 단절을 통해서 라

---

1) 베요가 칠레에서 강력하게 전개한 veseo 퇴치운동으로 칠레의 교양규범에서는 voseo가 사용되지 않으나 젊은층의 구어에서는 voseo가 널리 확산되고 있는 추세이다.

틴아메리카의 문화적 정체성을 추구하고자 하는 지식인들이 있었다. 이들 중 대다수는 유럽에서의 교육을 통해 낭만주의를 습득하여 사상적 기반을 구축한 리오 델라 쁠라따(Río de la Plata) 지역의 지식인들로 스페인으로부터 정치적 독립만으로 충분치 않고 스페인으로부터 문화적 독립을 위한 한 과정으로 스페인의 언어규범과는 다른 라틴아메리카 고유의 언어 정립이 시급하다는 것을 제기한다. 이와 관련하여 환 바우띠스따 알베르디(Juan Bautista Alberdi)는 라틴아메리카 고유의 언어규범 형성을 촉구하면서 다음과 같이 말하고 있다(Guitarte 1983: 179에서 재인용).

라틴아메리카 사람들은 문체의 적법성 여부를 스페인에 의뢰함으로써 조국의 주권을 포기하고 있다. 즉 대역죄를 범하고 있는 것이다.

이 같은 알베르디의 생각은 당시 낭만주의 지식인들의 언어관을 잘 반영하고 있는데, 그들에게 있어서 언어는 단순한 문법규칙의 집합이 아니라 한 민족의 구성요소 중의 하나였다. 따라서 두 민족이 서로 다르다면, 언어 또한 달라야 한다는 것이다. 이 같은 언어관을 가진 그들은 독립 후에도 라틴아메리카에서 계속해서 스페인의 교양어를 언어규범으로 따르고 언어 사용이 스페인 한림원에 종속된다면 라틴아메리카인의 언어주권 행사가 심각하게 침해되는 것이라고 믿고 있었다.

베요의 보수주의적인 언어관에 가장 강력하게 반론을 가한 사람은 사르미엔또(Sarmiento)이다. 그는 철저한 반 스페인적 입장을 취한 대표적인 라틴아메리카 독자 언어규범의 주창자로 그 당시 독립된 지 얼마 되지 않은 라틴아메리카 국가들이 스페인의 규범과는 독립된 라틴아메리카 별도의 문어체 스페인어를 만들 권리뿐만 아니라, 자신들만의 단어를 만들고, 일상어에서 온 형태나 표현을 받아들이고, 토착어에서 언어

재료를 차용할 수 있는 권리가 있다고 옹호한다.

민주주의 신념이 강하고 낭만주의 사조의 영향을 받은 그는 한 언어 권 내의 소수의 전문가들에게 교양어의 올바른 사용에 대한 결정권이 있다는 베요의 주장을 배격하고 이러한 결정은 다수로 이루어진 합의 체가 위임받은 권한을 사용하여 대다수의 사람들이 사용하기로 합의한 것을 추인하면 된다고 보고 있다.

또한 그는 언어를 사회와 같이 역사적 사건의 법칙이 적용되는 사회 적 실체로 간주해서 상황의 변화로 해서 언어의 변화가 필연적일 경우 에 그것을 막고자 하는 소수의 의지는 역부족이라고 생각하고 문법학 자들이 언어의 변화를 막거나 그들이 옳다고 생각하는 방향으로 변화 가 진행되도록 하려는 노력은 소용없는 것이라 본다. 따라서 당시 라틴 아메리카의 사회, 역사적인 상황을 고려하지 않고 스페인의 언어규범을 유일한 언어 사용의 기준으로 삼으려 했던 언어 순수수론자들의 입장 을 적절치 못한 것으로 생각한다.

스페인 한림원에 대해서 사르미엔또는 언어규범에 대한 영향력이 사 라진지 이미 오랜 쇠퇴한 스페인 절대주의 시대의 잔재로 간주한다. 또 한 신조어의 무분별한 도입은 단일 규범의 존립을 위협할 수 있다는 우 려를 가졌던 베요와는 달리 사르미엔또는 스페인어 초창기부터 항상 그래왔듯이 어쩔 수 없이 받아들여야만 하는 필수적인 것으로 보았다. 또한 문화 면에서 스페인이 옛 식민지보다 나은 입장이 되지 못하므로 라틴아메리카 국가들은 유럽의 선진국으로부터 그들의 문화와 새로운 사상을 받아들여야 하는데 이를 표현하는 어휘의 도입은 불가피하다는 것이 그의 생각이었다.

그의 언어적 독립에 대한 생각은 1848년에 그가 제안한 철자 개혁안 인 Memoría sobre ortografía americana에서 실행에 옮겨지게 된다. 그가 제안한 철자는 라틴아메리카에서 사용되는 발음을 기준으로 한 것이었다. 이 개혁안이 갖는 의미는 지금까지의 언어 연구가 스페인어의 순수성 유지를 목적으로 한 것인 데 비해 이것은 라틴아메리카 사람들의 필요성을 충족시키기 위해 이루어졌다는 것이고, 또한 스페인어 언어 정책에 스페인의 표준규범이 아닌 라틴아메리카 스페인어를 반영시키라는 최초의 요구였다는 점에 있다. 따라서 사르미엔또는 이 개혁안에서 라틴아메리카에서는 사용되지 않고 스페인에서만 사용되는 발음을 나타내는 철자인 z를 폐지할 것을 제안한다. 또한 라틴아메리카에서 사용되는 seseo가 잘못 사용된 오류가 아니라 라틴아메리카 스페인어의 특징이라는 것이 그의 생각이었다. 사르미엔또의 철자 개혁안은 어느 정도 수정을 거쳐 스페인 한림원 철자법 대신에 칠레에서 공식적으로 채택되어 1927년까지 사용되었다.

리오 델라 쁠라따 지역에서 최고조에 달한 언어적 독립을 위한 시도는 이 지역에만 국한된 것이 아니라 라틴아메리카 전역에 이러한 독립의 여망이 퍼졌고, 사르미엔또의 언어관은 라틴아메리카에서 많은 공감을 얻게 된다.[2] 따라서 사르미엔또의 이와 같은 생각은 사르미엔또의 것이라기보다는 그를 통해 표출된 라틴아메리카인들의 생각이라고 봐야 타당할 것 같다.

라틴아메리카인들의 언어적 독립의 여망은 19세기 말에 아르헨티나에서 있었던 하층어와 가우쵸들의 말을 토대로 새로운 언어를 만들려고 했던 시도에서 극단적으로 표출된다. 그러나 당시 낭만주의자들 생

---

2) 1824년에 소집되었던 과테말라 제헌의회에서는 새로 주조한 동전에 새긴 문구에 Libre crezca fecundo 대신에 Libre cresca fecundo라고 cresca에 s를 사용하므로써 스페인으로부터의 철자법상의 독립의지를 나타낸다. 또한 사르미엔또의 철자 개혁안은 니카라과, 베네수엘라 등지에서 제한적이나마 사용되기에 이른다.

각은 라틴아메리카인들도 스페인어 변천 방향에 하나의 주체로서 참여하여 스스로 그것을 발전시킬 수 있는 권리가 있다는 것을 주장한 것이지 불필요한 외래어를 정당화하거나 라틴아메리카에서 새로운 언어를 만들겠다는 것은 아니었다.

지금까지 살펴본 독립 후 라틴아메리카에서 일어난 언어상황에 대한 상반된 두 가지 입장은 이후 라틴아메리카 스페인어의 정체성을 확립하는 데 커다란 영향을 미친다. 베요를 위시한 스페인어 순수론자들의 입장은 스페인의 한림원에 상응하는 라틴아메리카 각국의 한림원 창설로 나타나는데 이 기관들의 주된 임무는 스페인 한림원에서 발행하는 사전과 문법서에 들어갈 만한 지역적 용례들을 추려서 제안하는 일과 라틴아메리카의 언중들에게 사용해서는 안 될 외래어나 저속어를 지적해 주는 일이었다. 물론 어휘 선택 주된 기준은 베요가 주창한 언어 순수성이었다.

한편 스페인의 언어 전통을 부정하고 라틴아메리카 고유의 언어규범을 주장했던 낭만주의 지식인들의 입장은 곧 언어 민족주의로 바뀌게 된다. 이로 인해 종전의 라틴아메리카 단일 규범을 형성해서 이에 따라야 한다는 입장에서 이제 각국 수도의 교양어를 언어규범으로 채택해야한다는 움직임이 생겨난다. 이러한 움직임은 19세기 중반부터 낭만주의 영향이 컸던 아르헨티나에서 강하게 일어나 아르헨티나인들 사이에는 자국의 단일 언어규범에 대한 생각이 널리 받아들여지게 된다. 이러한 경향은 곧 다른 여타 라틴아메리카 국가들로 확산되었다. 이로써 그동안 언어 사용에 있어서 우월적인 지위를 누렸던 스페인의 언어 규범인 마드리드 교양어는 이제 여러 개의 스페인어 언어 규범 중의 하나로 전락하게 된다. 따라서 특정 지역의 언어규범이 곧 스페인어와 동일시되었던 시대는 지나고 각 국가에서 사용되는 스페인어가 그 국가의 언어규범이 되고 이 규범들의 공통적인 요소들이 모여서 범스페인어권 규범를 형성하는 시대가 도래하게 된다. 이와 함께 이제까지는 모든 지역의 언어 사용의 규범이 마드리드를 중심으로 형성되었으나 라틴아메리카 각국의 독립과 함께 각 국가의 수도가 언어규범을 형성하는 중심지로 부상한다.

또한 문어를 근간으로 형성된 스페인 한림원 규범의 영향 및 교통, 통신의 발달로 스페인 및 라틴아메리카 국가 간에 유지된 원활한 관계로 인해 각 독립국가의 수도를 중심으로 해서 형성된 교양어는 이질화되지 않고 동질화 과정을 겪게 됨으로써 독립 초기부터 많은 사람들이 우려했던 라틴아메리카 스페인어의 분화 가능성은 점차 사라지게 되었다.

스페인의 신대륙 발견과 함께 라틴아메리카에 이식되어 라틴아메리카인들의 정신적 유대감을 유지시켜준 중요한 요소 중의 하나인 라틴아메리카 스페인어는 라틴아메리카가 겪은 역사, 사회적 변동에 따라 여러 가지 변화를 겪었다. 식민지 시대에는 모든 행동 규범이 본국에 있었기 때문에 식민 초기부터 본국 규범과는 뚜렷한 차이를 보였던 라틴아메리카 스페인어는 잘못 사용된 지방 사투리로 여겨졌다.

독립과 함께 본국 언어규범의 영향력이 상실되면서 라틴아메리카에는 언어규범 형성에 있어서 마드리드를 대체할 대도시들이 출현하게 된다. 이 대도시들을 중심으로 형성된 언어규범은 그 도시들의 정치·문화적인 영향권하에 있는 지역의 언어 사용에 지대한 영향을 끼쳤다. 이처럼 라틴아메리카의 독립은 언어 면에 있어서 식민지 시대에 유지되었던 단일 규범이 분화되어 여러 개의 국가 및 지역 규범이 생기게 한 계기를 제공했다.

3.2. 스페인어와 라틴아메리카 정체성: 아르헨티나 사례

스페인의 신대륙 정복과 함께 이식된 스페인어는 라틴아메리카 국가들의 독립 이후에도 이들 간의 정신적 유대감을 유지하는 데 가장 중요한 요소로 작용하고 있다. 그러나 정복 초기 라틴아메리카에 들어온 스페인어는 정복자들의 출신지역, 각 지역의 사회·문화적인 상황, 식민지 본국과의 관계 등 여러 요인에 의해 식민 사업이 진행되면서 각 지역별로 약간씩 다른 모습을 띠게 된다. 이러한 차이는 라틴아메리카 국가들이 스페인으로부터 정치적인 독립을 이루면서 각 국가의 정체성을 나타내는 요인으로도 작용하는데, 현재에도 이들 국가에서 사용되는 스페인어를 보면 그들이 독립 후에 겪은 정치·사회적 변동에 따라 여러 가지 차이를 드러내는 것이 사실이다.

우리가 흔히 일반화시켜 이야기하는 '라틴아메리카 스페인어'는 이 지역에서 쓰이는 스페인어를 가늠하는 명칭 이외에 구체적인 지시대상을 가리키는 명칭이 아니다. 이는 라틴아메리카 국가들을 구분하는 차이만큼이나 스페인어 또한 다양하게 나타나고 있다는 것을 의미한다. 다시 말하면 멕시코 스페인어 혹은 아르헨티나 스페인어처럼 각 지역의 화자들이 실제로 사용하는 말이 구체적인 실체를 갖는다는 것이다. 가령 우리가 쉽게 아르헨티나와 멕시코를 구분할 수 있듯이 그들이 말하는 스페인어 역시 서로 구분되는 특징들이 있어서 쉽게 이들을 구분할 수 있다는 것이다. 이러한 특징들이 식민지 시대에는 지방색을 드러내는 요소로서 기능을 해왔으나 식민지라는 특수한 역사적 상황에서는 단일규범, 즉 본국의 규범과 다르기 때문에 장려되고 유지되어야 할 대상이 아닌, 정확한 스페인어를 하기 위해서는 버려야 할 대상이었다. 그러나 라틴아메리카가 스페인으로부터 정치적 독립을 이룩한 후에는 상황이 달라진다. 식민 지배를 겪었던 모든 국가에서처럼, 라틴아메리카에서도 정치적 독립과 함께 문화적인 독자성(정체성)을 확립하는 것이 가장 시급한 일이 되었다. 이를 위한 노력 중의 중요한 부분이 언어에 관한 문제인데 이 지역에서는 식민 통치를 효과적으로 유지하기 위해 스페인어가 국가의 공용어로 이미 기능을 하고 있었기 때문에 다른 지역에서 볼 수 있는 것처럼 식민통치 이전에 존재했던 다른 언어를 복원하는 문제가 아니라 다른 차원의 문제가 제기되었다. 다시 말하면 표준어로 기능해왔던 본국의 언어규범을 계속 유지하느냐 아니면 그동안 지역적 방언 정도로 취급되었던, 자국에서 사용되는 스페인어를 채택하느냐 하는 것이다. 이에 대한 각 국가의 대응은 그 나라의 문화적 정체성의 확립 과정과 밀접한 관련이 있다.

멕시코나 페루와 같이 식민지 기간 동안 스페인의 문화적 전통이 단단히 뿌리를 내린 국가들에서는 별다른 논쟁을 유발하지 않고 자국의 스페인어를 규범으로 채택하였으나 이와는 달리 이러한 문화적 전통이 미미했던 나라들, 특히 아르헨티나에서는 독립 이후 자신들의 정체성을 위협하는 여러 가지 정치·사회적인 요인들로 인해 정치적 독립과 함께 언어적인 독립을 주장하는 그룹과 이를 반대하는 그룹으로 나뉘어 극심한 혼란을 겪는다. 그 결과 아르헨티나만의 독특한 언어 인식이 형성되어 현재까지도 언어를 통해 자신들의 정체성을 확립하려는 경향이 어느 여타 국가보다 강하다는 것이 전문가들 사이의 공통적인 인식이다.

따라서 본 장에서는 아르헨티나의 정체성 형성 과정에 있어서 제기된 언어문제는 무엇이고, 언어와 관련하여 각 시대별로 아르헨티나의 식자층이 가졌던 인식을 중심으로 그 시대의 정치·사회적 상황과 결부하여 살펴보기로 하자.

1) 정치적 독립과 언어문제

19세기 초엽의 라틴아메리카는 스페인 식민체제의 단절과 이로 인한 여러 독립 국가들의 출현으로 특징된다. 이러한 해방의 분위기는 새로운 사회 구성원들의 행동과 사상에 심대한 영향을 끼쳐 이들 사회의 지식층들로 하여금 정치, 경제, 사회, 문화의 모든 영역에서 완전한 독립을 추구하고자 하는 열망을 부추긴다. 정치적 독립이 달성되자 이와 함께 문화적인 독립의 요구가 강렬하게 일어난다. 그러나 3세기에 걸쳐 유지되어온 스페인과의 문화적 유대감이 정치적인 그것처럼 하루아침에 단절될 수는 없었다. 특히 언어에 있어서는 대부분의 라틴아메리카 국가들에서 스페인이 남긴 다른 문화적 전통들과 분리하여, 스페인과 라틴아메리카뿐만 아니라 라틴아메리카 국가들 간의 정신적인 유대를 위한 매개체가 될 수 있다고 인정하여, 단절을 막고 계속해서 단일성을 유지하기 위해 식민지 본국인 스페인의 표준규범을 따라야 한다는 입장이 우세했다.

아르헨티나의 경우도 독립 초기에는 스페인의 언어규범을 따라야 한다는 주장이 주류를 이루었다. 당시 아르헨티나의 소설가인 후안 바렐라(Juan Varela)는 문화적인 면에 있어서 스페인 전통에 기반을 둔 규범, 사상 그리고 가치 등을 옹호하면서, 언어에서도 스페인으로부터 물려받은 언어를 순수한 형태로 유지해야 한다는 보수적인 입장을 취한다. 그의 이러한 태도는 다음과 같은 당시 아르헨티나 사람들의 스페인어의 잘못된 사용에 대한 비판에서 엿볼 수 있다.

아주 뿌리 깊이 박힌 습관들이 있다. 일반 좌담이나 심각한 토론, 문어, 법원에서도 일상적으로 언어가 아주 잘못 사용되고 있다. 모든 계층에서 나타나는 아주 잘못된 발음을 지금 고치도록 하자. 그리고 보다 더 중요한 곳을 눈여겨보아야 할 필요가 있다. 단어의 적절한 사용, 문장의 정확성에서 광범위하게 언어에 대한 무지가 드러난다.(Fontanella de Weinberg 1988: 75에서 재인용)

이러한 보수적인 태도는 스페인 식민지 전통으로부터 완전한 해방과 새로운 문화적 정체성을 찾으려는 열망이 강렬하게 나타나는 1830년에 이르면 보다 급진적인 언어 독립의 요구로 바뀐다. 이러한 요구는 후안 마리아 구띠에레스(Juan María Gutiérrez), 후안 바우띠스따 알베르디(Juan Bautista Alberdí), 에스떼반 에체베리아(Esteban Echeverría) 등으로 대표되는 37세대의 낭만주의 작가들에 의해 표출된다. 이들은 우선 과거에 대한 단죄로부터 출발하여 국가 독립은 당시까지 지배적이었던 식민지 시대의 가치나 전통에 대한 비판을 통해 공고화될 수 있다는 생각으로 스페인 유산에 대한 청산을 시작한다. 또한 독립 후 처음으로 새로운 국가의 정체성을 형성할 새로운 가치체계의 확립이라는 문제를 제기한다. 이로써 정치적 독립이라는 이상에 이를 보완하고 완성하는 요소로서 문화적 독립이라는 이상이 더해지게 된다. 이들의 스페인 식민지 전통의 완전한 청산과 새로운 문화적 정체성을 추구하려는 열망으로 인해 집단의 정체성을 나타내는 중요한 요소로서 언어가 낭만주의자들의 검토대상이 된다. 이들은 언어가 민족정신을 표현하고 형성시킨다는 조안 헤더(Johan Herder)나 훔볼트(Humboldt)의 영향을 받아 언어와 국가를 동일시하는 언어 민족주의적인 입장을 취한다. 따라서 스페인어를 이미 정치적 관계를 단절한 스페인과 동일시하여 이를 부정한다. 다시 말하면 스페인어는 스페인이라는 국가와 마찬가지로 결점과 결함이 있으므로 식민지 시대의 유물인 스페인어를 청산하고 스페인어와 다른 언어를 채택해야 한다는 것이다. 이와 관련하여 알베르디(1955)는 낭만주의자들 중에서도 가장 극단적인 입장을 견지해 스페인어를 버리고 프랑스어를 채택하자는 제안을 하기도 했다. 그는 아르헨티나에서 사용하는 언어가 스페인어라고 말하는 것은 아르헨티나 법률이나 관습이 아르헨티나의 것이 아니고 스페인 것이라고 말하는 것이나 똑같다고 주장한다. 그리고 언어적 독립이 없이 정치적 독립만 가지고는 국가의 독립이 완성되지 못한 것이라고 말한다.

또한 아르헨티나 낭만주의자들은 언어에 대한 주권이 국민들에게 있다고 생각하여, 독립 후에도 계속해서 스페인의 언어규범을 따르는 것은 독립의 이상에 맞지 않은 것으로 판단했다. 언어주권에 대해 알베르디(1955)는 국민이 법률을 제정하듯이 언어를 제정하며 이런 점에서 독립, 주권국가라 한다면 정치에서 법률이 다른 국가가 아닌 자신으로부터 나오듯이 언어 역시 다른 나라가 아닌 자신으로부터 나와야 한다고 말하고 있다.

이러한 주장은 37세대의 주류를 이루는 것인데 스페인 문화에 대해 프랑스와 같은 다른 유럽국가의 문화에 비해 낙후되고 새 시대에 적합하지 않다는 부정적인 평가를 내리고, 이를 대표하는 언어 또한 국가의 발전에 걸림돌이라 여겨 새로운 사상이나 문화를 받아들이기 위해서는 스페인어와 단절하고 새로운 언어를 창조해야 한다고 주장했다. 그러나 모든 낭만주의 작가들이 이러한 급진적인 생각을 한 것은 아니었다. 에체베리아는 스페인으로부터 물려받은 유산 중 라틴아메리카인들이 기꺼이 받아들일 수 있고 또한 받아들여야만 하는 것은 언어이나 이를 그대로 받아들이는 것이 아니라 점진적으로 바꿔야 한다는 조건을 달았다(Echeverría 1958). 이는 그가 다른 낭만주의자들과는 달리 언어의 단절을 주장하지 않고 스페인어에 대해 긍정적인 평가를 내리면서 다양한 규범의 존재 가능성을 암시하고 있음을 보여준다. 구띠에레스는 이에 대해 다음과 같이 말한다.

> 우리는 아직 언어라는 강력하고 긴밀한 고리를 통해 스페인과 연결되어 있다. 하지만 이 고리는 우리가 유럽 선진국들과 지식을 교류함에 따라서 점차 느슨해져야 한다. 이를 위해서 우리는 외국어에 친숙해져야 하며 이들 언어 속에 들어 있는 좋고, 흥미롭고, 아름다운 모든 것을 우리 것으로 만드는 데 상시적인 연구를 해야 할 필요성이 있다 (Fontanella de Weinberg 1988: 76에서 재인용).

언어에 대한 주권재민, 언어적 독립과 같은 주장은 37세대들과 동시대에 칠레에서 망명생활을 했던 사르미엔또에 의해서도 제기되었다. 이미 앞서 언급하였듯이 그는 철저한 반스페인적 입장을 취한 대표적인 라틴아메리카의 언어 독립 주창자로 당시 독립된 지 얼마 되지 않은 라틴아메리카 국가들이 스페인의 규범과 다른 독자적인 별도의 문어체 스페인어를 만들 권리뿐만 아니라 자신들만의 단어를 만들고 일상어에서 온 형태나 표현을 받아들이고 토착어에서 언어재료를 차용할 수 있는 권리가 있다고 주장했다.

민주주의 신념이 강하고 낭만주의 사조의 영향을 받은 그는 한 언어권 내의 소수의 전문가들에게 교양어의 올바른 사용에 대한 결정권이 있다는 베요의 주장을 배격하고 이러한 결정은 다수로 구성된 합의체가 위임받은 권한을 사용하여 대다수의 사람들이 사용하기로 합의한 것을 추인하면 된다고 보았다.

또한 그는 언어를 사회와 같이 역사적 사건의 법칙이 적용되는 사회적 실체로 간주해서, 상황의 변화로 해서 언어의 변화가 필연적일 경우에 그것을 막고자 하는 소수의 의지는 역부족이라고 생각하고 언어 순수주의자들이 언어의 변화를 막거나 그들이 옳다고 생각하는 방향으로 변화가 진행되도록 하려는 노력은 소용없는 것이라 보았다. 따라서 당시 라틴아메리카의 사회·역사적인 상황을 고려하지 않고 스페인의 언어규범을 라틴아메리카에서 유지하려 했던 언어 순수론자들의 입장을 강하게 비판했다.

언어의 순수성을 보존하려는 스페인 한림원에 대해서도 사르미엔또는 이미 오래전에 멸망한 스페인 절대주의 시대의 잔재로 간주하여 라틴아메리카에서의 그의 영향력을 단호히 거부하고 언어의 자연스런 변화를 막고 단일규범을 내세우는 한림원의 태도를 강하게 비판했다. 또한 신조어의 무분별한 도입이 단일규범의 존립을 위협할 수 있다는 우려를 가졌던 베요와는 달리 사르미엔또는 스페인어 초창기부터 항상 그래왔듯이, 신조어는 어쩔 수 없이 받아들여야만 하는 필수적인 것으로 보았다. 그리고 문화면에서 스페인이 옛 식민지보다 더 나은 입장이 되지 못하므로 라틴아메리카 국가들은 유럽의 선진국으로부터 그들의 문화와 새로운 사상을 받아들여야 하는데, 이를 표현하는 어휘의 도입은 불가피하다는 것이 그의 생각이었다.

결국 언어독립을 주장한 사르미엔또와 37세대의 낭만주의 작가들은 스페인 문화에 대해 부정적인 평가와 함께 이를 표현하는 스페인 스페인어를 거부하고 라틴아메리카 상황에 맞게 변형되고 유럽 선진국 언어의 영향을 받아 풍부해진 새로운 언어의 창조를 생각하고 있었다.

1870년대 들어오면서 정치적인 상황이 안정을 찾게 되고 제도적인 정비도 순조롭게 진행되자, 낭만주의자들이 주장하는 문화적인 독립의 열기도 점차 식어갔다. 이러한 시점에 스페인 한림원은 라틴아메리카에 지부를 결성하기로 결정한다. 이러한 상황은 또다시 아르헨티나에서 언어주권에 대한 논쟁을 야기하는데, 이에 대해 낭만주의자들은 지금까지 이룩한 언어와 문화 독립을 훼손하는 것으로 간주하고 언어규범과 관련한 스페인 한림원의 권위를 단호히 거부한다. 이에 알베르디는 다음과 같이 비판했다.

> 이는 라틴아메리카에서 또다시 스페인의 언어규범을 유지시키겠다는 책략으로, 이를 기화로 스페인 한림원이 라틴아메리카에 들어와 외교나 무력을 통해서도 할 수 없었던 일을 실현하려고 한다. 이것은 다름 아닌 반혁명이고 라틴아메리카에서 스페인의 문화적 주권을 복원시키려는 것이다(Blanco 1991: 35에서 재인용).

그러나 시간이 흐르면서 일부 낭만주의자들은 초기에 가졌던 언어 독립과 같은 극단적인 언어 민족주의적 입장을 누그러뜨린다. 특히 사르미엔또와 알베르디가 대표적인데 이들은 라틴아메리카의 언어주권을 강조하면서도 스페인과 라틴아메리카가 똑같이 스페인어에 대한 주권을 갖는다고 말하면서 공용어로서의 스페인어를 인정하게 된다. 또한 언어의 통일성을 유지하는 것이 스페인어를 다른 언어와 구별시켜주는 데 필요하다고 보았다. 따라서 이들은 아르헨티나 국어로 초창기에 주장했던 스페인어와 다른 새로운 언어가 아닌 아르헨티나 상황에 맞게 변화된 스페인어를 생각했다. 또한 이들은 민족주의적 관점을 견지하고 있었으나 유럽문화, 특히 프랑스 문화 및 외국어에 대해서 개방적인 자세를 가지고 있었으며 언어와 국가를 동일시했음에도 언어 순수주의 덫에 빠지지 않고 오히려 외국어와 접촉을 통해 스페인어가 더 풍부해진다고 믿었다.

2) 유럽 이민자들의 유입과 언어 민족주의

낭만주의자들의 이러한 유럽에 대한 개방적인 태도는 보다 선진적인 문화를 가진 유럽인들의 유입으로 국가발전을 꾀할 수 있다는 생각으로 이어진다. 따라서 1880년부터 아르헨티나에 대규모의 유럽 이민자들의 유입이 시작된다. 그러나 이민자들의 문화적 수준이 낮고 대부분이 농업 및 목축업에 종사한 사람들이어서 당시 이들의 유입으로 많은 발전을 바랐던 지배층의 기대에 미치지 못했다. 또한 토지제도의 한계로 인해 이들이 농촌지역에 정착하지 못하고 대다수가 라쁠라따강 유역과 같은 지역으로 몰려들었다. 그 결과 아르헨티나 인구 구성에 심대한 변화가 초래되어 지금까지와는 다른 이질적인 인구구성 분포를 보인다. 또한 낭만주의 시대부터 시작된 사회의 프랑스화와 일부 지도층의 세계주의적 경향(cosmopolitismo)이 심화되고, 이민자의 계속적인 유입으로 사회구조에 심각한 변화가 일어난다. 이러한 사회적 변화는 언어에서도 복잡한 상황을 초래하는데 부에노스 아이레스(Buenos Aires)에서는 스페인어 외에 여러 언어가 사용되는 다중 언어상황이 생겨난다. 당시 부에노스 아이레스의 언어상황을 정확하게 보여주는 인구조사가 부재한 까닭에 어떤 언어가 어느 정도 사용되고 있었는지에 대한 구체적인 통계를 알 수는 없으나, 인구조사 대상자의 국적을 토대로 하여 그들이 사용한 모국어를 개략적으로 추론해볼 수 있을 것이다. 다음의 도표에서 볼 수 있는 바와 같이, 당시 이민자 중 스페인어와 다른 언어를(이태리어, 프랑스어, 러시아어, 영어 등) 구사하는 사람들이 시 전체 인구의 52.6%를 차지하고 있었다는 사실은 당시의 복잡한 언어상황을 잘 말해준다.

국적	인구수	비율
아르헨티나	205,334	47.4%
이태리	139,166	32.1%
스페인	39,562	9.1%
프랑스	20,031	4.6%
기타	29,882	6.9%
총 외국인수	228,641	52.6%

출처: Fontanella de Weinberg 1982: 79

여기서 한 가지 주목할 것은 당시 이민자들 중 이태리 출신들이 가장 많았고 전체 인구의 32.1%를 차지했다는 사실이다. 따라서 이태리어의 어휘가 아르헨티나 스페인어에 많이 들어온 것은 당연한 결과였다. 또한 스페인어와 이태리어의 언어적 유사성으로 인해 이들이 스페인어를 비교적 쉽게 배워 의사소통에는 별 문제가 없었으나, 두 언어가 혼합된 중간언어 격인 꼬꼴리체(cocoliche)가 사용되기도 했다. 그러나 이러한 언어형태는 이민 2세대에 가면 그 자취를 감추게 된다.

이 시기에 일어났던 커다란 사회적 변혁으로 인해 부에노스 아이레스에는 대도시 특유의 범죄적인 분위기가 생겨나는데 언어적인 면에서도 범죄자들의 언어인 룬파르도(lunfardo)가 형성되어 후에 많은 부분이 스페인어의 일상어에 편입되었다.

이러한 복잡한 상황은 바로 정체성의 위기를 불러온다. 따라서 이를 극복하기 위한 노력의 일환으로 두 가지 상반된 민족주의적인 경향이 나타난다. 하나는 1910년 이후부터 아르헨티나 사회를 지배한 이념인 지배층의 민족주의이고 다른 하나는 이민의 결과로 형성된 사회의 중간 계층의 민족주의가 그것이다. 이 두 이념 간의 차이는 전자가 이민자의 유입으로 초래된 사회 변화에 맞서 보수주의와 외국인 혐오를 표방하면서 스페인 본국과의 관계 및 전통의 재평가를 통해 스페인적인 것을 복원하자는 주장을 펴는 데 비해, 후자는 전통과 새로운 것, 아르헨티나적인 것과 외래적인 것, 라틴아메리카적인 것과 스페인적인 것의 통합을 이루는 것이 모두가 바라는 정체성을 확립하는 것이고 또한 진정한 아르헨티나적인 표현을 추구하는 것이라고 주장했다(Barbero y Devoto 1983).

언어적인 면에서도 서로 추구하는 바가 다른데, 전자의 경우에는 친스페인적인 언어 민족주의적인 경향을 띠어 언어를 국가를 상징하는 신성한 요소로 간주했다. 따라서 아르헨티나의 국어로 스페인의 언어규범이 사용되어야 하며, 이는 아르헨티나인의 뿌리와 새로이 태동된 이민자들로 구성된 사회에서 상실되어가고 있는 전통적인 가치를 연결시켜주는 고리로 작용한다고 보았다. 또한 이들은 식민지 시대에 사용되었던 스페인 언어규범이 언어의 순수한 형태를 보존한 유일한 것이라고 믿었기 때문에 아르헨티나 상황에 의해 변화된 스페인어는 타락한 것으로 간주했다. 그리고 언어 변화는 곧 정체성의 변화로 이어진다고 여겨 언어 순수주의를 고집했다. 이들은 이민자들의 유입을 언어가 타락하는 주요한 원인으로 규정하고 이를 정체성의 해체 신호로 받아들여 이를 극복할 수 있는 대안으로 스페인의 언어규범을 유지할 것을 주장했다. 이 시기의 상황을 칼 솔베르그(Carl Solberg)는 다음과 같이 묘사하고 있다.

대규모 이민자들이 유입되고 있었던 시기에 아르헨티나에서 사용된 스페인어가 겪었던 급속한 변화는 많은 지식인들에게 국가적 정체성의 혼란을 상징하는 것이었다(Solberg 1970: 139).

이렇게 해서 아르헨티나에 이전의 37세대가 주장한 언어민족주의와

는 다른 새로운 보수적인 언어 민족주의가 출현하게 된다. 이는 깔릭스
또 오유엘라(Calixto Oyuela), 에르네스또 께사다(Ernesto Quesada), 알베르또
델 솔라르(Alberto del Solar), 라파엘 오블리가도(Rafael Obligado) 등에 의해 주
장되었는데, 이들은 당시 이민자들의 유입으로 사회, 경제, 정치, 문화구
조의 변화로 인해 발생한 자연스런 언어 변화를 민족성의 퇴보로 간주
하여 스페인어의 순수성을 보존하는 것이 정체성의 혼란을 막는 길이
라 생각했다. 이들은 아르헨티나라는 국가를 독립된 실체로서가 아니
라 스페인 전통이라는 보다 더 일반적인 구조의 한 부분이라고 간주했
다. 그래서 이들의 주장은 친 스페인적인 경향을 띠었고, 아르헨티나의
독자성을 부정했다. 이는 1910년에서 1920년 사이에 아르헨티나의 문
화, 정치 영역에서 나타난 정신, 전통, 스페인 뿌리라는 삼위일체를 근간
으로 하는 이념적 민족주의의 단초를 제공한다(Blanco 1991). 이들은 이전
의 낭만주의자들이 주장한 언어 민족주의적인 언어를 사용하여 스페인
어를 민족혼이나 국민정신을 나타내는 표상, 다시 말하면 국가의 정체
성을 가장 명확하게 보여주는 상징으로 간주하여 민족이나 전통과 불
가분의 관계가 있음을 강조했다. 따라서 언어를 순수하고 이상적인 상
태로 보존할 목적으로 언어의 자연스런 변화과정을 억제하려는 언어 순
수주의 입장을 취했다.

한편 이 새로운 언어 민족주의는 언어 면에서 앞에서 언급한 37세대
낭만주의자들이 제기한 언어 독립에 대한 주장에 동조했다. 이들도 언
어 민족주의라는 용어를 사용했지만 스페인의 언어규범의 유지를 주장
한 친 스페인 언어 민족주의자들과 달리 스페인어의 아르헨티나화에 그
목표를 두고 있었고, 궁극적으로 스페인어와 다른 아르헨티나 고유의
언어를 만들려고 했다. 1920년대 말에 가면 이들은 스페인의 어휘와 아
르헨티나의 어휘 차이의 분석에 토대를 둔 일련의 연구들을 통해 아르

헨티나 스페인어와 다른 아르헨티나 고유의 언어가 이미 형성되었다고 선언하기에 이른다(Rossi 1928). 이들은 언어독립을 주장한 낭만주의자들처럼 언어가 각 민족의 정신을 반영하고 있기 때문에, 이민을 통해 아르헨티나에 형성된 새로운 민족의 정체성을 나타내는 중요한 표상인 언어 또한 다른 나라의 그것과 달라야 한다고 주장했다.

여기서 우리는 스페인 규범의 유지를 주장하는 전통주의자들이나 아르헨티나 독자적 언어를 주장하는 언어 독립주의자들 공히 언어문제를 통한 아르헨티나의 정체성 추구라는 공통점을 발견할 수 있다. 그러나 전자는 스페인의 문화적 유산을 복원, 발전시키는 것이 국가적 정체성을 확립하는 것이라 생각하여 스페인 규범의 순수성을 보존할 것을 주장했고, 후자의 경우에는 국가의 정체성이 스페인어의 아르헨티나적인 실현, 다시 말하면 외래어와의 접촉, 아르헨티나의 풍속과 관습에 의해 변형된 스페인어—그들 생각으로는 다른 언어인—의 한 변이형을 통해서 나타난다고 보았다.

유럽 이민자들이 아르헨티나 스페인어에 끼친 영향에 대해서도 이들은 서로 상반된 시각에서 해석한다. 언어의 순수성을 주장하는 전통적 민족주의자들은 이민자들의 유입으로 인해 발생된 외래어와의 접촉이 언어변화를 유발한 일차적인 요인으로 보고, 그로 인해 언어가 타락했다고 부정적으로 생각했으나, 언어 독립주의자들은 외래어와의 접촉이 아르헨티나 스페인어를 독특하게 변화시킨 근본적 원인이라고 긍정적으로 해석하고 있다.

3) 아르헨티나 표준규범의 정립

1920년대를 기점으로 아르헨티나에는 앞에서 본 언어 순수주의와

언어적 독립 주장 사이에서 중도적인 입장을 취하는 지식인들이 나타난
다. 이들은 스페인어 내에 지역적인 색깔을 갖는 변이형들로 이루어진
여러 개의 복수규범이 존재한다는 것을 인정한다. 보르헤스(Borges)는 복
수규범의 관점에서 언어 순수주의와 언어적 독립의 주장에 대해 다음과
같은 비판을 가한다.

> 두 개의 서로 상반되는 영향이 아르헨티나 스페인어에 대해 작용하고
> 있다. 하나는 아르헨티나 스페인어가 하층민들의 말을 근간으로 형성
> 되었다고 상상하는 사람들의 그것이고, 다른 하나는 언어의 완결성과
> 그것으로부터의 일탈은 불경스럽고 무용하다고 믿는 순수주의자 혹은
> 스페인 숭배주의자들의 영향이다(Borges 1994: 136).

이러한 주장은 보르헤스 이외에도 뻬드로 엔리께스 우레냐(Pedro
Henríquez Ureña), 알베르토 숨 펠데(Alberto Zum Felde), 에르네스또 사바또
(Ernesto Sábato) 등에 의해 제기되는데 이들은 아르헨티나 언어의 문제를
라틴아메리카 문화가 갖는 일반적인 문제의 한 부분으로 인정하면서,
이를 아르헨티나의 정체성과 아르헨티나 문학, 나아가서 라틴아메리카
문학의 독창성 추구의 문제와 연결시키고 있다.

이를 위해서 이들은 언어의 순수주의를 주장하거나 새로운 언어를
만드는 것이 필요하다고 보지 않고, 물려받은 스페인어 내에서 라틴아
메리카 각국의 표현을 추구하는 것이 필요하다고 생각했다. 리까르도
로하스(Ricardo Rojas)는 이것을 아르헨티나 문학에서의 언어문제와 결부
시켜 다음과 같이 설명한다.

이러한 언어문제는 다음과 같이 말할 수 있겠다: 아르헨티나 문학은

아르헨티나어로 쓰여 있지 않다. 다른 라틴아메리카 국가에서도 마찬가지 이다. 우리는 우리가 만든 언어로 책을 펴내지는 않는다. 우리는 식민자들이 라틴아메리카에 가져온 스페인어를 물려받은 사람들이다 (Rojas 1924: 45).

그는 이어서 라틴아메리카에서 언어에 대해서 갖는 세 가지 잘못된 태도를 지적한다. 하나는 국민문학이 있기 위해서는 국어가 별도로 존재해야 한다는 것이고, 다른 하나는 스페인어가 라틴아메리카 여러 국가에서 공통적으로 사용되면 이들은 하나의 개별적인 국가라고 말할 수 없다는 주장이며, 마지막은 스페인어를 사용하는 라틴아메리카 국가들은 이 언어를 물려준 스페인의 문학적 식민지이라는 것이다. 이에 대한 해결책으로 그는 스페인어와 같이 여러 국가에서 사용되는 공용어인 경우, 각 국가 문학의 새로운 내용, 감수성의 지역적 색깔, 변화과정에 영향을 주는 여러 요인들로 인해 어휘, 문장구성, 의미에 있어서 자신들만의 독특한 모습을 갖게 될 언어 내의 다양한 복수규범의 존재를 인정할 것을 제안한다. 보르헤스 역시 스페인어 규범의 통일성 속 다양성을 인정한다.

스페인의 스페인어와 아르헨티나의 스페인어 사이에 어떠한 극복하지 못할 거리가 존재하는가? 서로 이해하는 데 전혀 문제가 없다고 본다. 그러나 서로 다른 뉘앙스의 차이가 존재하는 것은 사실이다. 이것 또한 언어의 완전한 소통을 방해하지 않을 만큼 아주 은근한 것이고 조국의 목소리를 들을 정도로 아주 선명한 것이다(Rojas 1924: 146에서 재인용).

이와 관련하여 숨 펠데는 『라틴아메리카 문화의 문제』에서 라틴아메리카와 스페인의 서로 다른 현실을 토대로 스페인 스페인어와 아르헨티나 스페인어가 동일한 것이 될 수도 없고 또한 되어서도 안 된다는 점을 강조하면서, 라틴아메리카 각국의 역사적인 요인들에 의해 변형되고 풍부해진 이 지역 스페인어의 독자성을 주장한다.

우리가 물려받은 언어는 스페인어이다. 그래서 다른 언어가 될 수가 없다. 또한 그렇게 될 이유도 없다. 그렇다고 해서 라틴아메리카에서 사용되는 스페인어가 스페인에서 사용되는 스페인어와 같으라는 법도 없다. 아니 같을 수도 없는 것이다. 또한 우리는 스페인사람들과 같지도 않으며 같고 싶지도 않다. 그러므로 우리가 사용하는 스페인어가 같을 수가 없다.(Zum Felde 1943: 229).

또한 사바또도 라틴아메리카 및 아르헨티나의 정체성 문제에 대해 설명하면서 유사한 입장을 견지한다. 그는 언어가 인간의 삶처럼 여러 가지 요인들에 의해 굴곡이 심한 변화를 겪는 것은 자연스런 과정이라고 생각하고, 아르헨티나의 사회·역사적 상황을 반영하는 voseo와 같은 아르헨티나 스페인어의 차별적인 특징들을 인정하고 수용해야 한다는 점을 강조한다.

voseo는 이미 우리 국민의 피와 살이 되었다. 그러니 어떻게 우리의 소설이나 연극에서 사용하지 않을 수 있겠는가? 작가들은 결코 자신이 속한 상황의 심층적인 진실을 희생시켜서는 안 된다. 그가 사용해야 하는 언어는 사람들이 태어나고, 고통받고, 절망과 죽음의 순간에 울부짖고, 우정과 사랑을 나누는 웃음과 눈물 그리고 불행과 희망이 섞여 있는 그런 언어이다. 그것은 어린 시절 우리가 젖을 먹던 언어이다. 또한 우리가 했던 놀이들, 우리 주위에 있었던 새들과 개들, 우리가 꾸었던 꿈들 그리고 악몽까지도 밀접하게 연결되어 있던 언어이다(Sábato 1968: 163).

스페인어 내에서 아르헨티나의 독자적인 언어규범을 주장한 이들은 공통적으로 모두 앞에서 본 언어에 대한 극단적인 두 가지 입장을 인정할 수 없는 것으로 비판하고 있다. 숨 펠데(1943)에 따르면 언어 순수주의는 라틴아메리카의 진정한 시각에 반하는 식민지 시대의 보수적인 조바심에 지나지 않고, 반대로 언어를 천박하게 만들어 그 차이점을 부각시키려는 노력 역시 올바른 태도가 아니라는 점을 말하고, 인위적인 모든 것은 역효과만 초래할 뿐이라는 점을 지적하고 있다.

또한 이들은 스페인어에는 각국의 교양계층의 말로 이루어진 여러 개의 표준 규범이 존재한다는 것을 인정하고, 지금까지 제기되어온 언어의 순수성을 고집하거나 언어적 독립을 주장하는 극단적인 입장과는 다른, 언어문제에 대한 균형 잡힌 태도를 가지고 아르헨티나 스페인어를 하층 계급의 말과 교양계층의 말로 구분하여 후자를 아르헨티나를 대표하는 표준규범으로 간주한다. 이러한 언어 인식은 현재까지도 일반 언중들에게 영향을 미쳐 최근에 이루어진 아르헨티나인의 언어태도에 대한 조사에서도 그대로 반영되어 나타난다. 까를로스 쏠레(Solé 1992)에 따르면, 1982년에 부에노스 아이레스 교양계층을 상대로 실시한 언어태도에 대한 조사 결과, 대부분의 조사 대상자들이 자신들이 사용하는 스페인어가 다른 지역과 차이를 보인다는 것을 인식하고 있으나, 이를 자신들의 정체성을 나타내는 것으로 간주하여 스페인 한림원의 인정 여부에 관계없이 계속해서 사용하겠다고 응답했다. 이 조사에 따르면, 아르헨티나인들은 자신의 정체성을 나타내는 중요한 요소로 문화 및 전통, 언어, 종교를 들고 있으며, 이 중 문화 및 전통이 가장 중요한 요소라고 생각하고(51%), 다음으로 언어(44%)라고 답했으며, 종교라고 응답한 사람은 5%에 불과했다. 이는 언어와 문화가 불가분의 관계를 맺고 있음을 보여주며, 문화는 언어를 통해서 표현된다는 점을 고려한다면 아르헨티나인들이 자신들이 사용하는 스페인어에 대해 긍정적인 태도를 보이는 것은 일관성이 있다고 볼 수 있다. 또한 아르헨티나 교양계층의 사람들이 언어를 통해 자신들의 정체성을 확립하려고 노력한다는 것을 보여주는 세 가지 요인이 나타난다.

첫째, 자신들이 사용하는 스페인어가 '좋은 스페인어'라고 생각하지 않고, 스페인 한림원의 규범과도 일치하지 않는다고 생각하지만 이를 아르헨티나의 표준어라고 간주하고 있으며, 둘째, 자신들의 스페인어의 특징을 나타내는 가장 중요한 요소로 의미와 어휘를 들고 있고, 셋째, 자신들의 언어규범이 스페인의 한림원이 아니라 아르헨티나 한림원에 의해 국민들의 언어현실에 맞춰 제정되는 것이 바람직하다고 답하고 있다. 그리고 아르헨티나 스페인어의 대표적인 특징이라 할 수 있는 zeísmo나 voseo의 사용과 관련해서는 젊은층을 중심으로 보다 더 차별적인 언어변화의 조짐이 감지된다.

지금까지 본 것처럼 아르헨티나 대부분의 역사적 단계마다 국가의 정체성 확립이 항상 가장 중요한 문제로 대두되었다. 이는 곧 정체성을 나타내는 중요한 요소인 언어문제로 이어져 이를 해결하기 위한 방안으로 다른 라틴아메리카 국가들에서는 볼 수 없었던 서로 상반되는 언어 민족주의적인 이념이 생겨났다. 하나는 스페인 규범의 순수성을 유지하려는 것이고, 다른 하나는 정치적 독립을 완성하기 위해 언어적 독립을 주장한 낭만주의 계열의 지식인들과 이민자들이 대거 유입된 이후에 형성된 사회 중간세력의 언어 민족주의가 그것이다. 이들은 보수적인 언어 순수주의자들에 맞서 아르헨티나의 언어적인 독자성을 주장했다. 그러나 이렇게 서로 상반되는 이념의 차이에도 불구하고 이들은 언어를 통한 정체성의 확립이라는 공통적인 면을 공유하고 있었다. 그럼에도 불구하고 이들을 움직이게 한 언어 인식에는 차이가 있어, 전자는 대규모 이민자들의 유입으로 파생된 사회변혁의 과정에서 스페인적인 전통의 복원을 통해 국가 정체성의 위기를 극복하려 했고, 따라서 스페인어의 순수성을 유지하는 것이 곧 스페인 전통에 기반을 둔 정체성의 유지를 가능케 한다고 믿었다. 반면에 언어적 독립을 주장한 후자는 새로이 형성된 사회에서는 스페인어와는 다른 자신들 특유의 언어규범이 새로운 정체성을 형성하는 데 필요하다고 여겨 언어적 독자성을 제기한 것이다.

결론적으로 현재 아르헨티나에서는 이전의 스페인 규범의 순수성을 유지하자는 주장이나 언어적 독립에 대한 열망이 가라앉긴 했으나, 새롭게 탄생한 이민자들로 구성된 사회의 정체성을 확립하려는 노력이 스페인어와 다른 별개의 언어가 아닌 아르헨티나적인 특성이 배어 있는 스페인어를 표준규범으로 하는 독자적인 언어규범의 추구로 나타나고 있다.

3.3. 언어와 민족주의: 멕시코 사례

현재 20여 개국에서 국어 내지 공용어로 사용되고 있는 스페인어는 교양계층의 문어에서는 전반적인 통일성을 유지하고 있으나, 일상적으로 사용하는 구어에 있어서는 각 국가마다 다소간의 차이를 보인다. 이러한 차이는 식민지 시대부터 존재했지만 그 당시에는 스페인에서 사용되는 말 이외에는 언어규범으로 인정받지 못했다. 따라서 식민지의 모든 국가에서는 본국의 말이 따라 해야 할 언어의 전범으로 큰 영향력을 행사하고 있었다. 그러나 독립 이후에는 주권국가로서 각 나라가 자신들의 영토 내에서 사용하는 말, 특히 수도에서 사용하는 교양계층의 스페인어를 언어규범으로 간주하면서부터 스페인어권에는 다양한 언어규범이 존재하게 되었다. 이로써 스페인은 종주국으로서 언어규범을 제공하였던 우월적인 위치를 상실하였다.

그러나 문어의 경우에는 독립 이후에도 스페인 한림원이 규정한 규범이 널리 받아들여졌다. 특히 철자법의 경우에는 현재까지도 스페인어권 모든 국가가 한림원의 규범을 따르고 있다. 이러한 동일한 철자법은 스페인어가 여러 나라에서 사용되면서 지금과 같은 통일성을 유지하는 데 커다란 힘이 되었다.

그럼에도 불구하고 일부 국가에서는 스페인 한림원과는 다른 규범을 고수하기도 하는데, 이러한 차이는 종종 한 국가의 정체성을 나타내는 요소로 자리 잡기도 한다(Malemberg 1974). 대표적인 경우가 멕시코 국명의 표기 문제이다. 다시 말하면 Méxcio로 할 것인가 아니면 Méjico로 할 것인가 하는 문제이다. 멕시코에서는 México라 표기하는 데 반해 스페인에서는 Méjico로 표기한다. 다른 라틴아메리카 스페인어권 국가들에서는 멕시코 정부의 요청에 따라 México로 표기하는 것이 일반적이다. 그렇다면 왜 이런 차이가 발생하게 된 것일까? 이를 알아보기 위해서는 우선 현재 스페인어권에서 사용되는 철자 x가 나타내는 음의 변화에 대해서 살펴보고, 멕시코에서 x와 j의 혼용 그리고 국명의 철자 변경이 멕시코인들에게 주는 의미 등을 알아보는 것이 필요하다. 여기서는 스페인어권에서 유일하게 인정되는 국명 표기에 관한 이중적 규범이 생겨난 원인을 음운변화의 측면과 정치·역사적 측면에서 살펴보기로 하자.

1) 음운변화

(1) 철자 x가 나타내는 음의 변화

16세기 스페인어에서는 철자 x가 현재 영어의 sh 발음을 나타내기 위해 사용되었다. 따라서 지금의 Don Quijote는 Don Quixote로 표기했고 당시 이를 번역한 프랑스어 및 이태리어 발음은 이러한 사실을 뒷받침하고 있다.[3] 이러한 발음은 라틴아메리카 정복과 식민통치 초창기에도 유지되었다. 스페인 사람들이 멕시코를 정복했을 당시 그 지역에는 아스떼까 제국의 언어인 나우아뜰을 비롯한 다양한 원주민어가 사용되고 있었다. 이들 언어에는 /sh/라는 음소가 존재했는데 스페인 사람들은 이런 음소가 들어가는 원주민어를 스페인어 철자 x를 사용하여 나타냈다. 그래서 오늘날 멕시코 국명도 원주민들이 [méshico] 혹은 [meshico]라고 하는 것을 듣고 México로 나타냈던 것이다.[4] 이 당시 이런 음소를 가진 원주민어로 스페인어화된 어휘를 살펴보면 Oaxaca, Xalisco()Jalisco), Xalapa()Jalapa), xacalli()jacal), jitómatl()jitomate), vexólotl()guajolote) 등 여러 어휘들이 있다. 그렇다고 해서 음소 /sh/를 가진 어휘를 모두 철자 x를 사용해서 나타낸 것은 아니었다. 어떤 경우에는 철자 s를 사용하여 나타내기도 하였다. 예를 들면 식민지 초기에 나타나는 문헌을 보면 Castilla-Caxtilla, Tlascala-Tlaxcala 등과 같은 단어는 x와 s가 서로 번갈아 나타나기도 한다(Rosenblat 1997: 62). 이는 당시 스페인 사람들이 멕시코 원주민들이 하는 발음을 듣고 그 소리에 가장 가까

---

3) 당시 프랑스어로는 Quichiote[Kishot], 이태리어로는 Quisciotte[Kishotte]로 번역되었음.
4) México라는 말의 어원에 관해서는 여러 의견이 있는데 '마게이의 산토끼'를 의미하는 Mexitli에서 나온 말이라는 것이 널리 받아들여지고 있다(Gutierre Tibón 1947).

운 소리를 나타내는 문자를 사용했으므로 초창기에는 정확한 음보다는 비슷한 음을 찾아 표기하는 경우가 많았기 때문인 것으로 보인다.[5]

17세기 들어서 /sh/는 연구개음화되어 지금의 j가 나타내는 음으로 발음하게 된다. 따라서 xabón, xeringa, xerga, xugoso와 같은 말은 각각 [jabón], [jeringa], [jerga], [jugoso]로 발음했다. 멕시코 국명인 México도 이 음운변화를 따라 [méshico]에서 [méjico]로 음이 바뀌게 되었다. 여기서부터 현재의 철자와 소리가 일치하지 않는 현상이 연유한다.

한편 16세기 스페인어에는 오늘날의 철자 j가 지금과 같은 연구개음이 아니라 경구개음[ž]을 나타냈었다. 그러던 것이 17세기 중반에 현재와 같은 음으로 바뀌게 되는데 이 시기의 시에서는 hijo와 dixo가 완벽한 각운을 이룬다는 사실로 미루어볼 때 철자 x와 j가 서로 같은 /j/를 나타냈음을 알 수 있다. 따라서 이 두 철자가 서로 혼동해서 사용되는 경우가 많았다(Alatorre 1984). 스페인이 라틴아메리카를 발견한 해인 1492년에 스페인에서 추방된 유대인들이 사용하는 유대스페인어(el judeo-español)에서는 아직도 이 두 음을 구분하고 있다.

원래 스페인어의 모어라 할 수 있는 라틴어의 경우 철자 x는 /ks/나 /gs/ 음을 나타냈다. 따라서 음운의 변화를 거치지 않고 문어체 라틴어에서 직접 들어온 스페인어 어휘의 경우 철자 x는 라틴어 방식으로 발음되었다. 이와 같은 어휘들을 보면 examen, exótico, éxito. existir, exibir 등이 있다. 그래서 이 시기의 스페인어 문자에는 두 가지 서로 다른 음을 나타내는 x가 존재했다. 하나는 /sh/로 발음되는 것과 다른 하나는 /ks/나 /gs/로 발음되는 라틴어에서 직접 들

---

5) 이로 인해 멕시코 정복자인 Hernán Cortés나 종군 기록관인 Vernal Días del Castillo 가 당시 본국 정부에 보낸 서한을 보면 Xochimilco라는 지명이 Sochimilco, México가 Mésico로 표기된 경우가 있었다(Rosenblat 1997).

어온 어휘에 사용되었던 x가 그것이다.

　비록 x나 j의 음이 변했다 할지라도, 철자는 그대로 유지되었으며 서로 혼동되어 쓰이는 경우가 많았다. 따라서 한 음에 한 문자를 일치시키고자 하는 철자법 단순화에 대한 요구가 자연스럽게 나타났다. 1630년경에 스페인 살라망까 대학의 꼬레아스(Gonzalo Correas)는 철자법의 단순화를 제안하면서 j를 모두 없애고 대신에 x를 사용할 것을 주장하였다 (xusticia, xactancia, konseco, viexa 등). 그러나 이에 대한 반론도 만만치 않아 이 당시 스페인어의 철자법은 스페인 한림원이 생길 때까지 x와 j 사이를 오락가락하게 된다.

　1726년 스페인 한림원이 생겨나고 이어서 나온 Autoridades 사전은 이 두 철자의 혼용 문제를 어원론적인 기준을 가지고 해결하려 했다. 다시 말하면 원래 라틴어에서 x로 나타냈던 어휘는 그대로 x를 사용하여 나타냈으며(vexación, relaxación, execución, exemplo 등), 같은 기준으로 라틴어에서 직접 들어온 어휘에도 x를 사용하였다(extraño, examen 등). 이렇게 해서 한림원의 철자법에도 두 종류의 x가 받아들여지게 된다. 하나는 /j/를 나타내는 x이고 다른 하나는 /ks/나 /gs/를 나타내는 x이다. 그러나 이 경우 철자만을 가지고는 x를 어떻게 발음해야 하는지를 알기가 어려웠기 때문에 이 두 가지 음을 구분하기 위해 라틴어에서 직접 들어온 어휘, 다시 말하면 /ks/나 /gs/로 읽어야 하는 어휘에는 x 다음에 나오는 모음에 ^를 사용하여 구별했다(exâmen, exîgir 등).

　그럼에도 불구하고 철자 j와 x 사이의 혼용은 사라지지 않고 19세기 초엽까지 지속되었다. 그러나 스페인 한림원에서는 1815년에 펴낸 철자법 제 8판에서 이 두 철자의 혼용을 완전히 없애 x는 /ks/나 /gs/로 발음해야 하는 어휘에 사용하고, j는 지금의 /j/로 발음해야 하는 모든 경우에 사용할 것을 규정했다. 이렇게 해서 채택된 철자 x와 j의 구별이 지금까지 유지되고 있는 것이다. 따라서 이전까지 x로 표기했던 dixe, baxo, xeringa, lexos, xabon, caxa, dexar 등은 dije, bajo, jeringa, lejos, jabon, caja, dejar 등으로 바뀌었다.

(2) 멕시코에서의 x의 사용

이러한 철자법의 변화는 멕시코에서 사용되는 어휘에도 그대로 적용되어 지명을 나타내는 Guadalaxara, Guanaxuato, Xalisco는 더 이상 사용되지 않고 Guadalajara, Guanajuato, Jalisco로 바뀌었고 보통 명사인 경우에도 texólotl, axólotl, xitómatl, xicotli가 각각 tejocote, ajolote, jitomate, jicote로 변화했다.

모든 어휘가 발음이 바뀌었다고 해서 다 한림원이 규정한 철자법을 따른 것은 아니었다. 보통 명사의 경우에는 거의 대부분 j로 바뀌었으나 고유명사는 음만 바뀌고 철자의 변화는 더디게 진행되었다. 특히 국명인 México를 비롯한 Oaxaca, Texas 등은 발음은 /j/로 하고 철자를 그대로 유지하는 소리와 철자가 불일치하는 상태로 남았다. 또한 멕시코 정복 당시 x로 표기했던 대다수의 단어들은 스페인에서 진행되었던 /sh/>/j/의 음운변화를 따랐으나, 일부는 이런 변화에서 제외되어 철자 x는 보존하고 있으나 /j/와는 다른 음가를 가짐으로써 오늘날 멕시코 스페인어에서 철자 x는 발음하는 데 외국인들에게 많은 혼동을 주고 있다. 예를 들면 멕시코시티의 거리 이름인 Xola는 원래 x가 나타낸 /sh/ 음을 보존하고 있어 [shola]로 읽어야 하고,[6] Xochimilco, Taxco, Tlaxcala

---

6) 이와 관련해서 일부에서는 멕시코 스페인어에 다른 지역의 스페인에는 존재하지 않는 /sh/음소가 있다는 주장을 하고 있으나, Lope Blanch(1983)는 멕시코 스페인어에 나타나는 /sh/를 완전한 기능을 하는 음소로 보지 않고 /s/의 변이형으로 간주하고 있다.

의 경우에는 /sh/가 아니라 /s/로 발음해야 한다. 또한 Tuxtla, Texcoco 는 현재 스페인어 철자 x가 갖는 음가인 /ks/로 발음된다.

이와 같이 멕시코 스페인어에서 사용되는 철자 x는 다른 지역과 뚜렷한 차이를 보이고 있어 그동안 스페인어권에서 많은 논란을 야기해왔다. 특히 멕시코 국명 표기와 관련된 문제를 중심으로 학자들 간에 많은 논란이 제기되었다. 다시 말하면 스페인의 한림원에서 규정한 Méjico가 올바른 것인가 아니면 멕시코에서 사용하고 있는 México가 올바른 표기인가 하는 것이다. 이를 알아보기 전에 우선 1815년 스페인 한림원의 철자법 개정안 발표 이후에 멕시코에서 국명 표기와 관련하여 일어났던 변화를 살펴보는 것이 필요할 것으로 생각된다.

식민지 기간 내내 멕시코 국명에 유지되었던 x는 한림원의 철자법 개정으로 점차 j로 바뀌기 시작한다. 훙꼬(Alfonso Junco 1959)에 따르면 독립 후에 발행된 El Mejicano Independiente(1821), El Aguila Mejicana(1827) 등의 신문은 이름에 j를 사용하고 있다. 또한 1839년에서 1849년에 발행된 관보를 비롯한 정부의 공식 문서에서도 República Mejicana라고 쓴 것을 볼 수 있다. 그렇다고 j가 이전에 쓰였던 x보다 많이 사용되었던 것은 아니었다. 다시 말하면 철자법 개정 후에도 멕시코에서는 국명에 전통적인 x의 유지를 주장한 사람이 더 많았다. 그러나 많은 수의 지도층 인사들이 한림원의 규범에 따라 j를 사용할 것을 주장하였는데 x의 보존을 옹호하는 사람들 가운데는 자유주의자들이 대부분이었고 j의 사용을 주장한 사람의 대다수는 보수주의 진영에 속했다. 그러나 예외적인 경우도 있어서 자유주의자의 대표라고 할 수 있는 후아레스(Benito Juárez)나 오깜뽀(Melchor Ocampo) 등이 국명을 Méjico로 표기했고 보수주의자인 막시밀리아노(Maximiliano)황제나 미라몬(Miramón) 그리고 당시 보

수성향의 신문들도 x를 사용하여 국명을 표기하기도 했다.[7]

이와 같이 멕시코에는 독립 후에도 국명의 표기와 관련하여 스페인에서 1815년 철자법 개정 이전에 나타났던, /j/음을 두고 x와 j가 혼용되는 상황이 벌어지고 있었던 것이다. 이와 함께 철자 g도 사용되었다. 예를 들면 19세기 멕시코의 유명한 역사학자이자 정치가인 알라만(Lucas Alamán)은 1844년과 1845년에 발간한 그의 저서 *Disertaciones sobre la historia de la República Megicana* 1, 2권에서 멕시코 국명에 g를 체계적으로 사용하였다. 그러나 1849년에 발간된 3권에서는 한림원의 규범에 따라 j를 사용하게 된다. 이렇게 하여 1849년에서 1852년에 발간된 그의 저서 *Historia de Méjico*에서는 j의 사용이 지배적이다. 그는 저서 서문에서 당시 멕시코에서 x의 사용에 대해 다음과 같이 말하고 있다.

철자 x의 사용만큼 불확실성이 있는 것은 아무것도 없다. 어떤 사람들은 그것을 보존하고, 다른 사람들은 스페인어에서 이 문자를 사용하는 것은 잘못된 것이라고 생각한다. 그리고 한 가지 더 이상한 것은 철자법에서 어떠한 경우에도 이 문자를 사용하지 않는 사람도 멕시코의 명칭에만은 초창기에 표기했던 방식에 대한 미신적인 숭배 때문에 이 철자를 사용한다는 점이다(Rosenblat 1997: 66에서 재인용).

---

7) 모든 라틴아메리카 국가가 그러하듯이, 멕시코에서도 독립 후에 국가의 통치와 관련하여 보수주의자와 자유주의자(진보주의자)들이 서로 대립한다. 보수주의자들은 친 스페인적인 성향을 가진 자들로 구체제의 유지와 가톨릭의 옹호 등을 내세우고 있는 반면, 자유주의자들은 반 스페인적인 성향과 함께 구체제의 유지보다는 전반적인 국정개혁을 내세우고 있었다. 스페인어와 관련해서도 보수주의자들은 스페인의 규범을 존중하고 따라야 한다고 주장했으나 자유주의자들은 스페인으로부터 독립한 이상 멕시코에서 사용되는 스페인어를 기반으로 새로운 규범을 만들 것을 제안했다.

시간이 지남에 따라 많은 지지를 얻어가던 j의 사용이 19세기 말에 이르면 강한 역풍을 만나 정부에서 공식적으로 국가 명칭을 México로 통일하게 되고[8] 학교 교육에서도 x 사용을 규범으로 가르친다. 이로써 독립 이후 계속되어온 x와 j의 싸움은 공식적으로는 x의 승리로 끝이 난다. 그렇다고 해서 j의 사용이 완전히 사라진 것은 아니었다. 정부의 공식적인 x의 채택에도 불구하고 20세기까지도 이에 대한 논란이 계속되었다. 다른 스페인어권 국가를 보더라도, 스페인의 경우에는 한림원의 철자법에 따라 j를 고집하고 있으며 라틴아메리카 많은 국가에서는 멕시코 정부의 요청에 따라 x를 사용하고 있으나, 위에서 언급한 역사적인 변천 과정을 잘 알지 못하는 사람들은 영어식으로 [meksico]로 읽는 경우도 생겨나고 있다.

그렇다면 스페인뿐만 아니라 대부분의 스페인어권 국가에서 받아들여지고 있는 한림원의 철자법을 무시하고 멕시코인들이 국명에 많은 혼란을 야기하는 x를 고집하는 이유는 무엇인가? 이는 앞서 언급한 알라만이 지적한 멕시코인들의 초창기 표기 방식에 대한 미신적인 숭배라기보다는 독립 이후 계속된 멕시코인들의 문화적 정체성 형성을 위한 노력과 많은 관련이 있는 것으로 여겨진다.

---

8) 1898년 멕시코에서 스페인어의 중요한 문법서가 앙헬 델라 뻬냐(Rafael Angel de la Peña)에 의해 출간되는데 그는 이 책에서 멕시코 국명에 j를 사용해야 한다는 것을 옹호했다. 바로 그해에 뽀르삐리오 디아스(Porfirio Díaz) 정부는 법무·교육부 산하에 국립문헌연구소를 세우게 된다. 이 연구소 첫 회의에서 멕시코 국명의 철자에 대한 토론이 열려, 당시 장관이던 브란다(Joaquín Branda) 씨가 x를 옹호하는 의견을 개진하자 다른 참석자들이 이에 동의하여 멕시코 정부의 통일안이 나오게 되었다 (Revilla 1981: 78).

(3) 멕시코의 문화적 정체성 형성(언어 민족주의)

19세기 초 스페인으로부터 독립을 이룩한 멕시코는 정치적인 독립과 함께 문화적인 면에서도 식민지 본국이었던 스페인과는 다른 차별성을 갖기 위해 많은 노력을 한다. 언어생활에 있어서도 스페인 규범을 추종하는 것에서 벗어나 독립국가로서의 언어규범 확립에 대한 의식이 생겨난다. 독립 후에 겪은 많은 외침의 결과로 형성되어온 민족주의적 감정이 언어에서도 나타나기 시작하는데 앞으로 멕시코에서 사용될 표준 스페인어로 스페인의 규범이 아닌 멕시코의 원주민 문화와 언어의 영향을 받아 형성된 자국 스페인어가 되어야 한다는 인식이 생겨났다. 이런 언어 민족주의 형성에는 멕시코 스페인어의 지역적인 차이를 인정하는 데 앞장서 멕시코적인 어휘를 수집하고 있었던 멕시코 한림원까지도 가세했다. 멕시코 한림원은 1875년에 탄생하는데, 이와 관련하여 히드 (Brice Heath 1972: 111)는 다음과 같이 말하고 있다.

반 세기 전까지만 해도 멕시코의 지배 계급은 스페인에서 사용되는 말을 완벽하게 모방하는 데 급급했으나, 19세기 말의 교양계층은 특수한 역사적 환경의 산물인 멕시코 스페인어 규범을 뽐내고 있었다.

꾸아론(Garza Cuarón 1988)에 따르면, 이 시기에 멕시코 스페인어의 독자성뿐만 아니라 스페인과는 전혀 다른 문학을 만드는 것이 이상적인 것이라고 주장하는 사람들까지도 생겨났다. 이처럼 시간이 지나면서 멕시코인의 정체성이 점점 구체적인 모습을 드러내는데 일반 국민의 정서 속에는 멕시코 국명에 사용된 x가 멕시코를 스페인과 구별시켜주는 정체성을 이루는 하나의 요소로 자리 잡게 된다. 따라서 멕시코의 국명에 x 대신에 j를 사용하는 것은 멕시코인의 자존을 손상시키는 것으로 간주되기에 이른다. 레비야(Revilla 1981: 77)는 그의 글 ¿Por qué no escribo México con j?에서 멕시코 국명에 사용된 x가 멕시코의 정체성을 상징하는 요소가 되었음을 다음과 같이 말하고 있다.

이 땅에서 태어난 우리들이 지혜의 눈을 떴을 때부터 조국의 이름은 x로 표기되어 있었다. 따라서 철자 x는 이미 오랜 전통에 의해 신성화된 문자이다. 여기에는 신성하고 성스러운 무엇인가가 담겨 있다. 우리가 우리의 것으로 인정하고 또한 이미 정형화된 국가의 명칭을 바꾸는 것은 정서상 용납되지 않는 일종의 신성모독이다. 멕시코라는 명칭에서 x를 떼어내는 것은 우리 국가의 문장에 들어 있는 독수리에서 선인장이나 뱀을 없애는 것, 혹은 우리 국기의 삼색 중에서 어느 하나를 바꾸는 것과 같은 것이다.

또한 철자 x는 자신의 정체성을 식민지 이전의 원주민 전통에서 찾으려는 멕시코인들에게 멕시코적인 것을 대표하는 요소 중의 하나로 자리 잡는다. 특히 1910년에 시작된 멕시코 혁명을 계기로 멕시코에는 자신들의 뿌리를 유럽의 전통에서 찾는 것이 아니라 원주민의 그것에서 찾으려는 의식이 사회 전반에 걸쳐서 생겨나는데 유럽적인 전통이나 문화보다는 원주민의 그것이 멕시코의 고유성을 나타내는 것이라 여기게 된다.[9] 따라서 멕시코 국명을 표기하는 데 있어서도 México라고 하면 원주민의 전통을 존중한 것이기 때문에 멕시코적인 것이고, 그렇지 않

---

9) 혁명 후 멕시코에서는 정복자 꼬르떼스(Cortés)에게 처형당한 아스떼까의 마지막 황제인 꾸아우떼목(Cuauhtémoc) 등과 같은 정복 이전 시대의 특정한 인물들을 복원시켜 영웅화하려는 의식적인 시도가 있었다. 그 결과 꾸아우떼목은 유럽인들에 의해 박해를 당한 순교자로 인식되었고 반면에 정복자인 꼬르떼스는 약탈자로 본다.

고 Méjico라고 하면 비굴하게 스페인을 추종하는 것으로 여겨졌다.[10]

이렇게 멕시코 국명 표기와 관련하여 형성된 민족주의적 감정은 일반 대중들 속에 깊이 뿌리내려 있어, 멕시코를 제외한 모든 스페인어권 국가에서 자연스런 음운 변화의 결과로서 인정되고 있고 스페인 한림원이 정한 멕시코 국명에 대한 철자법이 전혀 설득력을 갖지 못했다. 민족주의 앞에는 과학적인 논리나 설득이 오히려 국민감정만을 자극하는 결과를 가져올 수도 있다는 사실이 이 경우에도 예외는 아니어서, 결국 스페인 한림원에서도 1959년에 멕시코 국명의 표기의 경우에는 j나 x로 표기할 수 있다고 결정하기에 이른다.[11] 물론, 한림원은 지금까지도 j를 선호한다.

3) 멕시코 국명 표기와 관련된 학자들의 논란

이렇게 복잡한 역사를 가진 멕시코 국명에 대한 표기의 문제는, x로 쓰고 j로 발음하는 멕시코 국명에만 예외를 두는 것은 소리와 문자의 불일치라는 혼동을 불러와 스페인어의 통일성을 해치는 것이라고 주장하는 학자와, 한 나라의 국명은 그 나라의 국민정서에 따라야 한다는 학자들 사이에 끊임없는 논쟁거리가 되었다.

우선, 전자의 목소리는 다른 스페인어권 학자들에게서 나오는데, 우

---

10) 그러나 México라고 표기하는 것이 원주민 전통을 존중하는 것이라는 일반적인 인식은 잘못된 것으로 보인다. 왜냐하면 México라는 단어는 원주민에서 나온 말이 아니라, 단지 스페인 사람들이 원주민의 발음을 듣고 이를 스페인어로 표기한 것이기 때문이다.

11) 한림원은 멕시코 국명뿐만 아니라 멕시코의 오하까주의 명칭과 미국 텍사스주의 스페인어 명칭도 멕시코에서 사용하는 철자법을 인정하여 각각 Oaxaca-Oajaca, Texas-Tejas로 쓸 수 있다고 결정했다.

나무노(Unamuno 1964)는 멕시코의 x 사용에 대해 멕시코인들이 가지고 있는 정서를 무시하고, 명칭에 이국적인 냄새가 나도록 하려는 순진한 발상이라던가, 스페인과 차별성이나 독립을 바라는 열망을 표시하기 위한 어린애 같은 조급증의 소산이라고 격렬하게 비판하고 있다.

멕시코에서조차도 일부 학자들은 일반적인 국민 정서와 다르게 México보다는 Méjico가 멕시코 국명을 표기하는 데 적합한 것이라고 생각한다. 가장 체계적인 논리로 j를 사용할 것을 주장한 사람이 홍꼬 (1959)인데, 그는 멕시코의 국명에 쓰이는 x는 원주민의 전통과는 아무런 관련이 없고 이제는 그 용도가 다한 스페인어 고문자의 잔존에 불과하다고 주장하면서 음성학적인 측면, 어원론적인 측면, 관습적인 측면에서 x 사용을 반박하고 있다.

먼저 음성학적으로 볼 때 x로 쓰고 j로 읽는다는 것은 스페인어가 다른 언어에 대해 우위를 지니고 있는 "소리 나는 대로 쓴다"라는 대원칙에 맞지 않다는 것이다. 또한 México로 쓰고 Méjico로 읽을 경우 멕시코에서는 문제가 없으나 다른 나라에서는 현재 스페인어 x의 음가대로 Meksico라고 영어식으로 읽을 위험성이 있다고 주장한다.

어원론적인 측면에서 봐도 원주민어인 나우아뜰과 관계 있는 것은 sh 음이지 이를 나타내기 위해 스페인 사람들이 사용했던 x가 아니다. 다시 말하면 [méshico](혹은 [meshico])라는 음과 관련 없는 것은 원주민어와 아무런 관련이 없다는 것이다. 멕시코를 x로 써야 하는 스페인어 표기법도 이 문자가 더 이상 원래의 음을 나타내지 않았던 때부터 그 기능을 상실했다.

1815년 한림원의 철자법 개정 이후 멕시코에는 항상 국명을 표기하는 데 두 가지 관습이 유지되었으나, 어느 하나가 단일하게 쓰인 적은 없었다. 물론 x의 사용이 관습적으로 우세한 것은 사실이나 그렇다고 j

의 사용을 부정할 만큼 압도적인 것은 아니었고 또한 앞서 언급한 것처럼 x는 용도가 다한 철자법의 잔존에 불과하기 때문에 이 두 가지 관습 중에서 어느 하나를 택한다면 음성학적으로 올바른 j를 선택하는 것이 바람직할 것으로 보인다고 주장했다.

최근까지도 멕시코의 x 사용에 대해 부정적인 견해를 피력하는 학자들이 많은데, 베네수엘라의 저명한 언어학자였던 로센블랏(Rosenblat 1969)은 멕시코의 국민적 정서를 이해하면서도, 이 나라에서 국명에 사용을 고집하는 x는 고문자에 대한 단순한 집착에 불과하며 여기서 정체성을 찾고 옛 원주민 전통을 논한다는 것은 매우 자의적인 것으로 간주하면서, 멕시코에서 이런 식으로 이미 다른 스페인어권 국가에서는 기능을 상실한 문자를 고집한다면 앞으로 멕시코에서 철자법에 대한 개정 노력은 아무런 정당성을 갖지 못할 것이라고 주장했다.

대부분의 멕시코 학자들은 국명에 j의 사용을 단호히 배격하면서, x의 사용을 옹호하는 입장을 취한다. 그들은 대체로 음운변화의 결과인 j의 사용을 언어학적인 측면에서는 인정하고 있으나 국민정서를 들어 x의 사용을 옹호한다.

레비야(1981)는 멕시코에서 j의 사용이 아무리 언어학적으로 정당성을 갖는다 하더라도 관습과 결합된 국민정서가 이를 용납하지 않는다고 말한다. 1930년대에 멕시코에서 다시 x와 j의 사용에 관한 지상 논쟁이 있었는데, 이와 관련하여 레이에스(Alfonso Reyes 1932: 135)는 언어학적인 측면에서 보면 j를 사용해야 하나 정서상 x의 사용에 더 마음이 끌린다고 말하고 있다.

나는 언어학적으로 말해서 가장 진보된 형태이고 x에 비해 더 현대적인 j의 사용에 대해 반대할 과학적인 근거는 없으나 우리 국민들을 서로 알아보게 만드는 특징과도 같은 역사적 유산으로서 x에 정이 간다.

마지막으로 레이에스보다 감정적인 면에 덜 치우치면서 보다 설득력 있는 논리를 제시하는 디아스(Alfonso de Rosenweig Díaz 1956)는 x의 역사적 변화과정을 모르는 사람들은 México를 보고 자동적으로 [méksico]로 읽을 가능성이 높기 때문에 음성학적 측면에서 보면 j로 사용해야 하나, 국명의 철자를 결정하는 것은 주권국가의 소관사항이므로 멕시코의 국명을 표기할 때는 항상, 전통, 관습, 정치적인 이유로 x를 사용해야 한다고 말한다.

지금까지 본 것처럼 멕시코는 스페인어권에서 유일하게 국명의 철자가 두 개인 나라이다. 다시 말하면 현재 스페인어에는 멕시코 국명을 두 가지로 표기할 수 있다. 하나는 멕시코에서 공식적으로 채택하고 있는 México이고 다른 하나는 스페인 및 다른 스페인어권 국가에서 일반적으로 사용하는 Méjico이다. 이 두 가지 표기법 중에서 어느 것이 올바른 것인가 하는 문제는 보는 관점에 따라 달라진다.

먼저 순수하게 언어학적인 측면에서 보면 현재 멕시코에서처럼 México를 x로 쓰고 j로 발음한다면 철자 j를 사용하는 것이 더 합리적이라고 본다. 이는 x를 옹호하는 대다수의 멕시코 학자들도 인정하는 바이다.

그러나 한 국가의 국명을 정하는 데 있어서 언어학적 요인 못지 않게 전통과 관습에 기반을 둔 국민적 정서 또한 중요한 요소이다. 멕시코의 경우 국민의 대다수가 국명 México가 이미 오랜 전통 속에서 형성된 것이므로 스페인의 한림원 지시에 따라 바뀔 수 없는 국가 자존의 문제라고 생각하기 때문에 x 대신에 j를 사용하는 것은 시대를 거꾸로 돌리려는 시도로 간주된다. 또한 멕시코 혁명 이후에 뚜렷하게 형성된 멕시코의 정체성을 스페인 전통보다는 원주민의 전통에서 찾으려는 시도로 인해 국명만큼은 원주민어에서 나왔기 때문에 이를 수정하는 것은 정체성을 이루는 한 요소를 상실하는 것으로까지 생각하게 되었다. 따라서 멕시코인들은 x로 쓰고 j로 읽는 것을 교육을 통해서 전통처럼 전수받기 때문에 이제는 x의 사용을 별 생각 없이 당연하게 여기고 있는 것이 현실이다. 또한 무의식중에 이를 자신들을 다른 스페인어권 국가, 특히 스페인과 차별화 시켜주는 한 요소로 여긴다.

그럼에도 불구하고 멕시코를 벗어난 다른 스페인어권 국가에서는 멕시코의 이런 x의 사용에 대해 대체적으로 거부감을 보인다. 또한 현재의 x가 나타내는 음가로 인해 멕시코 국명을 잘못 읽는 경우도 많이 생겨나고 있다. 그러나 한 국가의 국명은 그 나라의 역사적 전통, 관습, 국민의 정서에 의해 결정되는 것이 바람직하다고 생각했을 때, 멕시코 국명 역시 멕시코인의 선택의 몫이라 생각된다.

3.4. 원주민어와 문자: 아이마라어 사례

상호문화 이중언어 교육 프로그램이 실시되기 시작한 1980년대 이후 많은 원주민어들이 교육의 언어로 사용되고 있다. 이렇게 원주민어를 사용한 교육이 가능하게 된 것은 대부분의 원주민어가 문자를 갖게 되었기 때문이다. 그러나 많은 경우에 아직도 어떤 특정한 언어를 나타내는 데 어떤 문자가 최상의 것인가에 대한 끝없는 논쟁이 존재한다. 이러한 예 중의 하나가 세 개의 서로 다른 문자체계가 있는 칠레의 마뿌체족의 지금도 계속되는 논쟁이다. 이러한 상황은 국민의 대다수가 사용하여 그 사용이 널리 확산된 파라과이의 과라니어에서도 나타난다. 그러나 문자와 관련한 가장 기나긴 논쟁은 페루와 볼리비아의 께추아어 및 아아미라어 모음표기에 관한 것이다. 일반적으로 라틴아메리카 원주민어 표기와 관련된 의견의 불일치는 스페인어의 문어전통과 문자체계가 원주민어의 정신과 특징을 보다 더 충실하게 나타내려고 하는 원주민어 문자의 초기 발전에 영향을 준 결과이다. 문자논쟁에는 스페인어가 아니라 자신들의 언어에 기반한 문자체계를 만들기 시작한 원주민의 필요성과 관점보다는 스페인어부터 쓰기 시작한 이중언어 사용자들뿐만 아니라 여러 단체, 특히 종교기관의 입장이 들어가 있어 문제를 더 복잡하게 만든다.

1980년대 이후 라틴아메리카에서 원주민들의 정치적 입지가 강화되면서 가장 먼저 요구한 것 중의 하나가 자신들의 언어를 사용하여 교육을 받을 수 있는 권리이다. 정복 이후 교육은 주로 지배 계층인 유럽인들을 위한 것이었고, 원주민들은 공교육을 받을 수 있는 기회가 없어서 원주민어가 교육에서 사용되지 못했다. 20세기 들어 원주민들을 주류사회에 동화시키기 위한 방편으로 농촌지역까지 공교육이 실시됨에 따라, 스페인어를 빨리 배울 수 있는 수단으로서 원주민어가 교육에서 사용되기 시작하였다. 또한 원주민들의 제 권리가 인정된 1980년대 이후에 원주민어를 유지, 발전시킬 목적으로 실시된 상호문화 이중언어 교육에서 설정한 목표 중의 하나는 원주민들의 다양한 문화를 존중하는 것이었다. 당연히 여기에는 원주민어를 사용하여 교육하는 것이 포함된다. 따라서 그동안 통일되지 못하고 서로 다르게 사용되었던 표기법의 통합이 절실히 요구되었다.

17세기 초에 가톨릭 신부인 루도비꼬 베르또니오(Ludovico Bertonio)가 첫 표기법을 고안한 이래 1984년 볼리비아 정부가 공식적으로 인정한 통합 표기법이 제정되기까지 아이마라어의 표기법을 둘러싼 기나긴 논란의 과정이 있었다. 표기법과 관련된 논란에는 여러 가지 이유가 있을 수 있으나, 주된 이유는 원주민에 대한 스페인어 교육의 시급성만을 생각하고 아이마라어에 대한 체계적인 기술 없이, 스페인어 문자체계를 이 언어의 표기법에 적용한 데 있다. 그러나 현재에는 대부분의 정부기관과 교육기관에서 1984년에 제정된 통합 표기법을 인정하면서 표기법의 채택을 둘러싼 논란은 일단락된 것으로 보인다.

2011년 볼리비아 주재 한국 대사가 국내 언론에 소개한 볼리비아 아이마라족에 대한 한글 보급 활동은 원주민을 상대로 한 단순한 한국어 교육 차원을 벗어나, 인도네시아 찌아찌아족에 이어 볼리비아 아이마라족에게도 한글을 수출하여 공식 표기법으로 채택되게 하는 것을 목표로 하는 한글표기 사업으로 인식되고 있다(세계일보 2012/4/26). 처음에 이는 한글을 사랑하는 한 외교관의 지나친 애국심의 발로로 치부될 수도 있었으나, 현재 국내의 한 대학이 이를 구체화하기 위한 공식적인 연구를 진행하면서 이 문제는 이미 일단락된 아이마라어 표기법 논란을 다시 한 번 살펴볼 수 있는 기회를 제공한다.

아이마라어를 위한 한글 표기법을 주장하는 사람들이 제시하는 근거를 요약하면 첫째, 한글이 배우기 쉽고 둘째, 아이마라어는 고유문자가 없는 언어이며 셋째, 스페인어 문자를 차용하여 표기를 하고 있으므로 아이마라어의 정확한 발음을 표기하는 데 어려움이 있고 넷째, 정부의 탈식민주의 정책으로 스페인어 문자가 아닌 다른 문자를 도입할 의사가 있다는 것이다(세계일보 2012/4/26).

이러한 주장에는 그동안 아이마라어 표기법과 관련해서 이루어진 논쟁에서 등장했던 논점들이 많이 포함되어 있다. 또한 이는 현재 볼리비아에서 아이마라어의 표기법이 정확하게 어떤 상황에 처해 있으며, 어떤 표기법이 아이마라어에 가장 적합한 표기법인가 하는 문제를 제기한다.

본 장에서는 아이마라어 표기법의 변천과정을 살펴보고 이를 통해서 국내 일각에서 주장하는 아이마라어를 위한 한글 표기법의 실현 가능성을 알아보기로 하자.[12]

1) 아이마라어 표기법의 변천사

볼리비아에서는 식민지 시대인 16세기 초부터 아이마라어의 일련의 표기법이 만들어졌는데 이는 정복자들이 이 지역의 원주민들에게 복음을 전파하기 위해 이들과 소통의 필요성이 절실했기 때문이다. 그러나 그 당시 표기법은 원주민들을 위해 만들어진 것이 아니라 이들에게 복음을 전파하기 위해 원주민어를 배워야 했던 성직자들을 위한 것이었다. 원주민어 표기를 위한 문자를 처음으로 만든 사람들은 예수회 소속 신부들이었는데, 이들은 아이마라어와 께추아어로 교리문답, 문법서, 어휘목록 등을 편찬해야만 했다. 이를 위해 표기법이 필요했으므로 이들은 스페인어 문자체계를 토대로 한 표기법을 채택했다.

펠릭스 라이메(Félix Layme 1980)에 의하면 아이마라어의 표기법의 변천 과정에는 세 가지의 경향이 존재한다. 하나는 식민주의-종교적 경향이고, 다른 하나는 원주민주의적[13] 경향이며, 마지막은 원주민의 언어와 문화를 재평가하려는 경향이다.

첫 번째 경향은 식민지 시대에 시작되는데 1603년에 베르또니오가 처음으로 스페인어 표기법을 바탕으로 아이마라 표기법을 만들었다. 그

---

12) 한글 표기법의 제안은 이미 통일된 표기법을 가진 아이마라족에게는 문자개혁의 문제로 인식될 수도 있다.
13) 원주민주의(indigenismo)란 원주민들이 겪고 있는 차별의 기제들에 대항해서 이들의 문화를 연구하고 재평가하는 것에 집중하는 정치, 문화, 인류학적 경향을 말한다.

뒤를 이어 또레스 루비오(Torres Rubio)가 약간의 수정을 가해 자신의 표기법을 만든다.

식민지 시대의 성직자들의 목표는 원주민들에게 복음을 전파하는 것이었으나, 독립 이후에는 종교단체들이 복음전파 이외에도 원주민에게 스페인어를 가르치는 데 관심을 가졌다. 따라서 아이마라 원주민들을 위해 성경과 관련된 많은 팸플릿들을 제작했다. 이를 위해 여러 종류의 아이마라어의 표기법이 사용되었는데 통일된 기준은 존재하지 않았다.

이 시기에 활동한 단체 중 여름언어연구소는 1970년대까지 식민주의-종교적 경향을 대표하는 기관이었으나 현재에는 그의 산하기관인 아이마라어 문자해득 및 문학 위원회(Comisión de Alfabetización y Literatura en Lengua Aymara)와 개신교도들인 일부 추종자들만 남아 있다. 이들은 성경 번역과 함께 원주민들의 스페인어화에 많은 관심을 가져 스페인어에 가까운 표기법을 고안했다.[14] 교육용 표기법(alfabeto pedagógico)이라 부르기도 하는 이 표기법이 아이마라 문자체계에 공헌한 것은 유기음의 표기를 도입한 것이다(ph, th, chh.). 그러나 나머지 부분에 있어서는 한 음소를 표기하기 위해 여러 개의 복잡한 문자를 사용하는 스페인어의 문자체계를 그대로 모방했다(c/k/q).

19세기 말에서 20세기 초반 사이에 볼리비아에는 원주민 문화를 지지하고 찬양하는 원주민주의(indigenismo)가 출현하는데, 이러한 경향의 정치적 목표는 원주민의 주류사회로의 통합, 스페인화, 문명화 등이었

---

14) 볼리비아 아이마라어의 표기법의 역사를 보면 스페인어 음운체계에 가까운 표기법이 있는 반면에, 아이마라 음운체계를 반영한 표기법이 존재한다. 전자는 주로 식민지시대에 만들어져 당시 아이마라어의 정밀한 음운분석을 할 수 있는 여건이 되지 못했고, 또한 독립 이후에도 아이마라어를 위한 표기법이 아니라 스페인어를 빨리 배우기 위한 과도기적 성격의 표기법을 고안하였기 때문이다. 그러나 1960대 말에 나오는 야삐따의 표기법은 아이라마어를 위한 것이다.

다. 이 경향을 따르는 사람들의 특징은 식민지 시대와는 달리 대부분이 비종교적인 사람들이라는 점이다. 이들은 원주민어 표기법에 관해 의견이 서로 달라, 20세기 중반까지 서로 약간씩 다른 아이마라어 표기법을 여러 개 만들어냈다. 그중 하나인 알레한드로 둔(Alejandro L. Dun)과 막스 울레(Max Uhle)가 고안한 표기법은 1939년 페루의 리마에서 열린 제 17차 국제 미주학회에서 약간의 수정을 거쳐 승인을 받았고, 1954년에 볼리비아 라 빠스(La Paz)에서 열린 미주원주민학회에서 아이마라어 표기법으로 인정받았다. 이 표기법은 같은 해 볼리비아 정부의 승인을 거쳐 공식문자로 공포되었다. 이 표기법의 가장 큰 공헌은 연구개음과 인·후두음의 표기를 제안한 것이다(k, kh, k'; q, qh, q'). 그러나 이 문자체계의 가장 큰 약점은 아이마라어 전문가들이 인정하는 3개의 모음 대신에 5개의 모음을 포함시킨 데 있다.[15] 이 표기법은 원주민주의자들에 의해 만들어진 까닭에 원주민주의 표기법(alfabeto indigenista)이라고 부른다.

그러나 이 표기법이 정부에 의해 공식적으로 인정되었음에도 불구하고 기존의 표기법들 특히, 위에서 언급한 교육용 표기법이 계속해서 사용되었다. 이는 1952년 볼리비아 혁명 후에 나온 교육개혁에서 원주민교육에서의 원주민어 사용을 규정한 것과 관련이 깊다. 교육개혁에서는 원주민이 많은 지역에서는 원주민의 빠른 스페인어 습득을 위해 원주민어 표기법을 사용할 수 있고, 이 표기법은 가능한 한 스페인어 문자체계와 유사해야 한다고 규정하고 있다(Bolivia 1955: 55). 따라서 스페인어의 문자체계와 보다 가까운 교육용 표기법이 사용되는 경우가 많았는데, 이는 아이마라족 원주민들이 스페인어를 배우는 데 도움이 되는 것

---

15) 원주민주의자들은 5개의 모음을 포함하는 아이마라어 표기법을 강하게 지지했다. 왜냐하면 아이마라어의 화자가 아니고 스페인어를 모어로 하는 사람들인 그들이 사용하기에 편했기 때문이다.

으로 생각했기 때문이다.

세 번째 경향은 아이마라족 출신의 학자들이 주도한다. 1960년대 말에는 아이마라족 출신의 원주민에 의해 아이마라어 음소에 바탕을 둔 표기법이 제안되었다. 이는 께추아어에도 적용되는데 이 두 언어가 거의 동일한 음운체계를 가지고 있기 때문이다.[16] 이 표기법의 특징은 아이마라 원주민 학자인 후안 데 디오스 야삐따(Juan de Dios Yapita)에 의해 고안된 것으로, 스페인어 음운체계에 의존하지 않고 현행 아이마라 음운체계 분석을 바탕으로 만들어졌다는 점이다.[17] 이 표기를 음소 표기문자 혹은 야삐따 표기법이라고도 부른다. 이 표기법의 특징은 폐쇄 자음의 유기음을 표기하기 위해 종전의 h 대신에 "를, 인·후두 파찰음 /x/를 표기하기 위해 철자 x를 사용했다는 점이다.

그는 자신의 표기법을 공식화할 의도로 1967년에 원탁회의를 제안했으나, 회의에서 강력한 힘을 가진 개신교 성경번역 학자들과 여름언어연구소의 영향력에 밀려 자신의 표기법이 아닌 여름언어연구소가 만든 교육용 표기문자가 공식 표기법으로 채택되었다. 이 표기법은 1968년 볼리비아 정부에 의해 공식적으로 인정된다.

1971년 국립언어연구소는 1954년에 정부에 의해 승인된 표기법을

---

16) 아이마라어나 께추아어가 쓰이는 볼리비아, 페루, 칠레, 아르헨티나는 이 두 언어의 통합 표기법을 사용한다. 따라서 볼리비아 아이마라어 한글표기 사업이 어려운 이유가 바로 여기에 있다. 다시 말하면 이들 나라에서 공포된 표기법을 다시 한글로 바꿔야 하는 것이다.

17) 이 점은 굉장히 중요하다. 왜냐하면 그동안에 제안된 주요 표기법이 거의 외국인들에 의해 만들어진 것인데 반해 이 표기법은 아이마라어 화자에 의해 고안되었기 때문이다. 따라서 아이마라어의 음운체계를 가장 잘 반영한 것으로 간주된다. 그리고 아이마라 원주민들은 이를 그들이 주창하고 있는 언어 식민주의를 청산하는 것으로 간주하고 대단한 자부심을 나타낸다. 이것은 표기법의 문제가 단순히 음을 표기하는 차원을 떠나 민족주의라는 이념이 개입되는 정치적인 문제라는 사실을 보여준다.

다시 살려보고자 전국회의를 개최했으나, 여름언어연구소와 아이마라 한림원이 연대해서 이를 무산시켰다. 이들은 이미 아이미라 문자해득 및 문학 위원회와 다른 단체들이 교육용 표기법으로 수백만 장에 달하는 출판물을 만들었으므로 이제 와서 표기법을 다시 논의한다는 것이 불필요하고 역효과만을 낼 뿐이라는 주장을 폈다.

1975년 볼리비아 교육부와 미국의 대외원조처(USAID)는 꼬차밤바(Cohabamba)에서 농촌프로젝트I(Proyecto Rural I)을 위한 협약을 체결하는데, 이 프로젝트의 중요한 내용 중의 하나가 초등학교 저학년에서 원주민어로 문자해득 교육을 실시하는 것이 포함된다. 이 사업의 언어책임자인 도날드 번스(Donald Burns)는 여름언어연구소 소속임에도 불구하고 1954년에 제안된 것에 가까운 표기법을 제안했다. 이 표기법은 3개의 모음(a, i, u)만을 채택함으로써 볼리비아의 아이마라 표기법을 통일하는데 많은 공헌을 했다(Albó 1987: 235).

1980년 이후 라틴아메리카에 상호문화 이중언어 교육의 실시와 함께 원주민어가 교육에서 본격적으로 사용됨에 따라, 그동안 통일되지 못하고 서로 다르게 사용되었던 원주민어 표기법의 통일이 절실히 요구되었다.

1983년 볼리비아의 문자해득 및 민중교육처(SENALEP)는 유네스코(UNESCO)와 합동으로 상호문화 이중언어 교육을 위한 세미나를 개최했는데, 여기서 한 위원회가 구성되어 이 교육에서 사용할 아이마라어와 께추아어의 표기법에 관한 토의가 이루어졌다. 이 세미나에는 국내 15개의 공공 및 민간단체가 참석했다. 또한 페루 및 에콰도르, 그리고 유네스코의 전문가들이 참여했다. 격론 끝에 거의 모든 기본적인 면에서 일련의 합의에 도달했으며, 이후 교육부 산하 국립언어연구소에서 국내의 전문연구기관에서 온 전문가들이 모여 나머지 사항에 관한 결정을 했다. 1984년 5월 9일 국무회의를 통해 상기 모임에서 결정된 사항을 중심으로 통합 표기법을 공식적으로 선포하기에 이른다. 따라서 통합 표기법이 공포된 이후에 문자해득 및 민중교육처에서 발행한 모든 교재 들은 이 통합 표기법의 규정을 따라야 했다.

또한 이 법령은 과학, 문학 그리고 교육에서 사용되는 모든 문서는 이 표기법을 사용할 것을 규정하고 있다. 모든 기관 및 문서들은 이 새 로운 표기법에 성공적으로 맞춰가고 있다. 그렇다고 표기법이 완전히 통일된 것은 아니다. 아직도 과거에 채택되었던 표기법으로 인해 혼란 과 저항이 있는 것도 사실이다(Albó 1987: 236).[18]

통합 표기법은 앞서 언급한 야삐따가 고안한 표기법을 대부분 수용 했는데, 단지 야삐따 표기법에 있는 유기음을 표기하는 " 대신에 h를 사 용했다.

---

18) 아이마라어의 경우에는 통합표기법이 공포된 이후에 표기법과 관련하여 두 가지 흐 름이 나타나는데 하나는 산안디노대학(Universidad Mayor de San Andino)을 중심으 로 이루어진 전문가 그룹이고, 다른 하나는 1994년 교육개혁과 2002년부터 시작 한 상호문화 이중언어 교육을 주도하는 그룹이다. 전자는 아이마라어의 형태·통사 론적 중요한 특징인 문장 내에서의 모음탈락 현상을 철자법에 반영해야 한다는 것 을 주장하고, 후자는 비록 단어가 문장 내에서 사용되었을 때 모음탈락 현상이 있 는 것은 사실이지만, 이를 표기하기보다는 원래 단어의 철자를 유지하는 것이 필요 하다고 주장한다. 후자의 경우에는 탈락한 모음을 표기하지 않는 것을 스페인어 문 자체계를 따르는 식민주의적 발상으로 생각한다(Félix Layme 2012). 그러나 아이마 라어를 배우는 교육현장에서는 통합 표기법을 사용해서 편찬한 교재가 일반 화자 들이 일상적으로 쓰는 언어를 제대로 반영하지 못하고 있다는 불평이 나온다. 그래 서 교재에서 사용하는 아이마라어를 "개혁 아이마라(aimara de reforma)"라고 부른 다. 그러나 최소한 통합 표기법을 이루는 자음, 모음의 표기는 거의 대부분의 전문 가 및 유관기관들이 동의한다(Nicanor Huanca 2009).

2) 표기법을 만들 때 고려해야 할 기준

그동안 제안되었던 표기법들의 변천과정에서 나타난 문제점들을 분석하기 전에, 고유 문자가 없는 언어의 표기법을 처음으로 만들 때 고려해야 할 기준들은 무엇인지에 대해 알아볼 필요가 있다. 마이크 카힐과 엘키 캐런(Michael Cahill & Elke Karan 2008: 3)에 따르면, 한 언어에 적합한 표기법이 되기 위해서는 1)언어학적으로 적합해야 하고, 2)모든 사람들이 수용할 수 있어야 하며, 3)가르치기 쉬워야 하고, 4)재생하기 쉬워야 한다. 이는 달리 말해서 언어학적 기준, 사회적 기준, 교육적 기준 그리고 기술적 기준이라고 생각할 수 있을 것이다. 이를 토대로 아이마라어처럼 문자의 전통이 없고 통일된 표기법이 부재한 언어의 표기법을 제정할 때 고려해야 하는 기본적인 기준을 보면 다음과 같다.

(1) 언어학적 기준

좋은 표기법이 되려면 언어학적으로 적합해야 한다. 언어학자들이 고유의 문자가 없는 언어를 위해 표기법을 고안하는 경우 가장 중요하게 생각하는 것이 소위 말하는 음소원리라는 것이었다. 다시 말하면 한 언어가 가지고 있는 변별적이고 의미를 변화시키는 소리(음소)는 하나의 기호로 나타내야 한다는 원리이다. 따라서 한 언어의 두 음이 단어의 의미를 변화시킬 경우 그 두음은 언제나 두 개의 다른 문자로 표기되어야 하고, 의미를 변화시키지 못할 경우에는 동일한 문자로 표기한다. 이러한 기준은 연구 대상 언어의 음운론적 기술을 하고자 하는 모든 언어학자들이 염두에 두고 있는 것이다. 아이마라어 음소 표기문자를 만든 야삐따가 고려했던 기본적이고 유일한 기준도 음소원리이었다. 이러한 원리는 1954년에 공식 인정된 표기법에도 적용되었다. 따라서 이러한 기준으로 보면 식민지시대에 만들어진 표기법이나 체계적인 음운분석 없이 만들어진 표기법 그리고 1968년에 공포된 표기법은 좋은 표기법이라고 할 수 없다. 1968년의 표기법은 이미 앞서 말한 것처럼 아이마라어의 음운체계가 아닌 스페인어 음운체계에 바탕을 둔 철자법이다.

(2) 사회적 기준

언어학적 기준 이외에 중요하게 고려해야 할 요소는 표기법을 사용할 집단의 의사소통 가능성, 필요성, 그리고 기대에 가장 잘 부합하는 표기법인가 하는 점이다. 이러한 모든 사회적인 제약요건들은 단순히 표기법이 정확한가 하는 차원을 넘어서는 문제들이다. 여기에는 새로운 표기법을 사용하기 전에 다른 표기법으로 읽거나 쓰기를 해본 이전의 경험이 들어간다. 그리고 사회·문화적 기대치도 포함된다. 또한 여기에는 새로운 표기법이 도입되었을 때 실현 가능성, 경제적인 수익성과 같은 경제적이고 실질적인 고려도 포함된다. 이 기준으로 따져보면 그렇게 정교하지 못한 컴퓨터 자판으로도 입력이 가능한 표기법이 선호된다(Albó 1980).

또한 볼리비아와 같이 다언어 국가에서는 반드시 고려해야 할 사회적 요소는 현대적 유럽문화를 나타내는 스페인 문화가 압도적 우위를 점하면서 존재하고 있다는 사실이다. 따라서 아이마라어는 볼리비아의 공용어이자 정치, 경제, 사회적인 면에서 절대적인 영향력을 가진 스페인어의 사회·언어적인 압력을 강하게 받고 있다는 사실을 염두에 두어야 한다. 이는 새로운 표기법이 생존하기 위해서는 가능하면 스페인어 문자와 형태가 유사한 것을 고려해야 하고, 스페인어 문자체계와 많은 충돌을 야기하지 않는 범위 내에서 표기법이 채택되어야 한다는 것을 의미한다.

이와 같은 기준으로 보면 볼리비아에서 아이마라어 표기법으로 라틴문자(로마자)가 아닌 다른 문자를 사용하는 것은 그 필요성이 그다지 높지 않다고 생각된다. 지금도 아이마라어로 뭔가를 써야 할 때 스페인어 문자를 약간 변형시켜 쓰는 것이 일반적이다. 이것은 관공서의 문서에서도 마찬가지이다. 이것이 아무리 비과학적이고 불합리하게 보여도, 언어학적으로 적합하고 사회적으로 받아들여질 수 있는 표기법을 고안할 때 중요하게 고려해야 할 요소이다.

사회학적인 기준에는 정치적 기준이라고 부를 수 있는 다른 기준들이 존재한다. 언어와 정치 사이에 깊은 관련이 있다는 것은 주지의 사실이다. 또한 언어와 그에 따른 표기법은 다른 국가의 사람들과 구별되고, 자신들만의 정체성을 확립하는 것을 가능케 해주는 중요한 요소 중의 하나이다.

볼리비아의 경우 스페인어에 가까운 표기법을 따르느냐 아니면 원주민어 음운체계에 가까운 표기법을 따르느냐 하는 것은 주류인 스페인 문화에 편입되는 것을 의미하는 문화적 동화주의를 따르느냐 아니면 원주민의 권리 회복을 위한 주장을 따르느냐와 밀접한 관련이 있다. 따라서 같은 아이마라 철자법도 스페인어를 모어로 하는 사람과 아이마라족이 느끼는 감정이 서로 다르다. 언어학적 기준과 다른 실질적인 고려 외에도 이러한 정치적인 요인이 아이마라 표기법을 채택하는 데 커다란 영향을 끼칠 수 있다.

(3) 교육적 기준

한 언어가 어떤 표기법을 채택하느냐 하는 것은 교육적인 고려를 요하는 것이기도 하다. 교육적인 측면에서 보면 단순하고 배우기 쉬운 것이 가장 좋은 표기법이다. 단순성이란 언어적인 측면, 더 구체적으로 말하면 언어 경제성과 밀접한 관련이 있다. 가능한 표기법이 두 가지가 존재한다면 적은 수의 음소, 즉 적은 문자를 요구하는 표기법이 선호된다. 수월성은 언어 내부 구조에서 파생되는 것 이외에도 앞서 언급한 사회·경제적 기준들이 고려되어야 한다. 예를 들면 컴퓨터 자판의 기호들이 그것이다. 아이마라어의 경우 자판 기호로 스페인어와 같은 라틴문자를 사용하는 것이 서로 다른 문자를 사용하는 것보다 더 배우기 쉽고 경제적이다. 또한 소리를 구분하기 위해 사용되는 변별기호들이 될 수 있으면 간단한 것이 좋다.

교육적인 기준으로 보면 다른 언어로 전이가 쉬운 문자체계를 사용하는 것이 좋다. 볼리비아 경우에는 아이마라어가 처해 있는 다언어적인 상황을 고려하는 것도 매우 중요하다. 왜냐하면 아이마라어를 하는 사람들의 거의 대부분은 볼리비아의 공용어인 스페인어를 배웠거나 배워야 하고, 사회언어학적인 연구에 따르면 미래에는 대부분의 아이마라어 화자들이 스페인어를 같이 구사하는 이중언어 사용자가 될 것이기 때문이다. 또한 현재 볼리비아에서 시행되고 있는 상호문화 이중언어 교육 역시 원주민어와 스페인어를 순차적으로 가르치는 것을 목표로 한다. 따라서 볼리비아에서는 주류 언어인 스페인어와 조화를 이루는 표기법을 채택해야 아이마라어에서 스페인어로 혹은 그 반대로 읽기 및 쓰기 능력이 전이되는 데 필요한 노력을 최소화 할 수 있을 것이다.

(4) 기술적 기준

볼리비아에서 아이마라어 표기법으로 스페인어와 다른 문자체계를 도입하자는 주장이 있었음에도 불구하고, 라틴문자를 선택했던 이유 중의 하나는 과학·기술의 발전이 주로 이 문자를 사용하는 국가에서 주도되었기 때문이다. 원주민어를 사용하는 사람이 이러한 과학·기술

아이마라어 주요 표기법의 비교

음소		1955년 표기법	1968년 표기법	야삐따 표기법	통합 표기법
양순 파열음	평음	p	p	p	p
	유기음	ph	ph	p"	ph
	성문음	p'	p'	p'	p'
치조 파열음	평음	t	t	t	t
	유기음	th	th	t"	th
	성문음	t'	t'	t'	t'
연구개 파열음	평음	k	ca, qui, cu	k	k
	유기음	kh	qha, qhi, qhu	k"	kh
	성문음	k'	c'a, c'i, c'o	k'	k'
인·후두 파열음	평음	q	ka, ke, ko	q	q
	유기음	qh	kha, khe, kho	q"	qh
	성문음	q'	k'a, k'e, k'o	q'	q'
경구개 파찰음	평음	ch	ch	ch	ch
	유기음	chh	chh	ch"	chh
	성문음	ch'	ch'	ch'	ch'
연구개 마찰음		ja, ji, ju	ja, ji, ju	j	j
인·후두 마찰음		jja, jje, jjo	jja, jje, jjo	x	x
경구개 설측음		ll	ll	ll	ll
치조 설측음		l	l	l	l
경구개 비음		ñ	ñ	ñ	ñ
치조 비음		n	n	n	n
전동 치조음		r	r	r	r
반모음		w	w	w	w
반자음		y	y	y	y
모음		a, e, i, o, u	a, e, i, o, u	a, i, u	a, i, u

의 발전 대열에서 뒤떨어지지 않기 위해서는 세계에서 가장 보편적으로 많이 사용하는 라틴문자 체계를 사용하는 것이 필요하다. 또한 라틴문자 체계를 사용하는 스페인어와 호환성이 강한 표기법을 사용해야 컴퓨터와 인쇄에 대한 접근성이 높아진다.

3) 아이마라 표기법의 변천과정에서 나타난 문제점과 해결책

표에서 볼 수 있듯이 20세기 들어 나온 아이라마 주요 표기법을 비교해보면 논란의 대상이 되었던 음은 연구개 파열음, 인·후두 파열음, 연구개 마찰음, 인·후두 마찰음 그리고 모음이다. 다른 음소들은 표기할 문자를 확정하는 데 거의 논란이 없었다.

(1) 자음

① 연구개음과 인·후두음의 표기

자음의 표기법 중 가장 논란이 많았던 것은 연구개음과 인·후두음을 표기하는 방식이었다. 우선, 연구개 파열음의 경우 스페인어 음운체계를 따랐던 표기법에서는 c, qu를 사용하여 표기하였고, 아이마라어의 음운체계에 바탕을 둔 표기법에서는 k를 사용했다. 인·후두음 파열음의 경우에는 스페인어 문자체계를 따랐던 표기법에서는 c, cc, qu, k 등을 사용해서 표기했으나 아이마라어 음운체계를 따랐던 표기법은 q를 사용했다.

스페인어 문자체계를 따르는 표기법을 제안한 사람들은 당시 원주민들이 스페인어를 빨리 배우기 위해서는 문자체계가 스페인어와 가장 유사해야 하기 때문에 이 표기법이 문자 사용자들의 필요성과 부합한다는 논리를 내세웠다. 한편, 연구개음과 인·후두음을 나타내는 철자로 각각 k와 q를 제안한 사람들은 이 철자들이 일단 단순하고, 아이마라어의 음운체계를 반영하는 것이라는 논리를 폈다.

스페인어 문자체계를 따르는 표기법은 종교단체에서 많이 사용했는데, 이는 당시 종교단체들이 성서를 번역하는 일과 함께 원주민들의 스페인어 교육을 담당하는 경우가 많았기 때문이다. 따라서 이들이 편찬한 문자해득 교육을 위한 교재는 대부분 이 표기법을 사용해서 만들어졌다. 여름언어연구소의 산하단체인 아이마라어 문자해득 및 문학위원회 역시 이 표기법을 사용하여 많은 자료를 편찬했다.

각각의 표기법을 뒷받침하는 논리에는 나름대로의 장단점이 있겠지만 통합 표기법에서 채택된 문자를 결정했던 가장 중요한 기준은 간결성인 것으로 생각된다. 다시 말하면 한 음소를 표기하는 데 여러 가지 문자를 사용하는 스페인어 문자체계보다는 하나의 음소에 하나의 문자가 대응하는 표기법이 선호되었던 것이다. 최근의 경향을 보면 성경을 번역하는 단체나 여름언어연구소에서도 이 간결한 표기법을 사용하여 출판물들을 펴내고 있다.

이러한 표기법의 선택에 있어서도 민족적 감정의 문제가 개입된다. 표기법 통일을 위해 열렸던 1983년 학술대회에서 간결한 표기법을 제안한 단체들이 스페인어 문자체계를 따르는 표기법을 만든 단체들을 향해 그들이 고안한 표기법이 원주민의 가치를 무시하고 제국주의 지배 논리를 반영하고 있다고 비난했다. 여기에는 볼리비아의 최대 농민단체의 대표자들이 참석하고 있었다. 또한 이런 표기법은 미국의 단체인 여름언어연구소와 다른 종교단체들과 밀접한 관련이 있어 의구심을 증폭시켰다(Albó 1987: 245).

② 유기음의 표기

그동안 사용되어온 유기음의 표기는 대체적으로 두 가지로 나눌 수 있다. 하나는 h를 사용하여 표기하는 것이고, 다른 하나는 큰따옴표(")를 사용하여 나타내는 것이다. 대부분의 표기법들은 전자의 방식을 취하는데 반해, 아이마라 원주민들 사이에서 영향력이 강한 야삐따의 표기법은 후자의 방식을 택한다. 둘 다 언어학적인 기준으로 볼 때 문제는 없다. 그러나 1984년 이전에 승인되었던 1954년과 1968년의 공식 표기법에서는 전자의 방식을 택했다. 따라서 아이마라어나 께추아어 관련 연구기관에서 가장 많이 사용되는 표기법이다.

야삐따 표기법에서 사용한 표기는 교육적인 기준으로 볼 때 변별기호를 남용한다는 점에서 좋은 표기법이라고 할 수 없다. 또한 큰따옴표는 글을 쓸 때 인용을 나타내는 부호로도 사용되기 때문에 독자들에게 혼란을 줄 수 있다. 예를 들어 "걸레"를 의미하는 단어를 야삐따 표기법으로 하면 "t"ant"a"가 되어 혼란스러우나, 통합 표기법을 따라 표기하면 "thantha"가 되어 보다 단순하고 명확해 보인다. 따라서 통합 표기법에서는 후자를 채택했다. 그러나 아이마라족 출신인 야삐따가 만든 표기법에 대한 자부심이 강한 일부 사람들은 "와 h의 구별을 아이마라족과 다른 민족을 구별하는 정체성을 나타내는 상징으로 생각하고 계속해서 겹따옴표로 표기할 것을 주장한다.[19] 이러한 세부적인 논란에도 불구하고, 아이마라 표기법에서는 유기음을 나타내기 위해 h를 사용하는 데 모두가 동의한다(Plaza 2008: 21).

---

19) 이는 같은 통합 표기법을 쓰는 께추아어에서 h를 사용하여 유기음을 표기하는 것과 관련이 깊다. 아이마라족의 경우 언어적으로 께추아어에서 차용한 단어가 많고, 그동안 정치적으로도 많은 박해를 받아왔던 사실 때문에 께추아족와 구별되는 정체성을 추구하는 경향이 높다.

③ 성문음의 표기

아이마라어의 첫 표기법을 만든 베르또니오는 겹자음을 사용하여 성문음을 표기했다. 그러나 다른 표기법에서는 철자 위에 두 줄을 긋거나 겹따옴표를 사용하여 나타내기도 했다. 성문음을 나타내기 위해 따옴표(´)를 처음으로 사용한 사람은 미덴도르프(Mideendorf)이다. 이 표기는 여러 사람들에 의해 사용되다가 1954년 공식 표기법에서 인정되어 지금에 이르고 있다.

④ 연구개 마찰음 대 인·후두 마찰음의 표기

연구개 마찰음의 경우에는 h, h´, j, jh 등을 사용하여 표기해왔다. 그러나 야삐따 표기법에서 j를 사용했고, 이를 따라 통합 표기법에서는 경구개 마찰음 표기를 j로 통일했다.

인·후두 마찰음의 경우에는 식민지 시대와 독립 후에 주로 kj, j, jj등을 사용하여 표기했으나 이는 한 음소에 대해 두 개의 문자를 겹쳐 사용함으로써 혼동을 가중시켰을 뿐만 아니라 표기법을 복잡하게 만들었다. 따라서 하나의 음소에 하나의 문자를 대응시키는 것이 좋다는 언어학적 기준으로 볼 때 x로 표기하는 것이 합리적이라고 본다. 이 표기는 1816년 비센떼 빠소스깐끼(Vicente Pazoscanqui)에 의해 사용되기 시작하여 야삐따 표기법에서 채택되었고, 통합 표기법에서 x로 통일되었다. 현대 스페인어에서도 x로 쓰고 /j/[20]로 읽는 경우가 있어 잘된 선택이라고 여겨진다(예: Xavier, México). 또한 국제음성기호에서도 후연구개 마찰음을 x로 표기한다(Félix Layme 1980: 36).

---

20) 일반적으로 음소는 / /를 사용하여 표기하고, 변이형은 [ ]을 써서 나타낸다.

(2) 모음

아이마라어의 모음체계가 이 언어의 기술에 있어서 가장 많은 혼란을 주는 분야이다. 이 언어를 기술했던 대부분의 사람들은 이미 스페인어를 알고 있어서 스페인어의 음운체계에 기반을 두고 아이마라어를 분석하려는 경향이 강했다. 이는 아이마라어의 언어체계의 기술을 왜곡시키고 이 언어의 음성적인 면을 정확하게 설명하지 못하는 결과를 초래했다(Hardman et al 1988: 64).

아이마라어를 연구한 모든 언어학자들은 이 언어에는 단지 3개의 모음만이 존재한다는 데 동의한다(/a, i, u/). 그리고 이에 대한 장모음이 있다는 것에 대해서도 이의가 없다(/ä, ï, ü/). 그러나 다섯 개의 모음을 가진 스페인어 문자체계에 익숙한 비전문가들은 아이마라어에 음소 /e, o/가 없다는 것을 이해하지 못한다. 따라서 아이마라어에 3개의 모음이 존재하느냐 아니면 5개의 모음이 존재하느냐 문제는 그동안 많은 논란을 야기했다. 이는 곧 표기법에서 3개의 모음만을 사용해서 표기하느냐 아니면 5개의 모음을 표기하느냐에 문제로 연결되어 표기법 논쟁에서 가장 해결하기 어려운 분야가 되었다.

이러한 혼란은 언어 전문가가 아닌 비전문가들 사이에서 많이 나타나는데, 그 이유로 두 가지를 들 수 있다. 하나는 이중언어 구사자들이 일상적으로 사용하는 말 중에 스페인어에서 차용한 일부에서 e나 o가 나타나기 때문에 아이마라어에 5개의 모음체계가 있다는 것을 주장하는 것이다(/mesa/, /misa/). 다른 이유는 인·후두음인 /q, qh, q'/나 /x/가 모음 /i, u/가 함께 나오면 [e, o]에 가까운 소리가 나기 때문이다.[21] 다시 말하면 주위에 있는 인·후두음 /q, qh, q'/나 /x/의 영향으로 [e, o]가

---

21) 아이마라어 p'iqi(머리)는 [p'eqe]로 발음되고, p'uqu(갈대)는 [p'oqo]로 발음된다.

각각 /i, u/의 변이형이 된다. 이 경우 스페인어의 문자체계 및 음운체계에 익숙한 이중언어 구사자라면 /i, u/에 대비되는 /e, o/를 쉽게 인식할 수 있을 것이다(Albó 1987: 250).

지금까지 본 주장 중에서 그래도 언어학적인 근거가 있는 것은 첫 번째의 것으로 이것도 스페인어의 영향으로 5개의 모음체계를 받아들인 이중언어 구사자들에 한정된다. 그러나 문자를 만들 때는 변이음이 아니라 음소를 기준으로 해야 하기 때문에 다섯 개의 모음에 해당하는 문자를 채택하는 것은 합리적이지 못하다.[22]

3개의 모음을 제안하는 사람들의 주장을 보면 다음과 같다(Plaza 2004: 36).

- 아이마라어의 모음 체계는 스페인어 모음체계와는 다르다. 스페인어 화자들은 아이마라어를 들을 때 5개의 모음을 듣는 것으로 생각한다. 이는 스페인어 모음체계에 익숙해져 모음이 다섯 개로 들리기 때문이다. 그러나 아이마라어 화자들은 3개의 모음 /a, i, u/ 만을 듣고 그 이외의 다른 모음은 구별하지 않는다. 또한 스페인어의 [e, o]와 아이마라어의 [e, o]는 다르다.
- 아이마라어의 [e, o]는 스페인어의 그것처럼 자유롭게 나타나지 않는다. 스페인어의 /e, o/는 어떤 위치에도 나타날 수 있으나 아이마라어의 [e, o]는 인·후두음 /q, qh, q', x/의 앞뒤에서만 나타난다. 따라서 아이마라어에서는 폐모음 / i, u/가 인·후두음의 근처에 나

22) 만약 변이형을 기준으로 문자를 고안한다면 듣는 사람에 따라 문자체계가 달라질 수 있는 위험성이 있다. 이 경우 스페인어에 익숙한 사람은 다섯 개의 음을 구별하겠지만, 영어나 한국어에 익숙한 사람들은 훨씬 더 많은 변이형을 인식할 수 있어 보다 많은 문자를 제안할 수 있을 것이다.

오게 되면 개모음 [e, o]가 된다.

- [e, o]는 아이마라어의 변이음이지 음소는 아니다. 아이마라어 화자들은 모음이 3개라는 사실을 인식하고 있다. 그러나 /i/와 /u/가 후구개음과 같이 나오면, 이를 발음할 때 구강이 열려 스페인어의 /e/와 /o/의 비슷한 음으로 발음된다는 것을 안다. 이런 음을 변이음이라고 부른다.

반면에 5개의 모음을 제안하는 사람들의 주장을 들어보면 다음과 같다.

- 문자는 들리는 소리를 존중하여 이를 토대로 표기한다. 이런 주장에 따르면 만약 [p'eqi], [q'epi], [p'oqu], [t'oqu]라고 발음한다면 각각 p'eqi, q'epi, p'oqu, t'oqu라고 표기해야 한다는 것이다.[23] 그러나 이는 언어를 기술할 때는 유용할지 몰라도 표기법으로는 많은 혼동을 불러일으킬 수 있다. 왜냐하면 사람마다 발음하는 방법이 달라서 문자 또한 이에 맞춰 고안되어야 하기 때문이다. 그러나 이것은 불가능에 가깝다. 세계의 어디에도 발음하는 대로 쓰는 언어는 존재하지 않는다. 사람들은 모든 언어에는 표기법이 존재하고 그것을 지켜야 한다는 것을 인식하고 있다.
- 위에서 언급한 것처럼, 이들이 들리는 대로 표기를 하는 것은 이미 알고 있는 스페인어의 표기법과 음운체계의 영향을 받아 e나 o를 아이마라어의 음소로 간주하기 때문이다. 그러나 /q, qh, q'/나 /x/의 때문에 [e, o]로 발음된다는 것을 애써 무시한다. 또한 이들

---

23) 이 발음에 대한 아이마라어 단어는 p'iqi, q'ipi, p'uqu, t'uqu이다.

은 스페인어처럼 5개의 모음을 인정해야 아이마라어를 배우기가 쉽다는 논리를 편다. 다시 말하면 발음하는 대로 쓰고, 쓰여진 대로 읽는다는 것이다. 그러나 어떤 언어도 음소만이 문자로 표기될 뿐 변이음은 표기하지 않는다. 또한 현재 볼리비아에서 실시되고 있는 상호문화 이중언어 교육에서는 3개의 모음만을 사용하나 아이마라어와 스페인어를 배우는 데 문제가 없으며, 모음을 혼동해서 발음하는 습관(motoseo), 다시 말하면 아이마라족 어린이들이 스페인어를 배울 때 e를 i로, o를 u로 발음하는 것과 같은 언어 간섭 현상도 나타나지 않고 있다.

4) 아이마라어 한글 표기법의 채택 가능성

한글이 볼리비아 아이마라어의 표기법으로 채택되는 문제는 단순히 표기법을 하나 더 만드는 문제가 아니라 문자개혁에 해당하는 것으로, 언어적인 차원을 떠나 사회, 정치적인 문제를 야기할 가능성이 높다. 우선, 아이마라어 표기법이 볼리비아에만 국한된 것이 아니고 페루, 칠레와 같은 주변국가에서도 사용된다는 점이다. 또한 통합 표기법이 아이마라어뿐만 아니라 께추아어에서도 사용된다는 점을 감안한다면, 한글 표기법이 2개 언어 3개국의 어문정책을 변화시키는 문제라는 데 주목할 필요가 있다고 본다. 그리고 표기법을 통일하기까지 겪었던 지난한 과정과 특정한 표기법의 채택이 원주민들에게 의미하는 감정적인 면을 고려해 볼 때, 단순히 배우기 쉽다는 논리만을 가지고 접근하기에는 너무 정치적 폭발성을 가진 문제라는 것을 염두에 두어야 할 것이다.

이미 살펴보았듯이, 지금까지 표기법에서의 식민주의 청산은 스페인어 문자체계와 전혀 다른 표기법을 채택하려는 것이 아니라 음운체계가 아이마라어와 다른 스페인어의 문자체계를 모방하는 표기법을 따르지 않고 아이마라어의 음운체계에 맞는 표기법을 찾는 것이다. 따라서 볼리비아 정부가 탈식민주의 정책을 시행한다고 해서 현재의 표기법과 다른 문자체계를 받아들일 가능성은 매우 낮다고 생각된다.

볼리비아에서 그동안 여러 가지 표기법이 제안되었는데, 왜 라틴문자와 다른 표기법이 제안되지 않았는지를 생각해봐야 할 것이다. 이는 라틴문자를 사용해야 서구의 과학기술에 쉽게 접근할 수 있다는 생각과 밀접한 관련이 있다. 다시 말하면 라틴문자를 사용해야 컴퓨터나 인쇄에 접근성이 높다고 생각한 것이다. 이는 주류사회의 언어인 스페인어와 형태가 유사한 문자체계를 채택하는 것이 이들에게는 경제적이라는 것을 의미한다.

또한 볼리비아의 교육에서는 원주민들이 반드시 자신들의 언어 이외에 공용어인 스페인어를 배울 것을 법으로 정하고 있다. 스페인어를 모어로 하는 볼리비아인들도 마찬가지로 자신의 언어 이외에 공용어로 지정된 원주민어를 배워야 한다. 따라서 원주민어 표기법으로 스페인어와 호환성이 높은 문자를 채택하는 것이 필요하다.

위에서 언급한 것 이외에도 이미 통합 표기법을 사용해서 이중언어 교육이 이루어지고, 모든 문서와 교재의 발행은 물론 돈끼호테와 같은 문학작품까지도 이 표기법을 사용해서 변역되는 상황에서 한글이 아이마라 표기법으로 채택될 가능성은 매우 낮다고 봐야 할 것이다.

지금까지 본 것처럼 식민지 시대부터 시작된 아이마라어의 표기법과 관련된 논란은 1984년 통합 표기법의 제정과 함께 일단락되었으며, 뒤이어 나온 교육에서의 원주민어 사용을 규정한 1994년의 교육개혁과 2002년부터 시작된 상호문화 이중언어 교육 프로그램 통해서 볼리비아의 아이마라어 표기법이 확립되었다. 그러나 통합 표기법에 대해 모든 전문가나 일반 사용자들이 동의하는 것은 아니다. 볼리비아 아이마라어의 경우 단어가 문장 속에서 사용되었을 때 나타나는 모음 탈락 현상을 표기법에 반영할 것이냐 아니면 원래 단어를 그대로 쓸 것이냐를 두고 논란이 계속되고 있다. 하지만 최소한 자음 및 모음 표기와 관련해서는 대체적으로 합의가 이루어졌다고 본다. 또한 아이마라어를 사용하는 페루와 칠레에서도 1984년에 공포된 통합 표기법을 인정하기에 이르렀다. 따라서 이 통합 표기법은 볼리비아 내에서만 사용되는 것이 아니라 인접국가인 페루, 칠레에서 사용되고, 께추아어까지도 함께 사용하는 범 안데스지역의 표기법으로 그 위상을 확립했다.

마지막으로 한글이 우수하고 배우기 쉽다는 논리로 볼리비아의 아이마라어와 같이 공식적인 통합 표기법을 가진 언어를 위해 한글 표기법을 전파하려고 하는 것이 이들이 지금까지 청산하고자 노력하고 있는 문화제국주의의 부활을 의미하는 것은 아닌지 생각해볼 일이다.

4부

라틴아메리카 스페인어의 다양성과 통일성

4.1. 라틴아메리카에서의 스페인어 상황

　오늘날 라틴아메리카에서의 스페인어 상황을 한마디로 특징짓는다면 '다양성 내의 통일성'으로 표현할 수 있다. 주지하다시피, 15세기 말 스페인의 라틴아메리카 정복 및 뒤이은 식민지 사업에는 스페인 전 지역의 사람들이 참여하였다. 따라서 그들이 가져온 스페인어 역시 초기부터 각 지역의 방언이 다양하게 반영되어 있었고, 라틴아메리카 각 지역에 이식된 스페인어는 초기부터 지리적 위치, 식민자의 출신지역, 토착어의 영향 등 여러 요인으로 인해 서로 약간씩 다른 모습을 띠게 된다. 식민지 시대에는 하나의 규범, 즉 왕실이 있었던 본국의 수도에서 사용되는 규범이 식민지 전 지역에서 따라야 했던 표준규범이었으나 실제 일반 대중들이 사용했던 스페인어는 해당 지역의 사회 문화적인 상황, 본국과의 관계, 식민지 내의 교류의 부재 등으로 서로 이질적인 모습을 드러내기 시작했다. 독립 이후에는 각 국가의 수도를 정치, 경제, 사회, 문화의 중심으로 하는 19개의 독립국가로 분열되어 새로운 상황을 맞게 된다. 이는 언어규범에도 영향을 미쳐 과거 언어생활의 규범을 제공했던 본국과의 관계가 단절되고 각국에서 사용되는 교양계층의 스페인어가 언어규범으로 자리를 잡는다. 당시 독립국가들 사이의 관계가 밀접하지 못하고 이들을 문화적으로 압도할 만한 중심국가가 부재한 탓에 라틴아메리카 각국에서 사용되는 스페인어가 새로운 언어로 분화되지 않을까 하는 우려도 없지는 않았으나, 독립 후에도 계속 유지해온 스페인어권 라틴아메리카인들의 문화적 유대감은 그들이 사용하는 언어가 분화되는 것을 막고 언어적 통일성을 유지하게 했다. 그러나 이는 현재 라틴아메리카 각국에서 사용되는 스페인어가 모두 동일하다는 것을 의미하는 것은 아니다. 공통의 역사와 문화를 공유하는 라틴아메리카인들을 출신지역에 따라 구분할 수 있듯이 이들이 사용하는 스페인어 역시 국가별로 서로 다른 특징을 가지고 있다. 다시 말하면, 멕시코 스페인어, 칠레 스페인어, 아르헨티나 스페인어, 콜롬비아 스페인어 등이 실제 그들이 사용하고 있는 구체적인 스페인어인 것이다.

그렇다면 흔히들 스페인에서 사용되는 유럽 스페인어와 대비하여 말하는 라틴아메리카 스페인어는 단일한 실체를 갖는 스페인어의 한 방언인가? 결론부터 말하면 라틴아메리카 스페인어는 통일된 실체를 갖는 스페인어의 한 방언이 아니다. 단일한 표준규범을 갖고 있는 스페인과는 달리 라틴아메리카는 각 국가마다 독립적인 표준규범이 존재한다. 따라서 라틴아메리카 스페인어는 단일한 실체를 가진 하나의 방언이라 할 수 없고 19개국에서 사용되는 복잡하고 다양한 방언들로 이루어진 복합체라고 할 수 있다.

라틴아메리카 스페인어의 사용지역을 좀 더 자세히 구분해 보면 다음과 같이 크게 5개 지역으로 나눌 수 있을 것이다.

① 멕시코
② 중미(멕시코 남부, 과테말라, 온두라스, 엘살바도르, 니카라과, 코스타리카)
③ 카리브지역(파나마, 쿠바, 푸에르토리코, 도미니카 공화국, 콜롬비아 및 베네수엘

라 북부 해안)

④ 남미내륙 및 고원지역(베네수엘라 내륙, 콜롬비아 대부분 지역, 에콰도르, 페루, 볼리비아, 파라과이)

⑤ 아르헨티나, 우루과이, 칠레

라틴아메리카 스페인어에 나타나는 다양한 변이형에도 불구하고 라틴아메리카 각국의 교양계층에서 사용되는 스페인어(norma culta)는 서로 간에 차이점보다는 공통점을 많이 유지하고 있다. 특히 ①, ②, ④ 지역에서 교양규범으로 사용되는 스페인어가 라틴아메리카 라디오 및 텔레비전 프로그램에서 흔히 들을 수 있는 말씨이다. 또한 미국에서 나오는 스페인어 회화교재나 제품의 사용 설명서 녹음 시 일반적으로 사용하는 규범이다. 현재 미국에서는 여러 방송들이 앞다투어 스페인어권을 상대로 스페인어로 된 프로그램을 제작하여 내보내고 있다. 그중에서 24시간 뉴스채널인 CNN방송의 스페인어 프로그램을 보면 방송 진행자의 대부분이 라틴아메리카 출신으로, 위에서 언급한 ①, ②, ④ 지역의 교양계층의 말씨를 사용하고 있는 것을 볼 수 있다. 국내에서도 인터넷 사이트(http://www.cnnespanol.com)에서 이 방송을 들을 수 있다. 따라서 이들 간에 공통적으로 나타나는 요소는 이 지역에서 통용될 수 있는 라틴아메리카 공통규범(la norma panhispanoamericana)이라 부를 수 있겠다.

4.2. 라틴아메리카 스페인어의 특징

라틴아메리카 스페인어의 주요 특징을 살펴보기에 앞서 간략하게나마 이 지역에서 사용되고 있는 스페인어의 기원과 관련한 몇 가지 사실을 명확하게 할 필요가 있을 것 같다. 이는 그동안 학계 및 일반인들 사이에서 나왔던 라틴아메리카 스페인어와 관련된 잘못된 견해를 바로잡는데 많은 도움이 될 것으로 생각된다.

우선, 많은 학자들이 현재 라틴아메리카 스페인어의 토대는 전기 고전주의 스페인어(el español preclásico)에 있다고 말한다. 즉 15세기 말에 스페인에서 말하고 썼던 말이 라틴아메리카 스페인어의 토대라는 것이다. 이러한 주장에 대해서 아마도 알론소(Amado Alonso 1953)는 두 가지 관점에서 반박하고 있다. 첫째, 그들이 말하는 español preclásico라는 말은 문학어를 지칭하는 것이지 일상적으로 사용하는 말을 나타내는 것이 아니다. 둘째, 라틴아메리카 정복이 15세기 말에 이루어진 것은 사실이나 아메리카 전역의 식민은 16세기가 되어야 본격적으로 이루어졌다. 또한 현재의 라틴아메리카 스페인어에는 15세기에 사용되었던 음운이나 어휘적 특성들이 남아 있지 않고 오히려 16세기에 생겼던 모든 신조어들은 그대로 남아 있다. 이러한 사실들로 미루어 볼 때 라틴아메리카 스페인어의 언어적 토대는 스페인의 여러 지역 출신의 이민자들이 새로운 땅에 적응하였을 때인 16세기 동안에 스페인에서 사용되었던 여러 지방 말의 '평준화'된 형태일 것이다.

다른 한편으로 많은 학자들이 정복자 및 식민자들이 가져온 스페인어의 사회·문화적 수준에 대해서 언급한다. 다시 말하면 라틴아메리카 스페인어는 통속적이고 상스런 스페인어가 초기의 그 토대를 이루고 있다는 것이다. 이것은 곧 그 당시 라틴아메리카로 건너온 정복자나 식민자들의 사회·문화적 수준과 관계가 있다. 이에 대해 많은 사람들은 초창기 식민자나 라틴아메리카에 이주해 온 사람들이 전반적으로 반사회적 인물은 아니었을지라도 교육수준이 낮은 계층의 사람들이었다는 생각을 하고 있다.

라틴아메리카가 스페인 사람들에 의해 정복되었다는 것은 사실이다. 그러나 이 사람들이 모두 무식하고 사회의 하층을 이루는 사람들이었다고 생각하는 것은 곤란하다. 이에 대해 아마도 알론소(1953)는 "라틴아메리카에 정주하게 위해 스페인을 떠난 주민은 스페인에 남아 있던 주민과 비슷한 분포로 구성되어 있었다."라고 말한다. 다시 말하면 각계 각층의 사람들이 라틴아메리카로 건너갔다는 것이다.

또한 메넨데스 삐달(Menéndez Pidal 1967)에 의하면 당시 세비야(Sevilla) 항구를 떠나 라틴아메리카로 가는 선단에는 저급한 말을 하는 상인들뿐만 아니라 부왕, 총독, 문필가, 성직자 그리고 세비야보다는 마드리드에 연고가 많은 여러 직급의 공무원들이 있었고, 궁중어와 문학어의 관용에 충실한 식자층과 성직자와 함께 유무명 작가들이 동반하고 있었다.

위에서 살펴본 바와 같이 라틴아메리카 이주자들의 사회 계층적 구성이 스페인에 남아 있었던 주민들의 그것과 크게 다르지 않았다는 것은 역사적으로 증명할 수 있는 사실이다. 그러므로 당시 스페인에서 라틴아메리카로 이식된 스페인어 역시 어느 특정 계층의 말이 아니라 다양한 사회 계층의 말이라 할 수 있겠다. 다시 말하면 스페인이나 라틴아메리카나 하류계층의 말은 상스럽고 식자층은 교양 있게 말한다는 것이다. 그러나 지금까지도 스페인어가 여러 지역에서 사용되는 방언들로 이루어진 복합체계라는 사실을 고려하지 않고 스페인에서 사용되는 스페인어를 가장 우월한 것으로 간주하고 다른 국가의 스페인어들을 그 아류쯤으로 여기는 경향이 있다. 이러한 우월적인 위치를 기준으로 스페인의 언어규범과 불일치를 보이는 것들은 '사투리', '통속적' 혹은 '고어적'인 것으로 판단해버린다. 로뻬 블란치(Lope Blanch 1997)에 따르면 식민지 시대에는 본국의 규범인 스페인 마드리드의 스페인어가 부동의 권위를 지니고 있었고 모든 식민지에서 그 말을 모델로 삼았다. 그러나 라틴아메리카 국가들이 스페인으로부터 독립을 한 후에는 각 국가의 수도에서 사용하는 교양 계층의 말이 각 국가의 표준어가 되었고, 이런 라틴아메리카의 표준어 중에서 보고타, 멕시코시티, 리마, 산티아고, 부에노스 아이레스의 스페인어는 마드리드 스페인어만큼 권위를 지니며 널리 받아들여지고 있다.

라틴아메리카 스페인어의 기원과 관련하여 계속해서 많은 논쟁을 유지해온 문제가 라틴아메리카 스페인어와 안달루시아 스페인어와의 관계이다. 다시 말하면 이 지역에서 사용하는 스페인어와 안달루시아의 그것과 유사점이 많다는 것이다. 특히 음성·음운적 측면에서 seseo, yeísmo, 설배치경음(apicoalvelor) s, 자음약화 등의 현상이 그렇고 형태, 통사 측면에서는 2인칭 복수형 vosotros(as)의 부재가 이 두 지역에서 공통적으로 나타나는 현상이다. 그러나 이들 언어현상 중 seseo와 vosotros의 부재만이 라틴아메리카 전역에서 나타나는 현상이지 나머지는 일부 지역에 국한된 현상이다. 따라서 중난미 전체 지역의 스페인어가 안달루시아 스페인어와 유사하다고 말할 수는 없고, 일부 지역, 즉 해안 지역의 말씨에는 안달루시아 스페인어의 영향이 많이 나타난다.

이에 대한 설명을 역사에서 구할 수 있을 것 같다. 식민 초기에서부터 18세기까지 안달루시아 지방 출신자들이 압도적으로 많았다는 것은 사실이다. 그러나 이들이 많이 거주했던 지역은 해안지역이나 저지대였다. 그래서 이 지역의 말씨는 안달루시아의 그것과 많은 점에서 유사하다. 그러나 식민지 행정의 중심지였던 멕시코시티나 리마 등과 같은 라틴아메리카 고원지역에는 초기에는 안달루시아 지방의 영향이 있었지만(예: seseo, vosotros 사용의 부재), 그 후로는 왕실이 있었던 본국 수도의 영향을 많이 받게 된다. 이는 당시 내륙으로 왔던 대부분의 사람들이 식민지 행정관련 종사자들이었고 이들의 출신지 역시 안달루시아가 아니라 스페인 왕실이 있었던 마드리드였기 때문이다. 따라서 라틴아메리카 스페인어를 연대순으로 보면 초기에는 까스띠야 말씨와 안달루시아 말씨가 섞인 말이었다가 곧 강한 안달루시아 말씨, 특히 세비야적 특징이 많은 해안지방 말과 마드리드 말씨에 가까운 내륙지방의 말로 뚜렷한 차이를 보이게 된다.

마지막으로 라틴아메리카 스페인어를 언급하면서 빼놓을 수 없는 사실은 토착어의 영향에 관한 문제이다. 1492년에 시작하여 지금까지도 계속되고 있는 스페인어와 다수의 이 지역 토착어와의 운명적인 공존관계는 이들 언어가 라틴아메리카 여러 지역의 스페인어에 필연적으로 영향을 주었을 것이라는 가능성을 제기하고 있다. 그러나 분명한 것은 어휘에 있어서는 많은 영향을 준 것은 사실이나 음운, 형태, 통사 측면에서는 그 영향이 미미하고, 일부 지역의 방언에 국한되어 나타난다.

우선, 토착어에서 유래한 어휘로 스페인어권 전체에서 사용되고 있는 것으로는 canoa, hamaca, caníbal, cacique, maíz, sábana, tabaco, tiburón, loro, guayaba, iguana, aguacate, cacahuate, chocolate, tiza, tomate, chicle, alpaca, guano, cóndor, papa, mandioca, tapir 등이 있으며 스페인어권 전체가 아닌 특정 지역의 스페인어 어휘에 영향을 준 토착어에는 카리브지역의 아라우아꼬어, 지금까지도 사용되고 있는 멕시코의 나우아뜰어, 잉카제국의 께추아어, 파라과이의 과라니어, 마지막으로 칠레의 마뿌체어 혹은 아라우까노어(araucano) 등이 있다.

음성·음운 측면에서는 미미하기는 하지만 에콰도르 고원지역의 일부 방언에서 나타나는 모음체계는 음소가 a, e, o, 세 개로 i, u는 e, o의 변이음이 된다. 이는 이 지역 토착어인 께추아어의 영향이다. 또한 멕시코의 유카탄반도의 스페인어에는 k, p t, ch의 성문음화가 나타나며 이는 이 지역의 토착어인 마야어의 영향으로 간주되고 있다.

멕시코, 중미 일부에서는 나우아뜰어의 영향인 형태소 -eco를 사용하여 인명을 나타내기도 한다(예: guatemalteco, chiapaneco, tamaulipeco 등).

지금까지 본 것처럼 라틴아메리카 스페인어에 대한 토착어의 영향이 가장 많이 나타나는 곳은 어휘부분이다. 그러나 이와 관련하여 한 가지 지적해야 할 사실은 거의 모든 americanismo 사전들이 토착어에서 유래한 단어들이 실제 사용되고 있느냐 하는 문제는 고려하지 않고 보다 많은 단어를 싣는 데만 급급한 나머지 현실을 왜곡하고, 이 문제에 관심이 있는 사람들을 혼동시키고 있다는 점이다. 다시 말하면 사전에 나오는 토착어에서 유래한 단어들 중 실제로 일상적으로 사용되는 어휘는 그렇게 많지 않다는 것이다. 이 사실은 멕시코 스페인어에 대한 토착어의 영향을 연구한 조사에서 분명하게 드러나고 있다(Lope Blanche 1969).

이제 지금까지 본 사실을 염두에 두고 라틴아메리카 스페인어의 음성, 음운, 형태, 통사, 어휘 측면에서 나타나는 주요 특징을 살펴보기로 하자. 특징들은 주로 스페인의 표준규범인 까스떼야노(castellano)와 비교하여 그 차이점을 살펴볼 것이다. 앞으로 언급하게 될 라틴아메리카 스페인어의 주요특징들은 그 사용범위가 라틴아메리카 대륙 전체에 이르는 것도 있지만 대부분은 전체를 포괄하지 못하고 일부 지역에 국한된다. 그러나 그 범위가 개별 국가를 넘어서는 것이어서 스페인어에 대한 총체적인 지식을 쌓는 데 알아야 할 요소로 판단된다.

1) 음성·음운

한 언어가 통일성을 유지하느냐 여부는 기본 어휘목록에 있어서 공통성뿐만 아니라 언어의 심층 부분이라 할 수 있는 음운체계와 형태, 통사 구조의 단일성에 달려 있다.

현재 라틴아메리카 각국에서 사용되는 스페인어의 음운체계는 세세한 차이는 있으나 질적으로는 거의 차이가 없다. 5개의 모음과 17개의 자음으로 이루어져 있으며 castellano와 비교해보면 castellano에서는 /θ/와 /s/, /y/와 /ll/의 구분이 존재하나 라틴아메리카의 대부분의 국가에서는 이러한 구분을 하지 않고 /s/와 /y/로 각각 발음한다. 따라서 라틴아메리카 스페인어에는 seseo와 yeísmo 현상이 나타난다고 한다.

(1) seseo

라틴아메리카 전역에 걸쳐서 공통적으로 나타나는 유일한 음운현상으로 s, z, c(e, i)를 /s/로 발음하는 것을 말하는 것으로 zumo와 sumo, ciervo와 siervo 그리고 casa와 caza가 동일하게 발음된다. 또한 /s/의 경우에도 castellano는 혀끝을 잇몸에 대고 발음하는 설첨치경음(apicoalveolar)인데 반하여 라틴아메리카에서는 혀의 배면을 잇몸에 대고 발음하는 설배치경음(dorsoalveolar)이다.

(2) yeísmo

라틴아메리카 스페인어에서는 일반적으로 /ll/와 /y/를 구별하지 않고 valla와 vaya를 똑같이 발음한다. 이런 음운현상을 yeísmo라고 부른다. 그러나 라틴아메리카에서도 이 두 음소를 구별하는 곳이 있다. 그 중에서 콜롬비아의 안데스지방 일부, 파라과이, 아르헨티나 북부 지방에서는 /ll/와 /y/를 구별하여 발음한다. 그러나 전문가들에 의하면 스페인이나 라틴아메리카나 이 두 음소를 구별하는 지역이 점차 줄어들고 있다고 한다.

yeísmo와 관련하여 특이한 현상 중의 하나는 아르헨티나, 우루과이 등에서 나타나는 /y/를 /z/로 발음하는 zeísmo현상이다. 이는 이들 지역 뿐만 아니라 라틴아메리카 여성들의 말씨에서 흔히 들을 수 있는 발음인데, 아르헨티나의 경우에는 /z/의 무성음화 현상이 대부분의 사람들 말씨에서 나타난다.

(3) 그 밖의 다른 음성 현상

음운적인 측면에서와 달리 음성적인 측면에서는 지역별로 훨씬 더 다양하고 복잡한 차이가 나타난다. 우선 라틴아메리카 고지대와 저지대에서 나타나는 차이가 대표적인 경우이다. 라틴아메리카의 고원지역에서는 모음약화와 자음강화 현상이 나타나고 저지대에서는 반대로 모음강화와 자음 약화 현상이 나타난다. 이는 라틴아메리카인들이 하는 스페인어 발음을 듣고서 출신지역이 어디인지를 알 수 있게 해주는 것으로 로센블랏(Rosenblat 1962: 26)은 이런 현상에 대해 식습관에 비유하여 "라틴아메리카 고지대에서는 모음을 삼키고, 저지대에서는 자음을 삼킨다"라고 유머스럽게 표현한다.

멕시코 고원지역에서는 cafecito를 'cafsito'로, experimento를 'exprimento'로, forastero를 'frastero'로, fosforo를 'fosfro'로 발음하는 것을 흔히 들을 수 있고 에콰도르의 끼또(Quito)에서는 si pues, no pues를 각각 'si p´s', 'no p´s'로, 볼리비아 라빠스(La Paz)에서는 Potosi를 'Pot´si'로, 콜롬비아 보고타(Bogotá)에서는 Muchisimas gracias를 'muchismas gracias'로 발음하는 경우가 흔하다.

반면에 카리브지역, 베네수엘라 빛 콜롬비아의 해안지역 및 내륙지역 아르헨티나 해안지역 우루과이, 파라과이, 칠레 등지에서는 지역 및 사회계층에 따라 자음약화 현상이 다양하게 나타난다. 로센블랏이 제시한 몇 가지 예를 보면 다음과 같다.

- /s/의 기식음화 및 탈락: lojhombre(los hombres), lofosforo(los fosforos), lajocho(las ocho), pejcao(pescado)
- 모음 사이의 -d-의 탈락: no ha venio(no ha venido), el deo(el dedo)
- /j/의 약화: horje(Jorge), hefe(jefe)
- 어말 자음 /r/의 탈락: voy a come(voy a comer), sí, señó(sí, señor)

그밖에 카리브 지역의 특징적인 음성현상으로 /r/과 /l/의 혼동[예: pueltoriqueño(puertoriqueño), borsa(bolsa), durse(dulce)], 멕시코 동남부, 카리브, 중미, 콜롬비아, 베네수엘라, 페루 해안지역에서는 /-n/의 연구개음화 현상이 나타난다. 따라서 canción을 'cancioŋ', balcón을 'balcoŋ'으로 발음한다.

이외에도 다른 음성현상들이 많이 있으나 이들 대부분이 그 범위가 일부 지역에 국한된 것들이다.

2) 형태 · 통사

라틴아메리카에서 사용되는 스페인어의 형태 · 통사 층위를 보면 음운에서와 마찬가지로 몇 가지의 세부적인 차이는 존재하지만 근본적인 통일성을 유지하고 있음을 알 수 있다. 다시 말하면 멕시코에서 아르헨티나에 이르기까지 형태 및 통사구조가 거의 동일하다. 최근의 연구에 의하면 라틴아메리카 여러 도시에서 사용되는 스페인어의 통사구조는 강한 동질성을 유지하고 있음을 보여주고 있다. 푸에르토리코의 상환, 멕시코시티, 카라카스, 칠레의 산티아고에서 사용되는 교양계층의 구어체 스페인어의 통사구조를 분석한 결과 한 문장을 구성하는 평균적인 절의 수가 3개 내지 4개이고 또한 절을 구성하는 단어의 수가 7개로 이들 4개 도시의 스페인어에서 거의 동일하게 나타난다(Lope Blanch 1993).

라틴아메리카 스페인어의 형태 통사적인 특징 중 가장 중요한 것으로는 라틴아메리카의 모든 지역에서 vosotros가 사용되지 않는 것과, leísmo, laísmo, loísmo의 부재 그리고 광범위한 지역에서 tú 대신에 vos가 사용된다는 것을 들 수 있겠다.

(1) 2인칭 복수형 vosotros(as)의 부재

라틴아메리카 스페인어의 특징 중 이 지역 전체를 포괄하는 유일한 언어현상은 2인칭 복수대명사 vosotros(as)가 사용되지 않고, 대신에 3인칭 복수 대명사인 ustedes로 대치되었다는 점이다. 따라서 동사 형태도 3인칭 복수형을 취한다(Ustedes cantan). 라틴아메리카에서 vosotros(as)는 성당의 설교나 아니면 격식을 요하는 행사에서 들을 수 있을지는 몰라도 거의 대부분의 경우 문어, 구어를 막론하고 ustedes가 사용된다. 라틴아메리카에서는 격식을 요하는 행사일지라도 vosotros(as)의 사용은 약간 어색하게 받아들이는 경향이 있다.

vosotros(as)의 부재로 인해 라틴아메리카 스페인어에서는 인칭 대명사의 수가 11개에서 10개로 줄었다.

	단수	복수
1인칭	yo	nosotros(as)
2인칭	tú	ustedes
3인칭	él, ella, usted	ellos, ellas, ustedes

라틴아메리카 스페인어에서 vosotros(as)가 사라진 결과 소유형용사인 vuestro(a)(s)가 사용되지 않고, su, suyo(a)(s)가 그를 대신하면서 이 소

242

유 형용사가 el, ella, ello, ellos(as)뿐만 아니라 usted(es)까지도 나타내게 되어 의미상의 구분을 위해 라틴아메리카 스페인어에서는 su 대신에 de usted의 사용이 흔하다(Estuvo en casa de usted.).

(2) leísmo, laísmo, loísmo의 부재

현재 라틴아메리카를 포함한 스페인어권 대부분의 지역에서 사용되는 3인칭 직접, 간접목적대명사의 형태는 다음과 같다.

		단수	복수
직접 목적대명사	남성	lo veo(veo a Juan, veo el libro)	los
	여성	la veo(veo a Maria, veo la pluma)	las
	중성	lo veo(veo cómo sucede algo)	
간접 목적대명사	남성	le digo algo, le doy algo (a Juan)	les
	여성	le digo algo, le doy algo (a Maria)	les

이러한 형태는 라틴어 어원에 충실한 것들이다. 다시 말하면 lo, los, las는 라틴어의 대격(acusativo)인 illum, illos, illam, illas에서 각각 나왔고, 간접 목적대명사이 le, les는 남녀의 성 구별이 없는 여격(dativo)인 illi, illis에서 유래한 것이며, 중성인 lo는 라틴어 illud에서 변화한 것이다. 그러나 16, 17세기에 스페인 중북부 지역에서 이러한 목적대명사의 체계에 약간의 변화가 생기게 되는데, 이 중 가장 흔한 현상이 직접 목적어가 사람(남성)인 경우에 le를 사용하고 (veo a Juan 〉 le veo), 사물인 경우 lo를 사용하는 (veo el libro 〉 lo veo) leísmo이다. 이 밖에 간접목적어가 여성인 경우에 le, les대신에 la, las를 사용하는 (la conté un cuento) laísmo가 있고, 아주 드문 경우지만 간접 목적어가 남성인 경우 le les 대신에 lo, los를 사용하는 (lo pegué una bofetada) loísma가 있다.

현재 스페인에서는 안달루시아 지방과 아라곤 지방을 제외하고는 leísmo가 널리 사용되고 있고, laísmo 역시 상당한 지역에서 선호하고 있는 형태이다. 스페인 한림원에서는 1796년 le를 남성 직접 목적대명사의 유일하고 올바른 형태로 결정하였으나 그 후 입장을 바꿔 라틴어 어원에 충실한 lo의 사용을 권장하기로 결정하였다. 라틴아메리카 스페인어의 경우에는 문어나 구어를 불문하고 한림원이 제시한 라틴어 어원에 충실한 목적대명사 형태를 사용하고 있으며 아주 제한된 지역에서만 leísmo가 나타난다. 그러나 laísmo나 loísmo는 전혀 사용되지 않는다.

(3) voseo

16세기 초의 스페인어에서는 친밀감이 있는 사람이나 하급자에게 tú의 사용이 일반적이었고, 이전의 2인칭 존칭 대명사인 vos는 vuestra merced에서 변화한 usted이 2인칭 존칭어로 일반화됨에 따라 차음 존칭의 의미를 잃고 tú처럼 친한 사람이나 하급자를 지칭하는 말로 사용되기에 이른다. 그래서 이 두 가지 형태가 라틴아메리카 정복과 함께 신대륙에 들어오게 되고 초창기에는 혼용해서 쓰인다. 한편 스페인에서는 18세기 초에 vos가 완전히 사라지고 대신에 2인칭 친칭 대명사로는 tú가, 존칭 대명사로는 usted이 확고하게 자리를 잡게 된다. 이러한 변화는 단기간에 라틴아메리카로 들어오는데, 멕시코시티나 리마처럼 부왕청이 있어서 스페인과의 교류가 활발해 본국의 문화적 유행에 쉽게 접근할 수 있었던 지역에서는 vos가 사라지고 tú만을 사용하게 된다. 그러나 당시 스페인 본국과 접촉이 활발하지 못했던 라틴아메리카의 소외된 지역에서는 vos가 2인칭 친칭형으로 계속 쓰였다. 그 결과 오늘날까지도 라틴아메리카에는 vos가 tú보다 압도적으로 많이 사용되는 지역이 존재하는데, 이런 현상을 라틴아메리카 스페인어의 voseo라 부른다. 즉

voseo란 2인칭 친칭형 tú 대신에 대명사 vos와 그에 상응하는 동사형을 체계적으로 사용하는 것을 말한다.

voseo 사용지역의 분포를 보면 아르헨티나, 우루과이, 파라과이, 중미는 voseo가 일반화된 지역이고 파나마, 콜롬비아, 에콰도르, 칠레, 페루 및 볼리비아 남부 등은 vos와 tú가 함께 사용되는 지역이며 나머지 지역은 tú만 사용되는 곳이다.

vos의 동사 변화형에 따라 다음과 같은 4가지 형태의 voseo를 구별할 수 있다.

	제1변화동사	제2변화동사	제3변화동사
A형	-áis(tomáis)	-éis(coméis)	-ís(vivís)
B형	-áis(tomáis)	-ís(comís)	-ís(vivís)
C형	-ás(tomás)	-és(comés)	-ís(vivís)
D형	-ás(tomás)	-és(comés)	-és(vivés)

이 중에서 가장 많은 지역에서 사용하고 있는 형태는 C형으로 중미, 콜롬비아 해안, 베네수엘라 내륙, 볼리비아, 파라과이, 우루과이, 아르헨티나 대부분의 지역에서 나타난다.

마지막으로 라틴아메리카 voseo와 관련하여 한 가지 언급해야 할 사항은 voseo 사용지역의 모든 나라에서 모든 사회계층에 voseo가 동일하게 나타나는 현상이 아니고, 지역별로 사회 계층별로 또는 상황에 따라 서로 다르게 나타난다는 것이다. 파라과이, 칠레, 페루, 베네수엘라 등에서는 일반적으로 하류계층에서 사용되고 교양계층에서는 tuteo가 쓰인다. 그러나 아르헨티나, 우루과이, 과테말라 등에서는 모든 사회계층, 모든 상황에서 구어나 문어에 관계없이 사용된다. 또한 과테말라, 온두라스, 엘살바도르, 니카라과, 칠레에서는 tú와 vos가 같이 사용된다. 이 경우 vos는 가장 친밀감이 있는 관계에 사용되고 usted은 가장 거리감이 존재하는 관계에 쓰이며 tú는 이 두 대명사의 중간에 위치한다.

(4) 동사 시제형

① 미래형의 퇴조

직설법 미래형(cantaré)의 경우 스페인보다는 라틴아메리카에서 그 사용빈도가 적다는 것이 전문가들의 공통된 의견이다. '미래에 일어날 사실'을 표현하는 데 라틴아메리카 스페인어에서는 직설법 미래형보다는 우설법(voy a cantar)이나 직설법 현재형(canto)을 더 선호한다. 모레노 데 알바(Moreno de Alba 1985)에 따르면 멕시코 구어체 스페인어의 경우 미래 사실을 나타내는 표현 중 약 절반 정도가 우설법이고, 25%가 직설법 현재형, 그리고 나머지 25%가 직설법 미래형이다. 이 같은 수치는 약간의 차이는 있을지라도 다른 라틴아메리카 국가의 스페인어에도 동일하게 적용될 수 있을 것이다.

② 부정과거(cante)와 현재완료(he cantado)의 대립관계

스페인에서 사용되는 스페인어와 라틴아메리카 스페인어에서 부정과거와 현재완료의 대립관계가 서로 다르게 나타난다. 알라르꼬스(Emilio Alarcos 1947)의 설명에 따르면 스페인에서는 부정과거가 과거에 발생하여 과거 그 자체에 경계를 갖는 사실을 나타내는 데 사용된다. 따라서 동사가 나타내는 행위가 현재의 순간이 포함되지 않은 기간에 일어났다는 것을 나타내는 부사어를 동반할 수 있다(ayer, anoche, el mes pasado 등). 반면에 현재완료는 확대된 현재(el presente ampliado)에 속하는 행위, 즉 과거의 한 시점에서부터 현재순간까지를 포함하는 기간에 일어난 행위를 나타내는 데 사용된다. 따라서 현재 순간을 포함하는 기간 동안에 어떤 행위가 일어났다는 것을 나타내는 부사어를 동반할 수 있다(hoy, ahora, estos días 등). 결론적으로 스페인에서는 현재완료의 주된 특징이 그의 시제적 의미, 즉 표현하려고 하는 행위와 문법적 현재(현재 순간)와의 접근 여부이다.

라틴아메리카 스페인어에서는 부정과거와 현재완료의 차이가 본질적으로 상(aspecto)에 있고 스페인의 경우와는 달리 시제적인 의미는 명확하지 않다. 다시 말하면 어떤 행위가 완료되었다고 판단되면 그 행위의 시점이 과거든 확대된 현재든 상관없이 부정과거가 사용된다(Hoy llegué tarde.). 반대로 표현하고자 하는 동작이 완료되지 않고 지속적이라 판단될 때, 다시 말하면 과거에 시작된 행위가 현재에도 계속되고 있고 미래에도 계속될 것으로 판단되면 현재완료가 사용된다(Pedro ha sido el médico de la familia.)

결론적으로 말하면 스페인에서는 동작의 상(aspecto)이 부정과거와 현재완료를 선택하는 데 별 영향을 주지 못하는 데 반하여, 라틴아메리카에서는 일반적으로 두 시제를 특징짓는 차이가 근본적으로 동작의 상에 있다. 또한 이와 같은 두 시제의 차이로 인해 라틴아메리카에서는 현재완료가 부정과거보다 그 사용 빈도가 적다. 즉 스페인에서 현재완료로 표현하는 많은 것을 라틴아메리카에서는 부정과거로 표현하기 때문에 현재완료의 사용 빈도가 상대적으로 낮다.

③ 접속법 불완료과거 –ra와 –se

라틴아메리카 스페인어에서는 접속법 불완료과거형 –ra(cantara)가 –se(cantase)에 비해 압도적으로 많이 사용되고, –se는 구어체에서는 거의 들어볼 수가 없다. 스페인의 경우에도 –ra형이 많이 사용되는 것은 사실이나 -se형의 사용도 라틴아메리카에 비해서는 훨씬 많다.

(5) 그 밖의 다른 문법 현상들

지금까지는 그 사용범위가 광범위한 현상들을 살펴보았다. 이들 이외에도 사용지역이 한정되어 있고 스페인어권의 대다수의 규범과는 차이를 보이지만, 사용국가의 교양계층의 말에도 나타나는 '특이한' 현상들을 보면 다음과 같다. 우선 직접 목적대명사 lo가 간접 목적대명사 les의 변이형인 se와 함께 사용되는 경우 lo가 불필요하게 복수화된다. 즉 se lo dije라고 해야 할 것을 se los dije라 한다. 이런 현상은 라틴아메리카의 많을 지역에서 나타나는데 특히 멕시코의 경우에는 유명한 작가의 글에서도 볼 수 있을 정도로 일반화되어 있다.

또한 멕시코나 칠레의 스페인어에는 문법적 기능이나 의미가 결여된 대명사 le가 단지 표현을 강조할 목적으로 동사에 붙어 사용된다(ándale, a ver cómo le hacemos, jálenle 등). 그리고 자동사들이 재귀형으로 사용되는 경향이 스페인보다 훨씬 강하다(venirse, bajarse, amanecerse, volverse, devolverse, huirse 등).

어순에 있어서도 라틴아메리카 일부지역(카리브, 베네수엘라, 리오 델라 쁠라따)에서는 스페인어권의 대다수 지역과는 달리 의문사가 나오는 의문문에서 주어, 동사의 도치가 이루어지지 않는다(¿Qué tú quieres?). 마지막으로 라틴아메리카 일부 국가의 전치사 hasta의 '특이한' 사용에 대해서 언급하고자 한다. 일반적으로 전치사 hasta는 동사와 함께 쓰이는 경우 동사가 나타내는 행위의 '완료시점'을 나타낸다(La tienda abre hasta las ocho.). 그러나 멕시코, 콜롬비아, 베네수엘라, 중미 등지에서는 행위의 '개시시점'을 나타낸다. 따라서 이 지역에서는 'La tienda abre hasta las ocho.'라고 하는 경우 '가게는 8시에 문을 연다'라는 의미와 '가게는 8시에 문을 닫는다'라는 의미로 이해될 수 있다. 규범 스페인어에서는 전자의 뜻을 갖기 위해서는 동사 앞에 no가 사용되나(La tienda no abre hasta las ocho.), 이 지역의 스페인어에는 no가 생략되는 경우가 빈번하다. 따라서 이를 처음으로 접하는 외국인은 잘못 이해하는 경우가 많다.

3) 어휘

라틴아메리카는 지리, 기후, 인종, 사회 경제적 발전 정도가 서로 다른 국가들이 모여 이룬 거대한 대륙이기 때문에 이곳에서 사용되는 어휘 역시 국가별로 많은 차이가 존재한다.

(1) 스페인에서 유래한 어휘

현재 라틴아메리카에서 사용되는 어휘목록을 보면 스페인에서 유래한 어휘가 압도적인 위치를 점하고 있으며 라틴아메리카 국가들 사이에는 이들 간의 상호 의사소통을 가능하게 해주는 거대한 공통 기본 어휘가 존재한다. 그러나 일상생활이나 각 지역의 풍속과 관련된 어휘에서는 많은 차이점을 보이는 것도 사실이다. 특히 이 지역에서 나타나는 어휘의 다양성은 스페인으로부터 독립한 이후에 각국에서 만들어진 신조어에서 더욱 심하게 나타나는데, castellano가 절대적인 영향력을 발휘하는 스페인과는 달리 이 지역의 경우에는 통일된 단일 표준 규범이 없는 것이 가장 큰 원인으로 꼽힌다.

현재 라틴아메리카에서 사용되는 어휘에는 스페인에서는 사용되지 않는 어휘가 많이 있다. 그중에서 일부를 보면 afligir(preocupar), bravo(irritado), lindo(hermoso), liviano(ligero), pollera(falda), retar(reprender), vidriera(escaparate) 등이 있다. 일부 학자들은 이처럼 스페인에서는 사라졌

으나 라틴아메리카에서는 계속 사용되는 어휘를 '고어'로 간주하는 경향이 있다. 그러나 단지 스페인에서 사용되지 않는 다는 이유로 스페인어권 다수가 일상적으로 사용하는 말을 고어로 간주하는 것은 지극히 유럽 중심적인 사고이다. 여기서 다시 한 번 스페인어는 스페인뿐만 아니라 라틴아메리카 각 지역에서 사용하는 여러 방언들로 구성된 복합 체계라는 사실을 상기할 필요가 있다. 고어는 한때 쓰이다 지금은 사용되지 않는 절대적 의미의 고어(예: catar, yuntar)가 있는 반면에, 라틴아메리카에서 사용되는 lindo나 스페인의 estafeta처럼 한 지역에서는 사라졌으나 다른 지역에서는 계속 쓰이는 상대적 의미의 고어가 존재한다.

또한 라틴아메리카 스페인어의 형성기에 들어온 스페인 각 지방의 어휘가 계속해서 쓰이고 있다. 안달루시아 지방의 amarrar, guiso, limosnero 등과, 까나리아 지방의 ensopar, botarate, mordida 등, 레온 지방의 carozo, lamber 등, 가예고 지방의 bosta, cardumen, laja 등이 그것이다.

라틴아메리카 스페인어에는 정복 초기부터 항해와 관련된 어휘가 들어와 그 의미가 전이되어 쓰이고 있는 경우가 많다. 이는 스페인에서 사용되는 어휘와 차이를 보이는 것으로 라틴아메리카 스페인어에만 사용되는 americanismo로 볼 수 있다. abarrotar(llenar hasta el tope), amarrar(atar), arribar(llegar), balde(cubo), botar(tirar), flete(costo de un transporte), jalar(tirar de), rancho(vivienda campestre), rumbo(dirección), chingar(hacer el acto sexual, molestar), timón(volante, manubrio), virar(doblar), zafar(desatar) 등이 그것이다.

(2) 라틴아메리카 토착어에서 유래한 어휘

라틴아메리카 각 지역에서 사용되었거나 지금까지도 쓰고 있는 원주민어 역시 이 지역의 스페인어 어휘를 풍부하게 만들었을 뿐 아니라 토착어에서 유래한 일부 어휘는 지역적 범위를 벗어나 스페인어권의 공통

어휘가 되었다. 이들을 어원별로 분류해보면 다음과 같다.

- 아라우아꼬어: canoa, cacique, tabaco, batata, bohío, caníbal, sabana, guacamayo, tiburón, maíz, bejuco, guayaba, iguana, maní 등
- 나우아뜰어: aguacate, cacao, chocolate, tomate, cacahuate, jícara, chicle, hule, petaca, nopal, tiza 등
- 께추아어: cóndor, alpaca. vicuña, puma, llama, coca, guano, mate, pampa, papa, carpa 등
- 과라니어: tapir, tapioca, mandioca, ñandú, jaguar 등
- 마뿌체어(아라우까노어): gaucho, poncho, malón 등

이와 같이 사용지역이 넓은 어휘들 외에도 라틴아메리카에는 사용 범위가 한 지역을 넘지 못하는 원주민어에서 유래한 단어들이 무수히 많다.

(3) 다른 언어에서 유래한 어휘

위에서 언급한 라틴아메리카 토착어 외에 다른 언어(프랑스어, 영어, 이태리어, 포르투갈어)에서 유래한 어휘들이 있다. 20세기 초까지는 프랑스어에서 유래한 어휘가 많이 들어왔는데 그중에서 라틴아메리카에서만 쓰이는 어휘는 amasar, arribista, avalancha, banal, chofer(스페인에서는 첫 음절에 강세를 갖는 chófer이다.), flamboyan, fuete, masacrear, musiú, plafón, rol 등이다. 포르투갈어의 영향은 미미하다. 이 언어에서 유래한 어휘 중 cachaza, conchabarse, criollo, facón, garúa, mucama 등이 라틴아메리카에서 주로 쓰이는 것들이다. 이태리어에서 유래한 어휘 중 라틴아메리카에서 널리 사용되는 것은 Chao이다. 그 밖에 이태리인의 이민이 많았던 아르헨

티나에서 일반적으로 사용되는 bacán, cachar, coger, capuchino, mayar, mina, pibe 등이 있다.

오늘날 스페인어 어휘에 가장 많은 영향을 주는 언어는 영어이다. 영어의 영향은 스페인이나 라틴아메리카나 거의 동일하며, 실제 사용되는 영어에서 유래한 어휘 역시 그 양에 있어서 두 지역이 별로 차이가 없다는 것이 많은 학자들의 공통된 의견이다. 그러나 사용되는 어휘는 서로 차이가 있음을 알 수 있다. 몇 가지 예를 보면 auto-stop, camping, yeyé 등은 스페인에서만 사용되고, cloche(embrague), chance(oportunidad), llamada de larga distancia(conferencia) 등은 라틴아메리카에서만 사용되는 어휘이다. 또한 같은 어원에서 온 말이라도 스페인과 라틴아메리카가 차이가 나는 것들이 있다(aparcar/parquear, multicopiar/mimeografiar, talonario de cheques/chequera). 라틴아메리카 스페인어의 어휘에 있어서 영어의 영향이 가장 많은 분야는 스포츠로, 특히 야구용어와 관련된 어휘에 많이 나타난다. 그 밖에도 기술, 음식, 의복, 오락에 관한 어휘들이 있다.

(4) 스페인어 어휘의 다양성

이미 언급하였듯이 라틴아메리카 스페인어는 라틴아메리카에 이식되어 이 지역의 새로운 환경에 적응하면서 스페인의 스페인어와 차이가 생기기 시작하는데, 특히 어휘에서 그 차이가 두드러지게 나타난다. 초창기 식민자들은 라틴아메리카에서 마주친 새로운 사물을 명명하는데 어휘가 부족하다는 것은 절감하고, 이 지역의 토착어에서 많은 어휘를 편입함으로써 어휘부족의 문제를 해결하였다. 또한 광활한 라틴아메리카 대륙의 지리적 조건으로 인한 역내 국가 간의 교류 및 의사소통의 부재, 그리고 이들 국가들과 본국인 스페인과의 교류정도의 차이 등으로 인해 스페인뿐만 아니라 이들 간에도 어휘에 있어서 많은 차이를 보이게 된다. 여기에 독립 이후에 불어, 영어, 이태리어, 포르투갈어 등과 같은 외국어에서 차용된 어휘 및 신조어의 지역에 따른 차이는 이들 국가에 존재하는 어휘의 다양성을 더욱 심화시켰다. 그러나 이 같은 어휘의 차이는 이들이 공유하고 있는 기본 어휘목록에 비하면 대양에 이는 잔물결에 불과하다.

다음은 스페인 및 라틴아메리카 각국에서 많은 차이를 보이는 어휘의 일부 예이다.

- 버스: autobús(스페인), guagua(카리브), camión(멕시코), chiva(파나마), colectivo(아르헨티나), góndola(페루), micro(칠레)
- 구두닦이: limpiabota(대다수 지역), bolero(멕시코). brillo(푸에르토리코), lustrador(중미), embolador(콜롬비아), lustrabota(페루)
- 바나나: plátano(대다수 지역), banana(아르헨티나), guineo(푸에르토리코), cambur(베네수엘라)
- 금발의 여자: rubia(대다수 지역), güera(멕시코), mona(콜롬비아), gringa(아르헨티나), catire(베네수엘라, 에콰도르, 페루)
- 전화 받기: diga(스페인), bueno(멕시코), aló(페루, 칠레), a ver(콜롬비아), hola(우루과이, 아르헨티나), qué hay 혹은 oigo(쿠바)
- 케잌: tarta(스페인, 아르헨티나), pastel(멕시코, 과테말라, 콜롬비아), torta(콜롬비아, 베네수엘라, 칠레, 우루과이, 볼리비아, 파라과이)
- 안경: lentes(대다수 지역), gafas(스페인), anteojos(멕시코, 칠레, 코스타리카, 파라과이)
- 연: cometa(대부분 지역), papalote(멕시코, 쿠바), barrilete(중미, 아르헨티나), papagayo(베네수엘라), volantín(볼리비아, 칠레)
- 뇌물: soborno(대부분 지역), mordida(멕시코, 콜롬비아), coima(남미)

- 볼펜: bolígrafo(대부분 지역), pluma(멕시코), esferográfico(콜롬비아), lápiz de pasta(칠레), birome(아르헨티나, 파라과이)

(5) 스페인과 라틴아메리카의 어휘차이 비교

스페인	라틴아메리카	스페인	라틴아메리카
americana	saco	jersey	suéter
aparcar	estacionar	levantarse	pararse
apresurarse	apurarse	mordisco	mordida
ascensor	elevador	multicopiar	mimeografiar
beber	tomar	ordenador	computadora
bolso	cartera	parado	desempleado
bonito	lindo	patata	papa
comida	almuerzo	piso	apartamento
cocer	cocinar	pordiosero	limosnero
coche	carro	reñir	pelear
conducir	manejar	señas	dirección
conferencia (teléfonica)	llamada de larga distancia	surtidor (de gasolina)	bomba
chófer	chofer	talonario	chequera
derrochador	botarate	tardar	demorarse
echar de menos	extrañar	tirar	botar
enchufe(influencia)	palanca	tirar de	jalar
enfadado	enojado	volante	timón
escaparate	vitrina, vidriera	zumo	jugo

이처럼 스페인어권 각국에서 사용되는 어휘는 많은 차이를 보이는 것이 사실이다. 그래서 스페인에서 사용되는 어휘와 라틴아메리카에서 쓰이는 어휘를 1:1로 비교한다는 것은 무리가 따른다. 그러나 숫자는 많지 않지만 스페인에서 주로 사용되는 어휘와 라틴아메리카의 대부분의 국가에서 공통적으로 사용되는 어휘를 비교하는 것은 가능한 일이다.

앞의 표는 그 예의 일부이다.

4.3. 스페인어 교육과 라틴아메리카 스페인어

지금까지 살펴본 것처럼 라틴아메리카 스페인어는 어떤 표준규범을 가지고 있는 동질적인 실체가 아니라 국가마다 다양성이 존재하는 단순한 방언의 집합체이다. 그러나 이들 간의 의사소통을 가능하게 해주는 근본적인 통일성이 존재하는 것도 사실이다.

그렇다면 스페인어 교육에서 castellano 대신에 라틴아메리카 스페인어를 선택하는 경우 이 지역의 다양한 방언들 중 어느 것을 가르치는 것이 바람직한 것인가? 여기에는 두 가지 방법이 있을 수 있다. 하나는 특정 국가의 교양규범을 택하는 경우이고 다른 하나는 이 지역의 여러 방언들의 공통부분을 가르치는 것이다. 전자의 경우에는 사용자의 수, 문화적 우수성, 그 규범의 여타 지역에서의 수용가능성 등을 고려해야 하며 무엇보다도 학습자의 요구에 맞는 규범을 선택해야 할 것이다. 현재 라틴아메리카에서 널리 받아들여지고 있는 규범에는 멕시코시티 스페인어, 보고타 스페인어, 리마 스페인어, 산티아고 스페인어 부에노스아이레스 스페인어 등이 꼽히고 있다. 이들 도시의 교양계층의 말은 상당한 동질성을 보이고 있으며 현재 라틴아메리카에서 사용되는 스페인어에 가장 커다란 영향을 끼친다고 볼 수 있는 방송, 특히 뉴스프로그램에서 사용하는 스페인어 역시 이들 규범에 가깝다고 볼 수 있다. 한편, 특정국가의 방언을 선택하는 경우에는 교수자가 다른 방언에 대한 보충설명을 할 필요가 있다고 본다.

후자의 경우에는 각 지역에 공통되는 요소를 추려 공통규범을 만드는 것이다. 그러나 이 경우에는 스페인어권 모두에서 통용될 수 있는 이점은 있으나 실제 사용되지 않는 가공된 언어형태라는 것이다. 라틴아메리카 스페인어에서 공통적으로 나타나는 언어현상을 보면 seseo, yeísmo, tú의 복수형으로 ustedes의 사용, 그리고 그에 따른 동사변화형 및 소유형용사 vuestro 대신에 su, suyo의 사용, 사람, 사물을 구분하지 않고 사용하는 3인칭 목적대명사 lo(s) 등이 그것이다. 이런 현상들은 스페인의 표준규범인 castellano보다 그 사용범위가 훨씬 광범위한 것들이어서 학습자들이 스페인어권 화자들과 원활한 의사소통을 위해 능동적으로 사용하도록 권장할 만한 요소들이다. 그 밖에도 voseo 및 s 기식음화 현상 등도 라틴아메리카 전체를 포괄하지는 못해도 그 사용범위가 넓어 학습자의 이해를 위해 교육내용에 포함되어야 할 언어현상으로 간주된다. 어휘 부분은 라틴아메리카에서 공통적으로 사용되는 어휘의 경우에는 그 어휘를 제시하면 되나 각 국가에서 사용하는 어휘의 다양성으로 인하여 많은 문제를 야기한다. 따라서 라틴아메리카에서도 지역마다 차이를 보이는 경우에는 사용범위가 넓은 어휘와 함께 주요 대도시에서 쓰이는 것을 제시해주면 학습자에게 많은 도움이 되리라 생각한다. 특히 이 경우에는 스페인에서 사용되는 어휘를 기준으로 지역 간의 차이를 설명하는 것도 학습자의 능동적 어휘뿐만 아니라 수동적 어휘를 위해서도 바람직할 것이다.

| 참고문헌 |

김우성(1997), 「중남미 국가들의 독립과 중남미 스페인어: 새로운 언어 정체성 형성에 관한 연구」, 『서어서문연구』, 11, pp 3-18.

_____(2000), 「스페인어 교육과 중남미 스페인어」, 『서어서문연구, 16, pp.3-28.

_____(2002), 「멕시코 국명에 나타난 철자 X 사용에 관한 고찰」, 『외대논총』, 24, pp. 115-126.

_____(2003), 「언어를 통해서 본 아르헨티나인의 정체성」, 『라틴아메리카연구』, 15(2), pp. 413-434.

_____(2005), 「라틴아메리카 언어, 문화, 인권: 멕시코와 과테말라의 원주민 언어권을 중심으로」, 『라틴아메리카연구』, 18, pp.5-37.

_____(2006), 「멕시코의 다언어적 상황과 원주민 교육」, 『아베로아메리카』 8권, 2호, pp.167-186.

_____(2008), 「볼리비아 언어정책과 원주민 교육」, 『아베로아메리카』, 10, pp.1-25.

_____(2010), 「원주민어와 중남미 국가들의 헌법」, 『스페인어문학』, 56, pp.87-109.

_____(2012), 「볼리비아 아이마라어 표기법의 변천과정에 관한 고찰」, 『스페인라틴아메리카연구』, 5(2), pp.129-151.

세계일보 2012/4/26

Acuerdo de San Andrés Larrainzar(1996), Acuerdo sobre Identidad y Derechos de los Pueblos Indígenas, http://www.oit.or.cr/mdtsanjo/indig/andres.htm.

Alarcos Llorach, E.(1947), "Perfecto simple y compuesto en español", *RFE*, *XXXI*(1947), pp.108-139.

Alatorre, Antonio(1989), *Los 1,0001 años de la Lengua Española*, México: Fondo de

Cultura Económica.

Albó, Xavier(1987), "Problemática lingüística y metalingüística de un alfabeto quechua: una reciente experiencia boliviana", *Allpanchis*, 29/30, pp.431-467.

Allais, María Luisa(2004) "La Población Indígena de Venezuela según los Censos Nacionales", *Ponencia presentada en el Segundo Encuentro de Estudiosos de la Población, AVEPO 2004. Caracas.*

Alonso, Amado(1935), *El problema de la lengua en América*, Madrid: Espasa-Calpe.

_____(1943), *Castellano, español, idioma nacional: Historia espiritual de tres nombres*, Buenos Aires: Losada.

Alvar, M(1986), *Hombre, etnia, estado: actitudes lingüísticas en Hispanoámerica*, Madrid: Gredos.

Asamblea Constituyente de Bolivia(2007), Nueva Constitución Política de Bolivia, http://www.presidencia.gob.bo/asamblea/nueva_cpe_aprobada_en_grande_en_ detalle_y_en_revision.pdf.

Avila, R.(1984), *La lengua y los hablantes*, México: Trillas.

_____(1995), "El español en América: entre el inglés y las lenguas indígenas", *Anuario de Letras*, XXXIII, pp.111-130.

Bello, Andrés(1984), *Gramática de la lengua castellana*, Madrid: Colección EDAF Universitaria.

Blanco de Madero, Mercedes Isabel(1991), *Lenguaje e Identidad. Actitudes lingüísticas en la Argentina 1800-1960*, Bahia Blanca: Universidad Nacional de Bahia Blanca.

Bolivia(1955), *Código de la Educación Boliviana*, La Paz: Ministerio de Educación y Bellas Artes.

Borges, Jorge Luis(1994), *El idioma de los argentinos*, Buenos Aires: Seix Barral.

Cahill, Michael & Elke Karan(2008), *Factors in designing efective orthographies for unwritten languages*, SIL International.

Cancino, Rita(2007), "La descolonización lingüística de Bolivia", *Sociedad y Discurso*, N ° 12, pp.22-37.

Cerrón-Palomino, R.(1989), "Language policy in Peru: a historical overview",

International Journal of the Sociology of Language, 77, pp.12-33.

Chen, Albert H. Y.(1998), "The Philosophy of language rights", *Language Science*, Vol.20, No.1, pp.45-54.

Comisión Nacional de la Nueva Ley de Educación Boliviana(2006), *Proyecto de Ley, Nueva Ley de Educación Boliviana, "Avelino Siñani-Elizardo Pérez"*, http://www.minedu.gov.bo/minedu/nley/nuevaley14sept.pdf.

Congreso de la République de Guatemala(2003), *Ley de idiomas nacionales. Decreto 19-2003*, Guatemala: Academia de Lenguas Mayas de Guatemala.

Constitución de Colombia http://www.georgetown.edu/pdba/Constitutions/Colombia/colombia.html

Constitución de Guatemala http://www.georgetown.edu/pdba/Constitutions/Guate/guate85.html

Constitución de la Nación Argentina, http://www.argentina.gov.ar/argentina/portal/documentos/constitucion_nacional.pdf

Constitución de la República de Ecuador, http://www.asambleanacional.gov.ec/documentos/constitucion_de_bolsillo.pdf

Constitución de la República de El Salvador(1983), http://pdba.georgetown.edu/Constitutions/ElSal/constitucion2003.pdf

Constitución de México, http://info4.juridicas.unam.mx/ijure/fed/9/

Constitución de Perú, http://www.georgetown.edu/pdba/Constitutions/Peru/per93.html

Constitución Política de Colombia, 1991, www.mincultura.gov.co/index.php?idcategoria=6545&download=Y

Constitución Política de la República Bolivariana de Venezuela, http://www.analitica.com/bitblio/anc/constitucion1999.asp

Constitución Política de la República de Costa Rica, http://www.tramites.go.cr/manual/espanol/legislacion/ConstitucionPolitica.pdf

Constitución Política de la República de Guatemala, http://www.quetzalnet.com/Constitucion.html

Constitución Política de la República de Nicaragua, http://www.cnu.edu.ni/

documentos/constitucion.pdf

Constitución Política de la República de Panamá de 1972, http://pdba.georgetown.
edu/Constitutions/Panama/panama1972.html

Constitución Política de la República de Paraguay de 1992, http://pdba.georgetown.
edu/constitutions/paraguay/para1992.html

Constitución Política de la República Federativa del Brasil, 1988, http://www.acnur.
org/biblioteca/pdf/0507.pdf

Constitución Política de los Estados Unidos Mexicanos, http://www.diputados.gob.
mx/LeyesBiblio/pdf/1.pdf

Constitución Política del Perú, http://www.tc.gob.pe/legconperu/constitucion.html

Convenio N° 169 sobre Pueblos Indígenas y Tribales en países independientes,
Organización Internacional del Trabajo (1989), http://www.laneta.apc.org/rci/
documentos/doc5.html.

Coseriu, E.(1990), "El español de América y la unidad del idioma", en *I Simposio de
Filología Iberoamericana*, Zaragoza: Libros Pórticos, pp.43-75.

Cuervo, R. J.(1954), *Apuntaciones críticas sobre el lenguaje bogotano*, Bogotá: Caro
y Cuervo

Diaz-Couder, Ernesto(1996-1997), "Multilingüísmo y Estado Nación en México",
DiversCite Langues, Vol. 1. http://www.uquebec.ca/diverscite.

Dirección General de Educación Indígena(1999), *Lineamientos Generlaes para la
Educación intercultural bilingüe para los Niños y las Niñas Indígenas*, México: SEP.

Dunbar, R.(2001), "Minority language rights in international law", *International and
Comparative Law Quarterly*, Vo. 50, pp.90-120.

Fontanella de Weinberg, María Beatriz(1988), "Cuatrocientos años del español
bonarense. Un esbozo de su evolución histórica", *Acta del X Congreso Internacional
de la Asociación de Lingüística y Filología de la América Latina*, México: UNAM,
pp.61-94.

Fontanella de Weinberg, María Beatriz(1992), *EL español de América*, Madrid:
Mapfre.

García Segura, Sonia(2004), "De la educación indígena a la educación bilingüe intercultural", *Revista Mexicana de Investigación Educativa*, Vol.9, No.20, pp.61-81.

Garza, Cuaron, B.(1991), "Sobre el sentir del español americano"(Divergencias en la conciencia lingüística en Europa y América), en *Acta del II encuentro de lingüistas de España y México*, pp.331-346.

Gleich, Utta von(1988), *Educación primaria bilingüe intercultural en América Latina*, Eschborn: GTZ.

Godenzzi Alegre, Carlos Juan(2001), "Política lingüística y educación en el contexto latinoamericano: el caso de Perú", en *el Acta del Congreso de Valladolid*, http://cvc.cervantes.es/obref/congresos/valladolid/ponencias/unidad_diversidad_del_espanol/4_el_espanol_en_contacto/godenzzi_j.htm

Guitarte, Guillermo L.(1983), *Siete estudios sobre el español de América*, México: UNAM.

_____(1991), "Del español de España al español de veinte naciones. La integración de América al concepto de lengua española", *Actas del III Congreso Internacional del Español de América*, Valladolid, Junta de Castilla y León, pp.65-86.

Hammel, R. E.(1995), "Indigenous education in Latin America: policies and legal frameworks", in *T. Skutnabb-Kangas and R. Philipson(eds.)*, Linguistic human rights. Overcoming linguistic discrimination, Berlin . New York: Mouton de Guyter, pp.271-287.

_____(1995), "Linguistic rights for Amerindian peoples in Latin America", in *T. Skutnabb-Kangas and R. Philipson(eds.)* (1995), pp.289-305.

_____(1997), "Introduction: linguistic human rights in a sociolinguistic perspective", *International Journal of the Sociology of Language*, 127, pp.1-25.

_____(2001), "Políticas del lenguaje y educación indígena en México. Orientaciones culturales y estrategias pedagógicas en una época de globalización, en R. Bein y J. Born(eds.), *Políticas lingüísticas. Norma e identidad*, Buenos Aires: Universidad de Buenos Aires, pp.143-170.

Hardman, M. J., J. Vázquez, J. D. Yapita y otros(1988), *AYMARA: Compendio de estructura fonológica y gramatical*, La Paz: ILCA

Heath, S., Brice(1972), *La política del lenguaje en México: de la colonia a la nación*, México: Instituto Nacional Indigenista.

Huanca Camargo, Nicanor(2009), "Avances y retrocesos en la normativización escrita del aymara", http://www.google.com.mx/url?sa=t&rct=j&q=avanc es%20y %20retrocesos%20en%20la%20normativizacion%20escrita%20del %20aymar a&source=web&cd=2&sqi=2&ved=0CCQQFjAB&url=http%3A%2F%2F200 .87.119.77%3A8180%2Fmusef%2Fbitstream%2F123456789%2F386%2F1% 2F471-484.pdf&ei=-rOGUJD1FafBiQer1IEQ&usg=AFQjCNFm47R8HzDjM0 KA05kVTLJUTCh1sA(fecha de consulta: 5 de octubre de 2012).

INE(1980), *Censo Nacional de Población y Vivienda*, La Paz: Instituto Nacional de Estadística.

_____(1992), *Censo Nacional de Población y Vivienda*, La Paz: Instituto Nacional de Estadística.

_____(2002), *Censo Nacional de Población y Vivienda*, La Paz: Instituto Nacional de Estadística.

Instituo Nacional Indigenista(2000), *Estado del desarrollo económico y social de los pueblos indígenas de México*, primer informe, tomo 1, México.

Instituto Nacional de Lenguas Indígenas(2003), *La ley general de derechos lingüísticos de los pueblos indígenas*, México.

International Labor Organization Convention No. 169 http://www.unesco.org/most/ Inlaw5.htm.

Junco, Alfonso(1959), "La jota de México", en *Abside, Revista de Cultura Mexicana XXIII*, pp.422-431.

La Jornada, 2004/06/28.

La Razón Digital(2006), "El bilingüísmo será herramienta clave para la educación", http://www.la-razon.com/versiones/20060625_005583/nota_269_301897.htm.

Lapesa, R.(1973), *Historia de la lengua española*, Madrid: Gredos.

Layme P., Félix(1980), *Desarrollo del alfabeto aymara*, La Paz: ILCA.

_____(2012), "Elisiones vocálicas aymaras", *La Razón*, 11 de septiembre de 2012.

Leonor, A.(1997), "El español de la Argentina o los argentinos y el español", *Textos*,

12, pp.39-46.

Ley de Lenguas de Paraguay(2011)http://www.cultura.gov.py/lang/es-es/2011/05/ ley-de-lenguas-n%C2%BA-4251/.

Ley General de Derechos y Políticas Lingüísticas de Bolivia(2012), http://bolivia. infoleyes.com/shownorm.php?id=3962.

Ley que regula el uso, preservación, desarrollo, recuperación, fomento y difusión de las lenguas originarias del Perú(2011), http://www.minedu.gob.pe/ files/358_201109201112.pdf.

Lipski, J. M.(1998), *Latin American Spanish*, London & New York: Longman.

Lope Blanch, J. M.(1972), *Estudios sobre el español de México*, México,:UNAM.

_____(1983), *Estudios sobre el español de México*, México: UNAM.

_____(1986), *Estudios de Lingüística Española*, México: UNAM.

_____(1993), "El español de América y la norma lingüística hispánica", en *Nuevos estudios lingüística hispánica*, México: UNAM.

_____(1993), *Nuevos Estudios de Lingüística Hisánica*, México: UNAM.

_____(1997), *La Lengua Española y Sus problemas*, México: UNAM.

López H., Luis Enrique(1994), "La educación intercultural bilingüe en Bolivia: ámbito para el ejercicio de los derechos lingüísticos y culturas indígemas", *Data*, 5, pp.97-124.

_____(2006), "Pueblos indígenas, lenguas, política y ecología del lenguaje" en L. E. López(ed.), *Diversidad y ecología del lenguaje en Bolivia*, La Paz: PROEIB Andes/ Plural Editores, pp.17-46.

López, Luis E. y Wolfgang Küper(1999), "La educación intercultural bilingüe en América Latina: balance y perspectiva", *Revista Iberoamericana de Educación*, No.20, pp.1-49.

_____(2001), *La educación intercultural bilingüe en América Latina: balance y perspectivas*. Cochabamba: PROEIB Andes.

Malemberg, Bertil(1974), *La América Hispanohablante. Unidad y diferenciación del castellano*, Madrid: Ediciones Istmo.

Mar-Molinero, Clare(2000), *The politics of language in the Spanish-speaking world*,

London and New York: Routledge.

Menéndez Pidal, R.(1967), "Sevilla frente a Madrid", en *Miscelánea Homenaje a André Martinet*, Universidad de la Laguna 3, La Laguna, pp.99-168.

Ministerio de Educación(2005), *Revitalización de la educación bilingüe intercultural*, Guatemala.

Moreno de Alba, José G.(1978), *Unidad y variedad del español en América*, UNAM: México.

_____(1985), Valores de las formas verbales en el español de México, México: UNAM.

_____(1988), *El español en América*, México: F.C.E.

_____(1993), "Dialectología y enseñanza del español como lengua extranjera", *Estudios de Lingüística Aplicada*, 17, pp.8-17.

_____(1996), "Sobre la posible ejemparidad panhispánica del español de América", *Acta del X Congreso Internacional de la Asociación de Lingüística y Filología de la América Latina*, México, UNAM, pp.872-876.

Morínigo, M. A.(1990), *Raíz y destino del guaraní*, Asunción: CEA.

Mosonyi, Jorge C.(2007), "Estado actual de las investigaciones en lenguas indígenas de Venezuela", *Boletín de Lingüística*, Vol. XIX No. 27, pp.133-148.

Nahmad Sittón, Salomón(1998), "Derechos lingüísticos de los pueblos indígenas de México", *International Journal of the Sociology of Language*, 132, pp.143-161.

Nueva Constitución Política del Estado Boliviano, http://www.patrianueva.bo/constitucion/.

Páez Urdaneta, Iraset(1981), *Historia y geografía hispanoamericana del voseo*, Caracas: La Casa de Bello.

Parodi, Claudia(1985), *Orígenes del español americano*, México: UNAM.

Paulston, C. B.(1997), "Epilogue: some concluding thoughts on linguistic human rights", *International Journal of the Sociology of Language*, 127, pp.187-197

Plaza, P. y Albó, X.(1989), "Educación bilingüe y planificación lingüística en Bolivia", *International Journal of the Sociology of Language*, 77, pp.69-93.

Plaza, Pedro(2004), "Normalización del Quechua en Bolivia", *Pueblos Indígenas y*

Educación, 54, pp.31-45.

_____(2008), "Experiencias en los procesos de normalización de las lenguas indígenas de Bolivia", http://www.rutadelsolperu.org/documentos/experiencias-en-los-procesos-de-normalizacion-de-las-lenguas-originarias-de-bolivia (fecha de consulta: 3 de octubre de 2012).

Quisbert Q., María Cristina y Roberto Choque C.(2002), "Derecho a las lenguas de los pueblos Aimara-Quechua en Bolivia", http://www.bibliojuridica.com/libros/2/740/16.pdf.

Reel, Monte(2007), "In Bolivia, Speaking Up for Native Languages. Government Push is Plagued by Controversy", *Washington Post*, 30/01/07.

República de Bolivia(1994), *Ley 1565, Reforma Educativa*, en Ministerio de Educación, Cultura y Deportes, *Compendio de Legislación de la Reforma Educativa. y Leyes Conexas*, La Paz: Centro de Información para el Desarrollo.

_____(2000), *Decreto Supremo N°25894*, http://www.congreso.go.bo/archivo/fondo.asp?fondo=0&serie=32&formato=A&a=2000&id=047

República de Bolivia, Ministerio de Educación y Bellas Artes(1956), *Código de la Educación Boliviana*, La Paz: Departamento de Publicaciones y Difución Cultural.

Revilla, Manuel, G.(1981), "Por qué no escribo México con j", en *Boletín de la Academia de la lengua 1*, pp.75-80.

Reyes, Alfonso(1932), "La integración nacional", en *Boletón de la Academia Mexicana de la Lengua 2*, pp.134-137.

Richards, M.(2003), *Atlas Lingüístico de Guatemala*, Guatemala: SEPAZ/UVG/URL/USAID.

Rodríguez, Miguel Ángel(2006), OCE-Plataforma Educacion 2006, Cuadernos de Trabajo para Foros Regionales, XI. Educación Intercultural Bilingue, http://www.observatorio.org/plataforma2006/9 -interculturalidad.pdf.

Rojas, Ricardo(1924), *Eurindia*, Buenos Aires: Librería de la Facultad.

Rona, J. P.(1958), *Aspectos metodológicos de la dialectología hispanoamericana*, Montevideo, Universidad de la República.

_____(1964), "El problema de la división del español americano en zonas dialectales", en *PFLE I*, pp.215-226.

Rosenblat, Angel(1962), *El castellano de España y el castellano de América: unidad y diferenciación*. Cuadernos del Instituto de Filología "Andrés Bello", Caracas.

_____(1970), "El dedatido andalucismo del español de América", en *El simposio de México*, UNAM, 1970, pp.149-190

_____(1984), *Estudios dedicados a la Argentina*, Caracas: Monte Avila Latinoamericana C. A.

_____(1997), *Sentido mágico de la palabra*,, Caracas: Monte Avila Editores Latinoamericana.

Rossi, Vicente(1928), *Idioma nacional rioplatense*, Río de la Plata: Imprenta y Encuadernación Popular.

Sábato, Ernesto(1968), *Itinerario*, Buenos Aires: Sur.

Sarmiento, Domingo F.(1889-1909), *Obras Completas*, Santiago de Chile/Buenos Aires/París: Imprenta de Berlín Sarmiento.

Skudnabb-Kangas, T. y R. Phillipson (eds.)(1995), *Linguistic human rights. Overcoming linguistic discrimination*, Berlin · New York: Mouton de Gruyter.

_____(2002), "Marvelous human rights. Rhetoric and realities: language rights in education", *Journal of Language, Identity, and Education*, Vol. 1, No. 3, pp.179-205.

Solberg, Carl(1970), *Inmigration and nationalism, Argentina and Chile(1890-1914)*, Austin: University of Texas Press.

Solé, Carlos A.(1992), "Actitudes lingüísticas del bonarense culto", en Elizabeth Luna Trail(ed.), *Scripta Philologica in honorem Juan M. Lope Blanch*, México: UNAM, pp.773-822.

Tabuas, M. (2002). La diversidad lingüística de los indígenas es oficial. http://www.angelfire.com/nb/17m/movimiento/divlinguistica.html.

Torres, Morelos, "Entrevista con Luis Fernando Lara, La democracia de la lengua", *La Jornada Semanal*, 16 de febrero de 1997

UNICEF y FUNPROEIB Andes(2009), *Atlas sociolingüístico de pueblos indígenas en América Latina*, http://www.movilizando.org/atlas_tomo1/pages/tomo_1.pdf

Wise, Mary Ruth(1991), *Lenguas y culturas: Estudios dedicados a la ciencia y a los pueblos autóctonos*. Lima: Instituto Lingüístico de Verano.

Wright Carr, David Charles(1998), "Los otomíes, la educación y los derechos lingüísticos", http://www.prodigyweb.net.mx/dcwright/oto_edu.htm.

Zamora Munné, Juan C. y Guitart, Jorge M.(1982), *Dialectología Hispanoamericana*, Salamanca: Ediciones Almar S. A.

Zimmerman, Klaus(1995): "Formas de agresión y defensa en el conflicto de las lenguas española y portuguesa con las lenguas amerindias", en M. Mörner y M. Rosendhal(eds.), Pueblos y medios ambientes amenazados en las Américas. *Actas I del XLVIII Congreso Internacional de Americanistas. Estocolmo*: Instituto de Estudios Latinoamericanos, pp.67-87.

_____ (2001), "El contacto de las lenguas amerindias con el español en México", http://cvc.cervantes.es/obref/congresos/valladolid/ ponrncias/unidad.

Zum Felde, Alberto(1943), *El problema de la cultura americana*, Buenos Aires: Lautaro.

라틴아메리카의 언어적 다양성과 언어정책

초판 1쇄 발행 2014년 5월 30일

지은이 김우성
펴낸이 강수걸
편집주간 전성욱
편집장 권경옥
편집 양아름 손수경 윤은미
펴낸곳 산지니
등록 2005년 2월 7일 제14-49호
주소 부산광역시 연제구 법원남로15번길 26 위너스빌딩 203호
전화 051-504-7070 | 팩스 051-507-7543
홈페이지 www.sanzinibook.com
전자우편 sanzini@sanzinibook.com
블로그 http://sanzinibook.tistory.com

ISBN 978-89-6545-251-5 93700

＊책값은 뒤표지에 있습니다.
＊이 저서는 2008년 정부(교육과학기술부)의 재원으로 한국연구재단의
지원을 받아 수행된 연구입니다.(NRF-2008-362-A00003)
＊이 도서의 국립중앙도서관 출판시도서목록(CIP)은 e-CIP 홈페이지
(http://www.nl.go.kr/ecip)에서 이용하실 수 있습니다.
(CIP 제어번호: CIP 2014015084)